O CÉREBRO AUTISTA

TEMPLE GRANDIN
E RICHARD PANEK

O CÉREBRO AUTISTA

Tradução de
CRISTINA CAVALCANTI

Revisão técnica de
MARIANA BORGES DE MORAES

24ª edição

2025

CIP-BRASIL. CATALOGAÇÃO NA PUBLICAÇÃO
SINDICATO NACIONAL DOS EDITORES DE LIVROS, RJ

Grandin, Temple
G78c   O cérebro autista / Temple Grandin, Richard Panek; tradução
24ª ed. Cristina Cavalcanti. – 24ª ed. – Rio de Janeiro: Record, 2025.
il.

Tradução de: The autistic brain: thinking across the spectrum
ISBN 978-85-01-10370-3

1. Autismo – transtornos e tratamento do espectro autista. 2. Autismo – psicologia, neurologia e genética. 3. Autismo – síndrome de Asperger. I. Grandin, Temple (1947-) II. Título.

15-20994

CDD: 618.928982
CDU: 618

Título original em inglês:
The autistic brain: thinking across the spectrum

Copyright © Temple Grandin e Richard Panek, 2013

Texto revisado segundo o novo Acordo Ortográfico da Língua Portuguesa.

Todos os direitos reservados. Proibida a reprodução, armazenamento ou transmissão de partes deste livro, através de quaisquer meios, sem prévia autorização por escrito.

Direitos exclusivos de publicação em língua portuguesa para o Brasil adquiridos pela
EDITORA RECORD LTDA.
Rua Argentina, 171 – 20921-380 – Rio de Janeiro, RJ – Tel.: (21) 2585-2000, que se reserva a propriedade literária desta tradução.

Impresso no Brasil

ISBN 978-85-01-10370-3

Seja um leitor preferencial Record.
Cadastre-se em www.record.com.br e receba informações sobre nossos lançamentos e nossas promoções.

Atendimento direto ao leitor:
sac@record.com.br

Sumário

Prólogo 7

PARTE 1: O cérebro autista

1. Os significados do autismo 11
2. Uma luz no cérebro autista 29
3. O sequenciamento do cérebro autista 57
4. Esconde-esconde 77

PARTE 2: Repensar o cérebro autista

5. Olhar para além dos rótulos 111
6. Conhecer seus pontos fortes 129
7. Repensar por imagens 147
8. Das margens ao centro 177

Apêndice: O teste de QA 215

Notas 227

Agradecimentos 239

Índice 241

Prólogo

NESTE LIVRO SEREI a sua guia por um passeio pelo cérebro autista. Ocupo uma posição singular para falar tanto das minhas experiências com o autismo quanto dos *insights* que tive ao longo de décadas, tendo me submetido a diversos estudos do cérebro, sempre com a tecnologia mais avançada. No final da década de 1980, logo que a ressonância magnética nuclear (RMN) se tornou acessível, me entusiasmei com a possibilidade de fazer minha primeira "viagem ao centro do meu cérebro". Na época, os aparelhos de RMN eram raridades, e ver a anatomia detalhada do meu cérebro era algo assombroso. Desde então, cada vez que surge um novo método de escaneamento sou a primeira da fila a experimentá-lo. Os vários escaneamentos do meu cérebro forneceram explicações possíveis para o atraso da minha fala na infância, as crises de pânico e a dificuldade de reconhecer rostos.

O autismo e outros transtornos do desenvolvimento continuam sendo diagnosticados segundo o desastroso sistema de perfil comportamental de um livro intitulado *DSM*, abreviação de *Diagnostic and Statistical Manual of Mental Disorders* [Manual diagnóstico e estatístico de transtornos mentais]. À diferença do diagnóstico de uma infecção de garganta, os critérios de detecção do autismo mudam a cada edição do *DSM*. Quero alertar pais, professores e terapeutas para que evitem se prender a rótulos. Eles não são precisos. Rogo-lhes: não permitam que uma criança ou um adulto sejam definidos por um rótulo do *DSM*.

A genética do autismo é um imbróglio excessivamente complicado. Ela envolve diversas pequenas variações no código genético que controlam o desenvolvimento cerebral. A variação genética encontrada numa criança autista estará ausente em outra criança autista. Analisarei as últimas novidades da genética.

Pesquisadores fizeram centenas de estudos sobre as dificuldades dos autistas com a comunicação social e o reconhecimento facial, mas esqueceram-se das questões sensoriais. A hipersensibilidade sensorial é totalmente debilitante para alguns e moderada para outros. Os problemas sensoriais podem impedir certos indivíduos no espectro autista de participar de atividades familiares comuns e também de conseguir emprego. Por isso, minhas prioridades na pesquisa sobre autismo são os diagnósticos precisos e a melhoria nos tratamentos dos problemas sensoriais.

O autismo, a depressão e outros transtornos estão num contínuo que vai do normal ao anormal. O excesso de um traço causa incapacidade severa, mas um pouco dele pode ser uma vantagem. Se todos os transtornos cerebrais genéticos fossem eliminados, as pessoas poderiam ser mais felizes, mas com um preço terrível a pagar.

Quando escrevi *Thinking in Pictures* [Pensar por imagens], em 1995, equivoquei-me ao julgar que todos no espectro autista eram pensadores visuais fotorrealistas como eu. Quando comecei a entrevistar pessoas sobre como faziam para recordar informações, percebi que estava equivocada. Teorizei que havia três tipos de pensamento especializado, e fiquei exultante ao descobrir inúmeras pesquisas que corroboravam minha tese. Compreender o tipo de pensador que você é ajuda a respeitar suas limitações e, igualmente importante, a aproveitar seus pontos fortes.

O panorama em que nasci, há 65 anos, era muito diferente do atual. Passamos da institucionalização de crianças com autismo severo à tentativa de proporcionar-lhes uma vida a mais plena possível — e, como será visto no capítulo 8, encontrar trabalhos significativos para os que são capazes de fazê-los. Este livro mostra cada passo de minha jornada.

TG

Parte 1
O CÉREBRO AUTISTA

1 Os significados do autismo

TIVE A SORTE de nascer em 1947. Se tivesse nascido dez anos depois. minha vida como alguém com autismo teria sido bem diferente. Em 1947, o diagnóstico de autismo tinha apenas quatro anos. Quase ninguém sabia do que se tratava. Quando minha mãe percebeu que eu tinha sintomas do que hoje se rotula de autista — comportamento destrutivo, incapacidade de falar, sensibilidade ao contato físico, fixação em objetos giratórios etc. —, fez o que lhe pareceu correto. Levou-me a um neurologista.

Bronson Crothers era diretor do serviço de neurologia do Hospital Infantil de Boston desde sua fundação, em 1920. No meu caso, a primeira coisa que o dr. Crothers fez foi um eletroencefalograma, ou EEG, para saber se eu tinha o *petit mal*, a epilepsia. Depois testou minha audição, para ter certeza de que eu não era surda. "Bem, ela é mesmo uma menina estranha", disse ele a minha mãe. Depois, quando comecei a balbuciar, ele modificou sua avaliação: "Ela é uma menina estranha, mas vai aprender a falar." O diagnóstico: dano cerebral.

Ele nos recomendou uma fonoaudióloga dona de uma pequena escola no porão de casa. Acho que se pode dizer que as outras crianças lá também tinham dano cerebral, como síndrome de Down e outras perturbações. Embora eu não fosse surda, tinha dificuldade em distinguir as consoantes, como o *c* de *copo*. Quando os adultos falavam muito rápido, eu só ouvia os sons das vogais, então achava que eles usavam uma linguagem especial. Porém, falando devagar, a terapeuta me ajudou a ouvir os sons das consoantes duras, e quando falei *copo* com *c*, ela me elogiou — que é o que um terapeuta comportamental faria hoje.

Ao mesmo tempo, minha mãe contratou uma babá que constantemente propunha a mim e à minha irmã brincadeiras em que se participa por turnos. A atitude da babá também era semelhante à dos terapeutas comportamentais de hoje em dia. Em todas as brincadeiras tínhamos de esperar a nossa vez. Durante as refeições, aprendi a me comportar à mesa e não me deixavam girar o garfo no ar acima da cabeça. O único momento em que podia regressar ao autismo era uma hora a cada dia, após o almoço. No resto do dia, tinha de viver num mundo que não balançava nem girava.

Mamãe fez um trabalho heroico. Na verdade, descobriu por conta própria o tratamento padrão que os terapeutas empregam hoje. Eles podem divergir quanto aos benefícios de um aspecto em particular desta terapia, comparada a um aspecto particular de outra. Mas o princípio básico de todos os programas — inclusive o que foi usado comigo, o da Escola de Terapia da Fala da srta. Reynolds — é a interação pessoal diária durante horas, de vinte a quarenta horas por semana.

Contudo o trabalho que minha mãe fez baseou-se no diagnóstico inicial de dano cerebral. Uma década mais tarde, um médico poderia ter chegado a um diagnóstico totalmente diferente. Depois de me examinar, teria dito a ela: "É um problema psicológico — está tudo na mente dela." E me encaminharia a uma instituição.

Tenho escrito muito sobre autismo, mas nunca escrevi realmente sobre como se chega ao diagnóstico. À diferença da meningite ou da infecção de garganta, o autismo não pode ser diagnosticado em laboratório — embora os pesquisadores estejam tentando criar métodos para tal, como tratarei mais adiante neste livro. Em vez disso, como no caso de muitas síndromes psiquiátricas, como a depressão e o transtorno obsessivo-compulsivo, o autismo é identificado pela observação e avaliação do comportamento. As observações e avaliações são subjetivas, e os comportamentos variam de uma pessoa para a outra. O diagnóstico pode ser confuso e vago. Ele mudou ao longo dos anos e continua apresentando mudanças.

O diagnóstico de autismo é de 1943, quando Leo Kanner, médico da Universidade Johns Hopkins e pioneiro da psiquiatria infantil, o propôs em um artigo. Alguns anos antes ele recebera uma carta de um pai preocupado chamado Oliver Triplett Jr., um advogado de Forest, no Mississippi.[1] Ao longo de 33 páginas, Triplett descreveu detalhadamente os primeiros cinco anos da vida de seu filho Donald. Relatou que o filho parecia não querer ficar perto da mãe, Mary. Permanecia "totalmente alheio" a todos à sua volta. Tinha ataques de raiva frequentes, muitas vezes não atendia quando o chamavam pelo nome e achava os objetos giratórios infinitamente fascinantes. Contudo, apesar de tantos problemas de desenvolvimento, Donald exibia talentos incomuns. Aos dois anos memorizou o Salmo 23 ("O Senhor é meu pastor..."). Era capaz de recitar as 25 perguntas e respostas do catecismo presbiteriano. Adorava dizer as letras do alfabeto de trás para a frente. Tinha ouvido absoluto.

Mary e Oliver levaram o filho de Mississippi a Baltimore para que Kanner o examinasse. Nos anos seguintes, o médico começou a identificar traços similares em outras crianças. Qual seria o padrão?, perguntava-se. Essas crianças sofreriam todas da mesma síndrome? Em 1943, Kanner publicou um artigo, "Autistic Disturbances of Affective Contact" [Distúrbios Autísticos do Contato Afetivo] na revista *The Nervous Child*. O artigo apresentava estudos de caso de onze crianças que, segundo ele, compartilhavam um conjunto de sintomas — que hoje sabemos estarem relacionados ao autismo: necessidade de solidão, necessidade de uniformidade. Estar só num mundo que nunca varia.

Desde o início, os médicos não souberam como tratar o autismo. A origem desses comportamentos seria biológica ou psicológica?

Esses comportamentos eram o que essas crianças haviam trazido ao mundo? Ou teria sido o mundo que os instilara neles? O autismo era fruto da natureza ou da criação?

Kanner se inclinou pela explicação biológica do autismo, ao menos no início. No artigo de 1943 ele afirmou que os comportamentos autistas pareciam se apresentar desde tenra idade. No parágrafo final ele escreveu: "Devemos, portanto, supor que estas crianças vieram ao mundo com uma incapacidade biologicamente inata de formar laços afetivos comuns de base biológica com as pessoas, assim como outras crianças vêm ao mundo com incapacidades físicas ou intelectuais inatas."[2]

Contudo um aspecto das suas observações o deixara intrigado. "Não é fácil avaliar o fato de que todos os pacientes são filhos de pais altamente inteligentes. O certo é que há um alto grau de obsessão no histórico familiar" — sem dúvida, ele tinha em mente a carta de 33 páginas de Oliver Triplett. "Os diários e relatórios muito detalhados e a recordação recorrente, após vários anos, de que a criança aprendera a recitar 25 perguntas e respostas do catecismo presbiteriano, cantar 37 canções de ninar ou distinguir dezoito sinfonias são uma ilustração eloquente da obsessão dos pais.

"Outro fato salta à vista", prosseguiu Kanner. "Em todo o grupo, há muito poucos pais e mães afetuosos. Em sua maioria, os pais, avós e parentes colaterais são pessoas bastante preocupadas com abstrações de natureza científica, literária ou artística e seu interesse genuíno pelas pessoas é limitado."

Esses comentários de Kanner não são tão condenatórios dos pais como podem parecer. Nesse estágio inicial do estudo sobre o autismo, Kanner não estava necessariamente sugerindo causa e efeito. Nem dizendo que, ao se comportarem *desse modo,* os pais levavam os filhos a se comportarem *daquele modo.* Em vez disso, estava constatando semelhanças entre os pais e seus pacientes. Afinal, pais e filhos provinham do mesmo *pool* genético. Os comportamentos de ambas as gerações poderiam ter origem no mesmo tropeço biológico.

Contudo, em artigo posterior de 1949,[3] Kanner mudou a atenção do biológico para o psicológico. O artigo tinha dez páginas e meia; Kanner gastou cinco páginas e meia tratando do comportamento dos pais. Onze anos depois, em entrevista à *Time*,[4] ele afirmou que as crianças autistas em geral eram fruto de pais "que se descongelaram apenas o suficiente para gerar um filho".[5] Como ele era o primeiro e o mais eminente especialista na questão do autismo, sua atitude influenciou o pensamento médico por pelo menos um quarto de século.

Mais tarde, Kanner contou que "diversas vezes foi mal interpretado como tendo dito que 'é tudo culpa dos pais'". Queixou-se também de que os críticos haviam descartado sua preferência original pela explicação biológica. Ele não era fã de Sigmund Freud; escreveu em um livro publicado em 1941: "Se você quiser continuar venerando o Grande Deus Inconsciente e seus intérpretes arrogantes, não há nada que o impeça."

Mas ele também era um produto da sua época, e seus anos mais produtivos coincidiram com o surgimento do pensamento psicanalítico nos Estados Unidos. Quando analisou os efeitos do autismo, Kanner deve ter dito a si mesmo que possivelmente tinham origem biológica, mas ainda assim conseguiu encontrar uma causa psicológica. E, ao especular sobre os vilões que podiam ter causado o dano psíquico, apontou os suspeitos de sempre da psicanálise: os pais (especialmente a mãe).

O raciocínio de Kanner provavelmente se complicou pelo fato de que o comportamento de crianças com uma criação inadequada pode se parecer com o comportamento de crianças com autismo. As crianças com autismo podem ser rudes quando, na verdade, apenas desconhecem as regras sociais. Elas podem ter acessos de raiva. Não param quietas, não compartilham os brinquedos, interrompem as conversas dos adultos. Se você nunca estudou o comportamento de crianças com autismo, poderá facilmente concluir que o problema são os pais, e não as crianças.

Mas onde Kanner errou feio foi em supor que, como a criação inadequada podia levar ao mau comportamento, todo mau comportamento devia ser resultado dessa criação. Ele supôs que a capacidade de uma criança de três anos de nomear todos os presidentes e vice-presidentes dos EUA não podia *não* se dever à intervenção externa. Supôs que o comportamento psiquicamente isolado ou fisicamente destrutivo não podia *não* ser provocado por pais emocionalmente distantes.

Na verdade, Kanner inverteu causa e efeito. A criança não se comportava de modo psiquicamente isolado ou fisicamente destrutivo porque os pais eram emocionalmente distantes. Em vez disso, os pais é que eram emocionalmente distantes porque a criança se comportava de um modo psiquicamente isolado ou fisicamente destrutivo. Minha mãe é um desses casos. Ela escreveu que, quando eu não retribuía seus abraços, ela pensava: *Se a Temple não me quer, manterei distância.*[6] Porém o problema não era que eu não a quisesse. Era que a sobrecarga sensorial de um abraço fazia meu sistema nervoso pifar. (Claro, naquele tempo ninguém entendia a hipersensibilidade sensorial. Falarei disso no capítulo 4.)

A lógica reversa de Kanner encontrou seu defensor mais ferrenho em Bruno Bettelheim, o influente diretor da Escola Ortogenética de Chicago para crianças com transtornos. Em 1967 ele publicou *A fortaleza vazia*, livro que popularizou a noção de Kanner da mãe geladeira. Como Kanner, Bettelheim pensava que o autismo provavelmente tinha natureza biológica. E, como Kanner, ainda assim suas ideias sobre o autismo se baseavam nos princípios psicanalíticos. Ele afirmou que a criança autista não estava biologicamente *predeterminada* a manifestar os sintomas. Em vez disso, estava biologicamente *predisposta* aos sintomas. O autismo era latente — até que a criação inadequada lhe desse um sopro de vida.*

---

*Na década posterior à morte de Bettelheim, em 1990, sua reputação foi maculada. Surgiram evidências de que ele falsificara informações sobre sua formação acadêmica, cometera plágio, fizera pesquisas incompletas e mentira quanto a ser médico, porém o mais grave foram as acusações de abusos físicos e mentais de ex-alunos da Escola Ortogenética.[7]

Se minha mãe não tivesse me levado ao neurologista, talvez tivesse ficado vulnerável à armadilha culposa da mãe geladeira. Ela estava com apenas 19 anos quando nasci, e fui a primogênita. Como muitas mães de primeira viagem que se veem confrontadas com o "mau" comportamento dos filhos, minha mãe a princípio supôs que devia estar fazendo algo errado. Contudo o dr. Crothers aliviou sua ansiedade. Quando eu estava na segunda ou terceira série, ela teve acesso ao tratamento completo de Kanner por um médico que lhe informou que a causa do meu comportamento era um dano psíquico e, enquanto não fosse identificado, eu estava condenada a habitar meu pequeno mundo de isolamento.

No entanto o problema não era um dano psíquico, e ela sabia disso. A abordagem psicanalítica do transtorno era encontrar a causa do comportamento e tentar removê-la. Mamãe supôs que não podia fazer nada em relação à causa do meu comportamento, então decidiu se concentrar no comportamento em si. Neste caso, estava à frente do seu tempo. A psiquiatria infantil levou décadas para alcançá-la.

Muitas vezes as pessoas me perguntam: "Quando você soube realmente que era autista?" Como se houvesse um momento definidor na minha vida, uma revelação do tipo antes e depois. Mas a concepção do autismo no início da década de 1950 não funcionava assim. Como eu, a psiquiatria infantil ainda era nova naquela época. As palavras *autismo* e *autista* mal figuravam na tentativa inicial da Associação Americana de Psiquiatria (AAP) de padronizar os diagnósticos psiquiátricos na primeira edição do *DSM*, publicada em 1952, quando eu tinha 5 anos. As poucas vezes em que estas palavras apareciam era para descrever sintomas de outro diagnóstico, a esquizofrenia. Por exemplo, no verbete Reação Esquizofrênica do Tipo Infantil havia referência às "reações psicóticas em crianças, manifestando-se principalmente no autismo" — sem maiores explicações sobre o que era o autismo.

Minha mãe recorda que os primeiros médicos na minha vida faziam referências breves a "tendências autistas". Mas eu mesma só ouvi a palavra autista referida a mim aos 12 ou 13 anos; lembro-me de ter pensado, *Ah, é que eu sou diferente*. Contudo naquele então eu ainda não era capaz de dizer exatamente o que era o comportamento autista. Ainda não conseguia explicar por que minha grande dificuldade de fazer amigos.

Mais tarde, quando estava entrando na casa dos 30 e estudava para o doutorado na Universidade de Illinois, em Urbana-Champaign, eu ainda conseguia ignorar o papel do autismo na minha vida. Uma das matérias obrigatórias era um curso de estatística, e eu era péssima no assunto. Perguntei se podia fazer o curso com um tutor, e não em sala de aula, e me disseram que, para obter a permissão, precisava passar por uma "avaliação psicoeducativa". Em 17 e 22 de dezembro de 1982 me reuni com um psicólogo e fiz vários testes-padrão.[8] Hoje, quando tiro o relatório de uma pasta e o releio, as notas praticamente gritam para mim, *A pessoa que fez estes testes é autista*.

Pontuei no nível da segunda série num subteste que me pedia para identificar uma palavra falada à velocidade de uma sílaba por segundo. Também pontuei no nível da segunda série num subteste em que devia entender frases nas quais símbolos arbitrários substituíam palavras comuns — por exemplo, uma bandeira simbolizava "cavalo".

Tudo bem, pensei, *claro que me saí mal nestes testes*. Eles exigiam que eu me lembrasse de uma série de conceitos recém-aprendidos. Uma bandeira significa "cavalo", um triângulo significa "barco", um quadrado significa "igreja". Espere — a bandeira significa o que mesmo? Há três segundos a sílaba era *mo*, dois segundos atrás a sílaba era *de*, um segundo atrás a sílaba era *ra* e agora a nova sílaba é *ção*. Espera aí — qual era mesmo a primeira sílaba? Meu êxito dependia da memória de curto prazo e (como ocorre com muitas pessoas autistas, como eu aprenderia mais tarde) minha memória de curto prazo é ruim. Então, o que havia de novo?

No outro extremo, pontuei bem em antônimos e sinônimos, porque conseguia associar as palavras do teste a imagens mentais.

Quando o psicólogo que fazia o exame me dizia "Pare", eu via um sinal de parar. Quando dizia "Vá", via um semáforo verde. Mas não era qualquer sinal, nem qualquer luz verde. Eu via um semáforo específico e uma luz verde específica do meu passado. Via um monte delas. Cheguei a lembrar do sinal de siga e pare de um posto alfandegário mexicano, a luz vermelha que ficava verde quando os funcionários decidiam não revistar sua bagagem — e eu tinha visto aquele sinal havia mais de dez anos.

Novamente: e daí? Eu achava que todos pensavam por imagens. Só que eu era melhor nisso que a maioria das pessoas, o que já sabia. Àquela altura da vida, eu já fazia desenhos arquitetônicos há muitos anos. Já tivera a experiência de terminar um desenho, olhá-lo e pensar: *Não acredito que fiz isto!* O que eu não pensava era: *eu posso fazer este tipo de desenho porque caminhei pelo quintal e memorizei cada detalhe, gravei as imagens no cérebro como um computador e recuperei as imagens necessárias. Posso fazer este tipo de desenho porque sou uma pessoa com autismo.* (Ver imagem 1 do encarte.) Assim como não pensava: *obtive percentual 60 em raciocínio e 95 em capacidade verbal porque sou uma pessoa com autismo*. E o motivo para eu não pensar assim era que "pessoa com autismo" era uma categoria que só então começava a ser criada.

Claro que a palavra *autismo* fazia parte do léxico psiquiátrico desde 1943, então a ideia de ter autismo existia pelo menos desde essa época. Mas a definição era vaga, para dizer o mínimo. A menos que alguém assinalasse uma estranheza no meu comportamento, eu simplesmente não saía por aí pensando que fazia o que fazia por ser uma pessoa com autismo. E duvido que fosse a exceção neste aspecto.

A segunda edição do *DSM* foi publicada em 1968 e, à diferença da edição de 1952, não trazia nenhuma menção ao autismo. Pelo que recordo, a palavra autista aparecia duas vezes, mas, como no *DSM-I*, só está lá para descrever sintomas de esquizofrenia, e não ligada a um diagnóstico próprio. "Comportamento autista, atípico e introvertido", dizia uma referência, "pensamento autista", dizia outra.

Contudo na década de 1970 a profissão psiquiátrica passou por uma grande mudança de perspectiva. Em vez de procurar causas à maneira psicanalítica antiga, os psiquiatras começaram a se concentrar nos efeitos. Em vez de considerarem o diagnóstico preciso uma questão secundária, eles começaram a tentar classificar os sintomas de maneira rígida, ordenada e uniforme. Os psiquiatras decidiram que estava na hora de a psiquiatria se tornar uma ciência.

Este revés ocorreu por alguns motivos.[9] Em 1973, David Rosenhan, psiquiatra de Stanford, publicou um artigo contando como ele e vários colegas tinham agido como esquizofrênicos e enganado os psiquiatras de forma tão convincente que estes os internaram em instituições mentais contra sua vontade.[10] Até que ponto uma especialização médica pode ser cientificamente confiável se seus profissionais são capazes de fazer diagnósticos tão incorretos — além do mais, com consequências trágicas?

A outra razão para o revés era sociológica. Em 1972, o movimento pelos direitos dos gays protestou contra a classificação da homossexualidade como doença mental no *DSM* — como algo que precisava ser curado. Eles ganharam a batalha e lançaram luz na questão da confiabilidade de *quaisquer* diagnósticos do *DSM*.

Mas provavelmente o aumento da medicação foi o maior fator na mudança do foco na psiquiatria da causa para os efeitos, da busca do dano psíquico para a catalogação dos sintomas. Os psiquiatras descobriram que não era preciso buscar as causas dos sintomas para tratar os pacientes. Era mais fácil aliviar o sofrimento do paciente simplesmente tratando os efeitos.

Contudo, para tratar os efeitos eles precisavam saber quais medicamentos se adequavam às enfermidades, isto é, precisavam saber o que estas enfermidades eram, ou seja, era preciso identificá-las de um modo específico e consistente.

Um resultado dessa abordagem mais rigorosa foi que a equipe da Associação Americana de Psiquiatria por fim chegou à pergunta óbvia: o que é este comportamento autista, que é um sintoma da esquizofrenia? Para responder a esta pergunta, a equipe precisou isolar o comportamento autista de outros sintomas que sugeriam esquizofrenia (delírios, alucinações etc.). Mas, para descrever o comportamento autista, tinham de descrever os *comportamentos* autistas — em outras palavras, elaborar uma lista de sintomas. Uma lista que não se sobrepusesse aos outros sintomas da esquizofrenia indicava a possibilidade de um diagnóstico à parte: autismo infantil, ou síndrome de Kanner.

O *DSM-III*, publicado em 1980, listava o autismo infantil em uma categoria mais ampla denominada transtornos globais do desenvolvimento (TGD). Para ter o diagnóstico de autismo infantil, o paciente precisava cumprir seis critérios. Um deles era a ausência de sintomas que sugerissem esquizofrenia. Os outros eram

- Surgimento antes dos 30 meses.
- Ausência geral de responsividade às pessoas.
- Grandes déficits no desenvolvimento da linguagem.
- Quando a linguagem está presente, padrões peculiares de fala, como ecolalia imediata e atrasada, linguagem metafórica e inversão pronominal.
- Reações estranhas a diversos aspectos do desenvolvimento, p. ex., resistência à mudança, interesses peculiares ou apego a objetos animados ou inanimados.

Mas esta descrição não era precisa. Na verdade, ela se tornou uma espécie de alvo móvel, mudando a cada nova edição do *DSM*, à medida que a AAP tentava definir com precisão o que era o autismo — uma trajetória bastante comum nos diagnósticos psiquiátricos que dependem da observação do comportamento. Em 1987, a revisão do *DSM-III*, o *DSM-III-R*, não só mudou o nome do diagnóstico (de autismo infantil para transtorno autista) como expandiu o número de critérios de diagnóstico de seis para dezesseis, dividiu-os em três categorias e especificou que a pessoa deveria portar ao menos oito sintomas, dos quais no mínimo dois deveriam pertencer à categoria A, um à categoria B e um à categoria C. Esta sensibilidade de cardápio chinês levou a índices mais elevados de diagnósticos. Em 1996, um estudo comparou os critérios do *DSM-III* e do *DSM-III-R* aplicados a uma amostra de 194 crianças em idade pré-escolar "com disfunções sociais relevantes".[11] Segundo o *DSM-III*, 51% das crianças seriam autistas. Segundo o *DSM-III-R*, 91% *das mesmas crianças* seriam autistas.

A edição de 1987 do *DSM* também expandiu um diagnóstico anterior na categoria TGD, o transtorno global do desenvolvimento atípico, com um diagnóstico abrangente que cobria casos em que os sintomas de autismo eram mais brandos ou em que a maioria, mas não todos os sintomas, estavam presentes: o transtorno global do desenvolvimento sem outra especificação (TGD-SOE). O *DSM-IV*, publicado em 1994, complicou ainda mais a definição de autismo ao acrescentar um diagnóstico totalmente novo: a síndrome de Asperger.

Em 1981, a psiquiatra e médica britânica Lorna Wing tinha apresentado um trabalho desenvolvido pelo pediatra austríaco Hans Asperger em 1943 e 1944.[12] Enquanto Kanner tentava definir o autismo, Asperger identificava um tipo de criança que partilhava diversos comportamentos perceptíveis: "falta de empatia, pouca capacidade de fazer amigos, conversas unilaterais, absorção intensa em um interesse em especial e movimentos desajeitados", observando também que essas crianças podiam falar sem parar sobre seus assuntos favoritos; ele as apelidou de "professorezinhos". Asperger chamou a síndrome de "psicopatia autista", mas, para Wing, devido às associações infelizes atribuídas à palavra psicopatia ao longo dos anos, "seria preferível o termo síndrome de Asperger, mais neutro".

Este acréscimo no *DSM* é importante por dois motivos. O mais óbvio é que deu o reconhecimento formal das autoridades psiquiátricas a Asperger. Contudo, visto em conjunto com o TGD-SOE e seus critérios de diagnóstico de sintomas de autismo-mas-nem-tanto, a síndrome de Asperger também foi importante por transformar o modo como pensamos o autismo em geral.

A inclusão do autismo no *DSM-III* em 1980 foi importante porque formalizou o autismo como um diagnóstico, ao passo que a criação do TGD-SOE no *DSM-III*, em 1987, e a inclusão da síndrome de Asperger no *DSM-IV*, em 1994, foram importantes para reposicionar o autismo em um espectro. A síndrome de Asperger não era tecnicamente uma forma de autismo, segundo o *DSM-IV*; era um dos cinco transtornos listados como TGD, junto com o transtorno autista, TGD-SOE, síndrome de Rett e transtorno desintegrativo da infância. Mas ela rapidamente adquiriu a reputação de "autismo de alto funcionamento" e, quando surgiu a revisão do *DSM-IV* em 2000, os que faziam diagnósticos usavam alternativamente *transtorno global do desenvolvimento* e *transtorno do espectro autista* (ou TEA). Em uma ponta do espectro podem-se encontrar os gravemente incapacitados. Na outra, um Einstein ou um Steve Jobs.

Contudo este espectro é parte do problema. É quase certo que não tenha sido coincidência que, quando o conceito do espectro autista entrou no circuito oficial do pensamento médico e popular, surgiu também a ideia de uma "epidemia" de autismo. Se a comunidade médica recebe um novo diagnóstico para atribuir a uma série de comportamentos familiares, claro que a incidência do diagnóstico será mais elevada.

Isto ocorreu? Se assim fosse, não veríamos uma diminuição de alguns outros diagnósticos — os diagnósticos que estes novos casos de autismo ou síndrome de Asperger teriam recebido anteriormente?

Sim — e, na verdade, há evidências a respeito. No Reino Unido, por exemplo, alguns sintomas de autismo tinham sido identificados anteriormente como sintomas de transtornos da fala/linguagem, e os diagnósticos da década de 1990 diminuíram mais ou menos na mesma proporção em que aumentaram os diagnósticos de autismo. Nos Estados Unidos, os mesmos sintomas receberam o diagnóstico de retardo mental e, novamente, o número desses diagnósticos diminuiu enquanto os de autismo aumentaram. Um estudo da Universidade de Columbia com 7.003 crianças da Califórnia diagnosticadas com autismo entre 1992 e 2005 concluiu que 631, ou cerca de uma em cada onze, tiveram o diagnóstico mudado de retardo mental para autismo.[13] Quando os pesquisadores incluíram as sem diagnóstico algum, concluíram que a proporção de crianças diagnosticadas com retardo mental segundo os critérios antigos de diagnóstico e que agora eram diagnosticadas como autistas era de *uma para quatro*.

Uma análise posterior da Universidade de Columbia com a mesma amostra populacional descobriu que crianças que viviam próximas de crianças autistas tinham maiores chances de receber o mesmo diagnóstico, possivelmente porque os pais estavam mais familiarizados com os sintomas.[14] A criança fala na época esperada? A criança fica tensa e não quer colo? Consegue brincar de pirulito que bate-bate? Faz contato visual? Não só era mais provável que as crianças anteriormente diagnosticadas com retardo mental recebessem o diagnóstico de autismo como era provável que mais crianças recebessem diagnóstico de autismo e ponto — o suficiente para alcançar 16% de aumento de prevalência naquela amostra populacional.

Percebo os efeitos do aumento da consciência sobre o autismo e a síndrome de Asperger apenas observando o público das minhas palestras. Quando comecei a dar palestras sobre autismo, nos anos 1980, a maior parte da plateia com autismo estava na ponta grave e não verbal do espectro. E, ainda assim, as pessoas compareciam. Hoje, o mais comum é uma garotada extremamente tímida e de mãos suarentas, e penso *Ok, eles são um pouco como eu — estão no espectro, mas na extremidade de alto funcionamento*. Será que os pais deles teriam pensado em testá-los para autismo nos anos 1980? Provavelmente não. E eles são os *nerds* e obcecados que chamo de Steve Jobs juniores. Recordo-me da garotada com quem fui à escola, igualzinha a esta, mas que não tinha rótulo. Hoje o teria.

Recentemente falei numa escola para estudantes autistas, para uma centena de crianças sentadas no chão de uma quadra. Eles não estavam muito irrequietos, então imaginei que estariam na extremidade de alto funcionamento do espectro. Mas nunca se sabe. Fitavam-me como os que eu tinha visto alguns meses antes da Feira de Ciências de Minnesota. Será que os estudantes da escola para autistas receberam o diagnóstico para que pudessem frequentar uma escola onde seriam deixados em paz para levar adiante o que sabiam fazer melhor — ciência, história, independente das suas fixações? E será que algumas crianças na feira de ciências se encaixavam no diagnóstico de autismo ou síndrome de Asperger?

O número de diagnósticos do transtorno do espectro autista certamente subiu drasticamente por outro motivo que não tem tido a atenção que merece: um erro tipográfico.[15] É chocante, mas é verdade. No *DSM-IV*, a descrição de Transtorno Global do Desenvolvimento Sem Outra Especificação deveria ter sido impressa como "deficiência grave e global de interação social *e* das competências de comunicação verbal e não verbal" (grifo meu). Contudo foi impresso "deficiência grave e global de interação social recíproca *ou* das competências de comunicação verbal e não verbal" (grifo meu). Em vez de precisar cumprir os *dois* critérios para receber o diagnóstico de TGD-SOE, o paciente precisava cumprir *um* deles.

Não há como saber quantos médicos diagnosticaram pacientes incorretamente como TGD-SOE com base nesse erro. O texto foi corrigido em 2000, no *DSM-IV-TR*. Ainda assim, não podemos saber quantos médicos continuaram fazendo o diagnóstico incorreto porque, naquela época, o diagnóstico incorreto já se tornara o diagnóstico padrão.

Juntem-se todos estes fatos — os padrões vagos, o acréscimo da síndrome de Asperger, TGD-SOE e TEA, o aumento da consciência, o erro tipográfico — e eu teria ficado surpresa se *não* tivesse havido uma "epidemia".

Não estou dizendo que a incidência do autismo não tenha aumentado ao longo dos anos. Os fatores ambientais parecem influenciá-lo — *ambientais* não apenas no sentido das toxinas no ar ou das drogas na corrente sanguínea da mãe, mas outros fatores, como a idade do pai à época da concepção, que parece afetar o número de mutações genéticas no esperma, ou o peso da mãe durante a gravidez. (Ver capítulo 3.) Se a mudança ambiental exercer influência negativa — se descobrirmos que uma nova droga surgida no mercado causa sintomas de autismo, ou se mudanças na força de trabalho levarem mais casais a protelar a concepção —, o número de casos pode aumentar. Se a mudança ambiental for positiva — se houver serviços para crianças diagnosticadas com TEA disponíveis para a comunidade, levando os pais a procurarem médicos até que seus filhos tenham um diagnóstico "correto" — bem, o número de casos também pode aumentar.

Por quaisquer combinações de motivos, a incidência registrada de diagnósticos de autismo continua crescendo. Em 2000, o Centro de Controle e Prevenção de Doenças criou a Rede de Monitoramento do Autismo e Transtornos de Desenvolvimento (ADDM)[16] para colher dados de crianças de 8 anos de idade e fazer estimativas de autismo e outros transtornos de desenvolvimento dos Estados Unidos. Os dados de 2002 indicavam que uma de cada 150 crianças apresentava TEA. Os dados de 2006 aumentaram a incidência de uma para cada 110 crianças. Os dados de 2008 — os mais recentes quando escrevo, em março de 2012 — aumentaram a incidência ainda mais, para uma de cada 88 crianças. Representa um aumento de 70% em um período de seis anos.

A amostra era de 337.093 crianças de quatorze comunidades de vários estados, mais de 8% das crianças de 8 anos de idade naquele ano. Dado o tamanho e a abrangência da amostra, a falta de consistência geográfica era marcante. O número de crianças identificadas com TEA variava erraticamente de uma comunidade para outra, de uma em cada 210 para uma em cada 47. Em uma comunidade, um em cada 33 meninos foi identificado como portador de TEA. A taxa de incidência de TEA entre crianças negras aumentou 91% em 2002. Entre crianças hispânicas, aumentou ainda mais: 110%.

O que está acontecendo? "A esta altura, não está claro", escreveu Catherine Lord, diretora do Centro de Autismo e Desenvolvimento Cerebral de Nova York, no CNN.com quando o relatório foi divulgado. Infelizmente, o *DSM-5*,* lançado em 2013, não esclarece nada. (Ver capítulo 5.)

Sabe quando a gente vai arrumar o armário e a bagunça chega a um ponto em que fica pior do que quando começamos? Agora, estamos neste ponto na história do autismo. De algum modo, nosso conhecimento sobre ele aumentou muito desde a década de 1940. Mas, por outro lado, estamos tão confusos como antes.

Por sorte, acho que estamos prontos para avançar do ponto da confusão máxima. Como afirmou Jeffrey S. Anderson, diretor de neuroimagens funcionais da Faculdade de Medicina da Universidade de Utah, "Há uma longa tradição na medicina em que a doença começa na psiquiatria e depois passa à neurologia"[17] — a epilepsia, por exemplo. Agora, o autismo se junta a essa tradição. No longo prazo, o autismo está revelando seus segredos ao escrutínio da ciência inflexível, graças a duas novas rotas de investigação que serão exploradas nos próximos dois capítulos. Aqui, na prateleira do armário correspondente ao capítulo 2, ficarão as neuroimagens. Na prateleira correspondente ao capítulo 3, ficará a genética. Podemos começar a organizar o armário com confiança. Porque agora temos uma nova forma de pensar o autismo.

Ele está na sua mente?

Não.

Ele está no seu cérebro.

---

*A razão para a mudança dos números romanos para os arábicos é que com eles fica mais fácil fazer atualizações: 5.1, 5.2 etc.

2 Uma luz no cérebro autista

COM O PASSAR dos anos descobri que tenho um talento oculto. Sou muito boa em ficar deitada absolutamente quieta um longo tempo.

A primeira vez que percebi esta capacidade foi em 1987, na Universidade da Califórnia, em Santa Barbara, quando fui um dos primeiros autistas a passar pela ressonância magnética nuclear, ou RMN. Os técnicos me advertiram que a experiência seria ruidosa, e foi. Eles disseram que o apoio de cabeça seria desconfortável, e era. E que eu teria de ficar muito, muito quieta, o que fiz com algum esforço.

No entanto nada disso me chateou. Estava empolgada demais. Ali deitada no altar da ciência! Aos poucos, meu corpo deslizou para o grande cilindro metálico.

Não é ruim, pensei. *Parece a máquina do abraço. Ou algo saído de* Star Trek.

Na meia hora seguinte ocorreu tudo o que tinham me avisado: o som de martelos na bigorna; a câimbra no pescoço; a monotonia consciente de monitorar cada um dos meus não movimentos. *Não se mexa, não se mexa, não se mexa* — trinta minutos dizendo a mim mesma para ficar absolutamente imóvel.

Por fim acabou. Saltei da maca, fui direto para a sala do técnico, e lá tive a recompensa: eu precisava ver meu cérebro.

"Jornada ao centro do meu cérebro" é como chamo esta experiência. Já saí sete ou oito vezes do aparelho de RMN e olhei o funcionamento interno que me faz ser *eu*: as dobras, lobos e vias que determinam meu pensamento e toda minha forma de ver o mundo. Na primeira vez que vi uma RMN do meu cérebro, em 1987, notei imediatamente que ele não era simétrico. Uma câmara no lado esquerdo — um ventrículo — era obviamente mais longa que sua correspondente do lado direito. Os médicos me disseram que essa assimetria entre as duas metades do cérebro era típica. Porém desde então os cientistas aprenderam a medi-la com muito mais precisão do que era possível em 1987, e agora sabemos que um ventrículo tão alongado parece estar relacionado com alguns sintomas que me identificam como autista. Os cientistas só puderam chegar a essa conclusão devido aos avanços extraordinários na tecnologia e na pesquisa das neuroimagens.

As neuroimagens nos permitem fazer duas perguntas fundamentais sobre todas as partes do cérebro: como elas são? O que fazem?

A RMN usa um ímã poderoso e uma explosão curta numa frequência de rádio específica para fazer os núcleos de átomos de hidrogênio que giram naturalmente no corpo se comportarem de modo que a máquina os possa detectar. A RMN estrutural existe desde a década de 1970 e, como a palavra *estrutural* sugere, fornece imagens das estruturas anatômicas no interior do cérebro. A RMN estrutural ajuda a responder à pergunta: como elas são?

A RMN funcional (RMNf), criada em 1991, mostra o cérebro funcionando em resposta a estímulos sensoriais (visão, audição, paladar, tato, olfato) ou quando a pessoa realiza uma tarefa — resolve problemas, ouve uma história, aperta um botão etc. Ao seguir o fluxo sanguíneo no cérebro, a RMNf supostamente segue a atividade dos neurônios (porque mais atividade requer mais sangue). Os pesquisadores supõem que as partes do cérebro que se acendem quando o cérebro responde aos estímulos ou realiza as tarefas designadas respondem à pergunta: o que fazem? Nas últimas décadas, a pesquisa neurológica com o estudo da RMNf produziu mais de 20 mil artigos revisados por especialistas. Nos últimos anos, esta produção cresceu para oito ou mais artigos *por dia*.

Ainda assim, as neuroimagens não fazem distinção entre causa e efeito. Consideremos um exemplo bem conhecido associado ao autismo: o reconhecimento facial. Ao longo dos anos, estudos de neuroimagens indicaram repetidas vezes que o córtex de um autista não responde aos rostos tão vivamente como responde aos objetos. Será que a ativação do córtex em reação aos rostos se atrofia nos autistas devido à interação social reduzida com outros indivíduos? Ou os autistas têm interação social reduzida com outros indivíduos porque as conexões no córtex não registram os rostos de um modo forte? Não sabemos.

A neuroimagem não pode nos dizer tudo. (Ver quadro no final deste capítulo.) Mas pode nos dizer muita coisa. Uma tecnologia que consegue olhar uma parte do cérebro e responder: como ele é? E o que faz? De brinde, também pode responder a outras perguntas: em que o cérebro autista difere do cérebro normal? O que o cérebro autista faz de diferente do cérebro normal? Os pesquisadores do autismo já conseguiram fornecer muitas respostas a estas duas perguntas — respostas que nos permitiram comparar comportamentos que sempre foram a base de um diagnóstico de TEA com a biologia do cérebro. À medida que essa nova compreensão do autismo for empregada em um número cada vez maior de tecnologias avançadas de neuroimagens, muitos pesquisadores acreditam que o diagnóstico baseado na biologia não só será possível, como estará disponível, talvez dentro de alguns anos.

Sempre digo aos meus alunos: "Se querem entender o comportamento animal, comecem pelo cérebro e encontrem seu caminho." As partes do cérebro que partilhamos com outros mamíferos evoluíram primeiro — as áreas emocionais primárias que nos dizem quando lutar e quando fugir. Elas são a base do cérebro, onde ele se liga à medula espinhal. As áreas que realizam funções que nos tornam humanos evoluíram mais recentemente — a linguagem, o planejamento de longo prazo, a consciência de si mesmo. Elas estão na área frontal do cérebro. Mas é a relação complexa entre as diversas partes do cérebro que faz de cada um de nós quem somos.

Quando falo sobre o cérebro, muitas vezes emprego a analogia de um edifício de escritórios. Os funcionários nas diferentes partes do edifício têm áreas de especialização, mas trabalham em conjunto. Alguns departamentos trabalham mais próximos uns dos outros. Alguns departamentos são mais ativos que outros, dependendo da tarefa a cumprir. Mas no final do dia eles se juntam para produzir um só produto: um pensamento, uma ação, uma resposta.

No topo do edifício fica o presidente, o córtex pré-frontal — *pré-frontal* porque reside no lobo frontal, e *córtex* porque faz parte do córtex cerebral, as diversas camadas de matéria cinzenta que formam a superfície exterior do cérebro. O córtex pré-frontal coordena a informação de outras partes do córtex, de modo que possam trabalhar em conjunto e realizar tarefas executivas: multi-tarefas, estratégia, inibição de impulsos, considerar múltiplas fontes de informação, consolidar diversas opções numa solução.

Ocupando os andares logo abaixo do presidente estão outras partes do córtex cerebral. Cada seção é responsável pela parte do cérebro que ocupa. Pode-se pensar na relação entre estas partes diferentes de matéria cinzenta e suas partes correspondentes como na relação entre os vice-presidentes (VP) de uma empresa e seus respectivos departamentos. (Ver imagem 2 do encarte.)

- O VP córtex frontal é responsável pelo lobo frontal — a parte do cérebro que lida com o raciocínio, metas, emoções, capacidade de julgamento e movimentos musculares voluntários.
- O VP córtex parietal é responsável pelo lobo parietal — a parte do cérebro que recebe e processa a informação sensorial e manipula números.
- O VP córtex occipital é responsável pelo lobo occipital — a parte do cérebro que processa a informação visual.
- O VP córtex temporal é responsável pelo lobo temporal — a parte auditiva do cérebro que controla tempo, ritmo e linguagem.

Abaixo dos VP ficam os funcionários dessas várias divisões — os *geeks*, como costumo chamá-los. São as áreas do cérebro que contribuem para funções especializadas, como matemática, arte, música e linguagem.

No subsolo do edifício ficam os trabalhadores manuais. São os que lidam com os sistemas de apoio à vida, como respirar e ativar o sistema nervoso.

Claro, todos esses departamentos e funcionários precisam se comunicar entre si. Para isso, eles dispõem de computadores, telefones, tablets, smartphones etc. Quando uns querem conversar pessoalmente com outros, usam elevadores ou escadas. Esses meios de acesso, que conectam os trabalhadores de diversas partes do edifício de todas as maneiras que se possa imaginar, são a matéria branca. A matéria cinzenta é a cobertura fina que controla áreas separadas do cérebro, e a matéria branca — que corresponde a três quartos do cérebro — é um grande emaranhado de fios que garante a comunicação entre todas as áreas.

No cérebro autista, não obstante, um elevador pode não parar no sétimo andar. Os telefones do departamento de contabilidade podem não funcionar e o sinal do celular na recepção do prédio pode ser fraco.

Antes da invenção das neuroimagens, os pesquisadores precisavam confiar em exames do cérebro *post-mortem*. O caminho para a descoberta da anatomia do cérebro — a resposta à pergunta: como ele é? — era mais ou menos claro: cortá-lo, observá-lo e dominar as partes. Descobrir o funcionamento das partes — a resposta à pergunta: o que faz? — era muito mais complicado: encontrar alguém que se comporta de modo estranho e então, quando essa pessoa morria, procurar o que estava lesado no cérebro.

Os casos de "cérebro lesado" continuam sendo úteis para a neurologia. Tumores. Danos cerebrais. Derrames. Quando alguma coisa não funciona no cérebro, pode-se de fato começar a aprender o que as diversas partes fazem. Hoje, a diferença é que não é preciso esperar que o dono do cérebro morra. As neuroimagens permitem observar as partes do cérebro e ver o que está lesado agora, enquanto o paciente está vivo.

Certa vez, em visita a um campus universitário, conheci um estudante que me disse que quando ele tentava ler, as letras se mexiam. Perguntei-lhe se tivera algum dano cerebral, e ele disse que tinha sido golpeado por um disco de hóquei. Perguntei onde exatamente tinha sido atingido. Ele indicou a parte posterior da cabeça. (Acho que não fui grosseira a ponto de tocar o local, mas não tenho certeza.) O lugar que apontou era o córtex visual primário, precisamente o que pensei que indicaria, graças ao que as neuroimagens nos ensinaram.

Nos estudos dos cérebros lesados pode-se tomar um sintoma, uma indicação de que algo ficou caótico, e procurar o fio ou a região que sofreu o dano. Na pesquisa, apontamos os circuitos na parte posterior do cérebro que regulam a percepção das formas, cores, movimento e textura. Sabemos quais são porque, ao serem golpeados, coisas esquisitas acontecem. Atinja seu circuito motor e você verá o café derramar numa série de imagens fixas. Atinja seu circuito das cores e viverá num mundo em preto e branco.

Os cérebros autistas não estão lesados. O meu não está. Meus circuitos não estão rompidos. Eles simplesmente não se desenvolveram como deveriam. Mas como meu cérebro ficou bastante conhecido por suas diversas peculiaridades, os pesquisadores do autismo entraram em contato comigo ao longo dos anos para pedir permissão para me colocar neste ou naquele escâner. Em geral fico contente em dizer sim. Como resultado desses estudos, aprendi muito sobre o funcionamento interno do meu cérebro.

Graças a um escâner do Centro de Excelência em Autismo da Faculdade de Medicina da Universidade da Califórnia em San Diego,[1] sei que meu cerebelo é 20% menor que a norma. O cerebelo ajuda a controlar a coordenação motora, então esta anormalidade provavelmente explica meu equilíbrio fraco.

Em 2006, participei de um estudo do Centro de Pesquisa de Imagens Cerebrais, em Pittsburgh, e fui escaneada por um aparelho de RMN funcional e por uma versão da tecnologia de RMN chamada imagens de tensor de difusão, ou tractografia por ITD. Enquanto a RMNf registra regiões do cérebro que se acendem, a ITD mensura o movimento de moléculas de água nos tratos neurais da matéria branca — a comunicação interna dos escritórios nas regiões.

- A parte RMNf do estudo mediu a ativação do meu córtex visual ventral (ou inferior) enquanto eu olhava desenhos de rostos, objetos e prédios. Outra pessoa do grupo de controle e eu respondemos de modo semelhante aos desenhos de objetos e prédios, mas meu cérebro reagiu muito menos aos rostos do que o dela.
- A ITD examinou os tratos da fibra branca entre várias regiões do meu cérebro. As imagens indicaram que estou conectada demais, o que significa que meu fascículo fronto-occipital inferior (FFOI) e o fascículo longitudinal inferior (FLI) — dois tratos de fibras brancas que serpenteiam pelo cérebro — têm mais conexões que o normal. Quando recebi os resultados deste estudo, entendi imediatamente que confirmavam algo que eu vinha dizendo há muito tempo: que eu devia ter uma linha troncal de internet, uma linha direta no córtex visual que explicava minha memória visual. Eu pensava que estava sendo metafórica, mas àquela altura entendi que essa descrição chegava muito próximo do que realmente ocorria dentro da minha cabeça. Pesquisei estudos sobre cérebros lesados para ver o que mais poderia aprender sobre essa linha troncal, e descobri um sobre uma mulher de 47 anos com transtornos na memória visual.[2] Uma ressonância por tensor de difusão revelou que ela possuía uma desconexão parcial no FLI. Os pesquisadores concluíram que o FLI devia ser "altamente envolvido" na memória visual. *Nossa*, pensei, *se este circuito se romper vou ficar no caos.*

Em 2010 passei por uma série de ressonâncias na Universidade de Utah. Uma descoberta foi particularmente gratificante. Lembram de quando assinalei aos pesquisadores a diferença de tamanho nos meus ventrículos depois da minha primeira RMN, em 1987, e eles responderam que certa assimetria no cérebro era esperada? Bem, o estudo da Universidade de Utah mostrou que meu ventrículo esquerdo é 57% mais longo que o direito. Isto significa uma enormidade. Na pessoa do grupo de controle, a diferença entre o esquerdo e o direito era de apenas 15%. (Ver imagens 3 e 4 do encarte.)

Meu ventrículo esquerdo é tão longo que se estende pelo córtex parietal. E sabe-se que o córtex parietal está associado à memória de trabalho, ou memória operacional. A perturbação no meu córtex parietal explicaria por que tenho dificuldade em realizar tarefas que exigem seguir diversas instruções consecutivas. O córtex parietal também parece estar associado à aptidão para a matemática — o que pode explicar meu problema com álgebra.

Em 1987 a tecnologia de neuroimagens ainda não era capaz de mensurar com muita precisão as estruturas anatômicas no interior do cérebro. Mas se aqueles pesquisadores tivessem sabido que um ventrículo do meu cérebro tinha 7.093 milímetros de comprimento, enquanto o outro tinha 3.868, garanto que teriam parado para pensar.

Como os dois ventrículos laterais se formavam tão diferentes? Uma hipótese é que quando há dano no início do desenvolvimento cerebral, outras áreas do cérebro tentam compensá-lo. No meu caso, o dano teria ocorrido na matéria branca no hemisfério esquerdo, e o ventrículo esquerdo teria aumentado para ocupar a área danificada. Ao mesmo tempo, a matéria branca no hemisfério direito teria tentado compensar a perda da função cerebral no hemisfério esquerdo, e aquela extensão no hemisfério direito teria limitado o crescimento do ventrículo direito.

As outras descobertas importantes do estudo de RMN de Utah incluíam:

- Meu volume intracraniano — a quantidade de espaço dentro do crânio — e o tamanho do meu cérebro eram 15% maiores do que o das pessoas do grupo de controle. Isto pode ter sido também resultado de algum tipo de anormalidade no desenvolvimento. Os neurônios devem ter crescido aceleradamente para compensar a área danificada.
- A matéria branca no meu hemisfério cerebral esquerdo era quase 15% maior que a das pessoas do grupo de controle. Mais uma vez, esta anomalia poderia ser o resultado de uma anormalidade no início do desenvolvimento do meu hemisfério esquerdo e uma tentativa de meu cérebro de compensá-la gerando novas conexões. Estes dados reforçam a descoberta inicial da Universidade de Pittsburgh de que meu cérebro é conectado demais.
- Minhas amígdalas são maiores que o normal. O tamanho médio da amígdala das três pessoas do grupo de controle era de 1.498 mm^3. Minha amígdala esquerda tem 1.719 mm^3 e a direita é ainda maior — 1.829 mm^3, ou 22% maior que o padrão. Como a amígdala é uma fonte importante no processamento do medo e outras emoções, este tamanho avantajado pode explicar minha ansiedade perene. Recordo as crises de pânico que me afetaram durante boa parte dos anos 1970 e elas começam a fazer sentido de outro modo. Minhas amígdalas me dizem que tenho tudo a temer, inclusive o próprio temor.

Desde que comecei a tomar antidepressivos, no início dos anos 1980, a ansiedade tem estado sob controle, provavelmente pelo bloqueio da forte reação do sistema nervoso simpático. Mas a vigilância continua presente, filtrando-se sob a superfície. Meu sistema do medo está sempre alerta para o perigo. Quando os estudantes que moram perto de mim conversam no estacionamento abaixo da minha janela à noite, não consigo dormir. Ponho música New Age para abafar o som, mesmo quando eles falam baixo. (Mas a música não pode ter letra.)

O volume não tem relação com o fator medo; a associação com uma possível ameaça, sim. As vozes humanas estão associadas a uma ameaça possível, enquanto a música New Age, não. Tampouco o som de um avião, então este som não me perturba, mesmo quando me hospedo num hotel perto de um aeroporto. Um avião poderia aterrissar no hotel e eu não despertaria. Mas gente falando no quarto ao lado? Esqueça. Melhor acender a luz e ler, porque sei que não vou dormir até *eles* não dormirem.

- A espessura cortical dos meus córtices entorrinais esquerdo e direito era significativamente maior que a das pessoas do grupo de controle — 12% o esquerdo e 23% o direito. "O córtex entorrinal é o portão dourado do comando central da memória cerebral",[3] afirma Itzhak Fried, professor de neurocirurgia na Faculdade de Medicina David Geffen, na UCLA. "Todas as experiências visuais e sensoriais que guardamos na memória alguma vez passam por este portal para o hipocampo. Nossas células cerebrais precisam enviar sinais através deste comando para formar lembranças que mais tarde podemos recordar conscientemente." Talvez esta peculiaridade na anatomia do meu cérebro explique minha capacidade excepcional de memorizar.

Naturalmente, acho estes resultados fascinantes porque assinalam algumas coisas esquisitas que acontecem no meu cérebro que me ajudam a ser quem sou. Mas o que acho *realmente* fascinante é que eles são compatíveis com os resultados dos estudos de algumas outras pessoas com autismo.

- Prefere objetos em vez de rostos? "Estes resultados são típicos de indivíduos com autismo", escreveram os pesquisadores que fizeram o estudo de RMN em Pittsburgh em 2006 resumindo suas descobertas. "Uma coisa que parece estar surgindo

repetidamente nos estudos de escaneamento de indivíduos com autismo é a marcada redução da ativação cortical diante de rostos."
- Amígdalas aumentadas também ocorrem frequentemente em pessoas com autismo. Como a amígdala tem tantas funções emocionais, o autista pode se sentir como se fosse um grande nervo exposto.
- E também há o que Jason Cooperrider, estudante de graduação que fez o estudo da RMN em Utah, escreveu por e-mail: "A cabeça da dra. Grandin é grande de acordo com qualquer parâmetro, o que é consistente com o crescimento/tamanho maior que a média da cabeça/cérebro no autismo." O cérebro aumentado pode ter origem em uma série de falhas genéticas, uma das quais pode sustar precocemente o desenvolvimento neuronal. O ritmo do crescimento se normaliza com o tempo, mas a macrocefalia permanece. A última estimativa é de que cerca de 20% dos autistas têm cérebros aumentados; a grande maioria parece ser de homens, por motivos que ainda não estão claros.[4]

Pela primeira vez, graças a centenas ou milhares de estudos de neuroimagens de pessoas autistas, estamos vendo uma compatibilidade sólida entre os comportamentos autistas e as funções cerebrais. Isto é algo grande. Um artigo resumiu a época: "Este corpo de pesquisas estabeleceu claramente o autismo e seus sinais e sintomas como sendo de origem neurológica."[5] A hipótese de trabalho mantida por muito tempo tornou-se agora o consenso da evidência e da comunidade: o autismo está realmente no cérebro.

O problema é que o que está no *meu* cérebro autista não é necessariamente o que está no cérebro autista de *outra pessoa*. Como me disse certa vez a pioneira em neuroanatomia Margaret Bauman: "Só porque sua amígdala é maior que o normal isso não quer dizer que a amígdala de todas as pessoas autistas seja maior que o normal." Embora tenham surgido algumas similaridades entre cérebros autistas, precisamos ser cautelosos para não generalizar demais. Na verdade, os pesquisadores de neuroimagens enfrentam três desafios para encontrar aspectos comuns entre os cérebros autistas.

Homogeneidade das estruturas cerebrais. O estudo de Utah de 2010 revelou diversas anomalias anatômicas notáveis no meu cérebro, mas também mostrou, como Cooperrider colocou no seu e-mail, que "em cerca de 95% das comparações" com as pessoas do grupo de controle, "as diferenças eram desprezíveis". Esta normalidade surpreendente no cérebro autista é a norma, e não a exceção.

"Anatomicamente, estas crianças são normais", disse Joy Hirsch, pesquisadora de autismo do Centro Médico da Universidade de Columbia, em Nova York, sobre as pessoas em seu estudo. "Estruturalmente, o cérebro é normal segundo qualquer escala que adotemos."[6]

O que não significa dizer que as estruturas dos cérebros no seu estudo, ou os cérebros autistas em geral, não variem de um cérebro para o outro. Eles variam. Mas isso também ocorre com cérebros normais. É só que as variações entre os cérebros autistas estão predominantemente na escala do que é normal. Thomas Insel, diretor do Instituto Nacional de Saúde Mental, disse ao *USA Today* em 2012, pouco depois de o Centro de Controle de Doenças elevar a prevalência estimada do autismo de 1 em 110 para 1 em 88: "Mesmo que você veja uma criança que não possui linguagem, que se machuca, que teve diversos ataques, você se surpreenderia ao ver como seu cérebro parece normal. Esta é a verdade mais inconveniente sobre esta condição."[7]

Não obstante estão surgindo alguns padrões. Além das variações no meu próprio cérebro, que parecem consistentes com as de outros autistas — amígdalas aumentadas, macrocefalia, ausência de ativação cortical ao ver rostos —, esses padrões muito disseminados incluem:

- Evitação de contato visual. Diferente de uma preferência por objetos em lugar de rostos, trata-se da evitação ativa de rostos. Um estudo de RMNf de 2011[8] publicado no *Journal of Autism and Developmental Disorders* revela que os cérebros numa mostra de autistas altamente funcionais e tipicamente desenvolvidos pareciam responder ao contato visual de modos distintos. No cérebro neurotípico, a junção temporoparietal direita (JTP) estava ativa para direcionar o olhar, ao passo que nas pessoas autistas a JTP estava ativa para evitá-lo. Os pesquisadores pensam que a JTP está associada a tarefas sociais que incluem o julgamento do estado mental alheio. O estudo encontrou o padrão oposto no córtex pré-frontal dorsolateral (CPFDL) esquerdo: nos neurotípicos, ativação para evitar o olhar; nos autistas, ativação para direcionar o olhar. Então, não é que os autistas não respondam ao contato visual, é que a sua resposta é oposta à dos neurotípicos.

"A sensibilidade ao olhar no CPFDL demonstra que o olhar direto leva a uma reação neurológica específica nos participantes com autismo", diz o estudo. Contudo o problema é "que esta reação pode ser similar ao processamento do desvio do olhar em participantes com desenvolvimento típico". O que uma pessoa neurotípica sente quando alguém não faz contato visual pode ser o que uma pessoa com autismo sente quando alguém *faz* contato visual. E vice-versa: o que um neurotípico sente quando alguém faz contato visual pode ser o que um autista sente quando alguém *não faz* contato visual. Para alguém com autismo que está tentando navegar numa situação social, as pistas de acolhimento por parte dos neurotípicos podem ser interpretadas como pistas de aversão. O que está em cima vai para baixo, o que está embaixo vai para cima.

- Conectividades alta e baixa. Um artigo muito influente publicado na *Brain* em 2004[9] apresentou a tese da baixa conectividade — a ideia de que a baixa conectividade entre as regiões corticais pode ser algo comum no autismo. Em escala mundial, as principais partes do cérebro não conseguem coordenar as mensagens. Desde então diversos outros estudos apresentaram a mesma argumentação, encontrando relação entre a baixa conectividade entre áreas críticas do córtex e déficits numa série de tarefas relacionadas à cognição social, linguagem e função executiva.

  Em contraste com a baixa conectividade de longa distância, outros estudos encontraram alta conectividade em escala local. Supostamente, este crescimento fora do comum ocorre como já descrevi, como a tentativa de uma parte do cérebro de compensar o déficit em outra. O resultado pode ser positivo. Como mencionei, tenho alta conectividade na área que corresponde à memória visual. Por sorte, sou capaz de lidar com imagens. Posso sentar-me numa sessão de consulta e repassar mentalmente o funcionamento de um pedaço de equipamento e consigo desligar isso quando acabo. Algumas pessoas com autismo, no entanto, não têm um botão para desligar que funcione e, para elas, a alta conectividade leva a uma enxurrada de informações, a maior parte delas confusas.

  O que não significa que a tese da baixa conectividade descreva todos os cérebros autistas. Como muitas tentativas iniciais de descrever a solução para um problema, ela provavelmente simplifica demais a situação. Como observou um estudo de 2012 da Universidade de Amsterdã, "alguns padrões de conectividade funcional anormal no TEA não são captados pelos modelos teóricos atuais. Tomadas em seu conjunto, as descobertas empíricas que mensuram diferentes formas de conectividade demonstram padrões complexos de conectividade anormal em pessoas com TEA".[10] A teoria, concluiu o estudo, "precisa ser refinada".

Heterogeneidade de causas. Mesmo quando os pesquisadores pensam ter encontrado uma correspondência entre o comportamento de um autista e uma anomalia cerebral, eles não podem ter certeza de que outras pessoas com o mesmo comportamento apresentem a mesma anomalia. Parte do título de um estudo sobre o autismo de 2009[11] publicado no *Journal of Neurodevelopmental Disorders* captou a situação de modo sucinto: "Comportamento igual, cérebros diferentes." Em outras palavras, só porque você tem tendência à ansiedade extrema não significa que seu cérebro autista tenha a amígdala aumentada.

Heterogeneidade de comportamentos. Pelo contrário, quando os pesquisadores encontram uma anomalia no cérebro, não podem ter certeza de que esta anomalia terá o mesmo efeito comportamental em outro cérebro. Ou, em todo caso, qualquer efeito. Só porque você tem uma amígdala aumentada não significa que seja autista.

Mas, e se significasse?

Não necessariamente uma amígdala aumentada. Mas, e se alguma descoberta ou combinação de descobertas neuroanatômicas se tornasse uma ferramenta de diagnóstico confiável? Um diagnóstico baseado não apenas no comportamento, mas também na biologia faria muita diferença para prever os déficits e focar o tratamento. Médicos e pesquisadores poderiam:

- Intervir cedo, até mesmo no primeiro estágio da infância, quando o cérebro ainda é altamente suscetível a novas conexões.
- Concentrar-se com mais precisão em certas áreas do cérebro, reabilitar as partes onde acham que podem ajudar e não perder tempo com partes irrecuperáveis.
- Testar novas terapias e monitorar as existentes mais de perto.
- Fazer o prognóstico caso a caso, de acordo com o paciente.

Para o paciente, este diagnóstico também traria um tremendo benefício psicológico, permitindo-lhe saber de fato o que é incomum.

Pessoalmente, *gosto* de saber que meu alto grau de ansiedade pode estar relacionado à minha amígdala aumentada. Este conhecimento é importante para mim. Ajuda-me a pôr a ansiedade em perspectiva. Posso ter em mente que o problema não está *lá fora* — os estudantes no estacionamento sob a janela do meu quarto. O problema está *aqui* — no modo como funcionam minhas conexões. Posso tomar remédio para a ansiedade, mas não consigo fazê-la desaparecer. Então, como tenho de conviver com ela, ao menos posso fazê-lo sabendo que a ameaça não é real. O *sentimento* de ameaça é real — e isto faz uma diferença enorme.

Devido aos obstáculos para pesquisar o autismo do ponto de vista neurológico — a homogeneidade dos cérebros, a heterogeneidade das causas e comportamentos —, pode-se questionar se encontrar um biomarcador seria um objetivo realista. Não obstante, nos últimos anos os pesquisadores têm feito progressos enormes nesse sentido, e agora muitos falam de *quando* e não *se*.

"Ainda não temos um teste decisivo para o autismo", disse a neurocientista Joy Hirsch. "Mas temos uma base para tal."

Como diretora do Centro de Pesquisa em RMN Funcional do Centro Médico da Universidade de Columbia, em Nova York, Hirsch tentou criar bases para o teste definitivo. Em um estudo feito pelo seu grupo entre 2008 e 2010,[12] quinze autistas de 7 a 22 anos de idade e doze crianças e adolescentes do grupo de controle com idades entre 4 e 17 anos passaram por ressonâncias magnéticas funcionais do giro temporal superior — a parte do sistema auditivo que processa os sons da fala em linguagem compreensível. "A deficiência mais óbvia no autismo está na fala", disse ela sobre a lógica do experimento. "A nossa hipótese era que no primeiro estágio começaríamos a ver as diferenças." E eles sentiam que tinham visto: as medidas da atividade naquela região puderam identificar quatorze dos quinze sujeitos autistas, uma taxa de sensibilidade de 92%. (Outros pesquisadores questionaram a confiabilidade de comparar pessoas que estavam despertas com as que estavam sedadas — fatores que a equipe de Hirsch considerava cobertos. Como sempre ocorre na ciência, testes futuros reforçarão ou não a validade das descobertas.)

Outros grupos de pesquisa procuram biomarcadores recolhendo uma amostra de pessoas autistas e do grupo de controle e colocando o foco num aspecto do cérebro que eles têm razão em crer que esteja associado ao comportamento autista, e ver se podem criar um algoritmo que distinga um tipo de cérebro do outro. Jeffrey S. Anderson, da Universidade de Utah, deu esta explicação simplificada: "Usamos muitos cérebros normais e cérebros de indivíduos com autismo e fazemos um padrão de cada um" — dos cérebros autistas e dos neurotípicos —, "e pegamos um indivíduo novo e perguntamos: 'Bem, com qual deles ele combina mais?'."

A questão não é identificar este ou aquele cérebro como pertencente a uma pessoa autista ou neurotípica. É encontrar um agregado que ajude a identificar áreas de interesse potencial que possam ser biomarcadoras.

Em importante estudo publicado pelo grupo de Anderson em 2011,[13] o aspecto do cérebro enfocado foi a conectividade. Estudos anteriores indicando que os cérebros autistas tendem a ter alta conectividade local e baixa conectividade de longa distância haviam se centrado num pequeno número de regiões cerebrais separadas. Em vez disso, Anderson e seus colegas estudaram a conectividade de toda a matéria cinzenta. Usando uma variação da RMNf chamada RMN de conectividade funcional, eles obtiveram mensurações da conectividade entre 7.266 "regiões de interesse". Em um grupo de quarenta adolescentes do sexo masculino e jovens adultos com autismo e uma pequena amostra de quarenta indivíduos de desenvolvimento típico, Anderson descobriu que o teste de conectividade podia identificar se um cérebro era autista ou típico com 79% de precisão geral, e com 89% de precisão nos indivíduos com menos de 20 anos.

Este nível de precisão é compatível com os resultados de outros grupos de pesquisa. Um estudo de RMN de 2011[14] da Universidade de Louisville descobriu que numa amostra de dezessete indivíduos autistas e dezessete neurotípicos, o comprimento da linha central do corpo caloso podia servir para distinguir entre os dois tipos de cérebros com um nível de precisão que ia de 82% a 94%, segundo os níveis de confiabilidade estatística.

Em outro estudo de RMN de 2011,[15] pesquisadores da Faculdade de Medicina da Universidade de Stanford e do Hospital Infantil Lucile Packard observaram não o tamanho de uma parte individual do cérebro, como os estudos de RMN costumam fazer, mas a topologia das dobras da matéria cinzenta — os vales e penhascos cerebrais. Em uma amostra de 24 crianças autistas e 24 crianças de desenvolvimento típico (todas entre 8 e 18 anos) eles identificaram diferenças entre os dois grupos na rede neural em estado padrão, um sistema associado com sonhar acordado e outras atividades em que o cérebro não está ocupado com tarefas. Os indivíduos estudados cujos cérebros mostravam os maiores desvios da norma também apresentavam os déficits de comunicação mais graves. Mensurações do volume do córtex cingulado posterior tiveram uma taxa de precisão de 92% em distinguir um cérebro do outro.

Taxas de precisão na faixa de 80 a 90% não são suficientemente altas para os pesquisadores afirmarem ter descoberto um marcador do autismo, mas são um progresso que teria sido difícil imaginar uma década atrás. E certamente são suficientemente altas para inspirar confiança na abordagem algorítmica.

Um dos objetivos das novas pesquisas é adaptar essas técnicas a indivíduos mais jovens. Anderson diz: "Não ajuda muito diagnosticar um adolescente com autismo, porque já o sabemos." Quanto mais jovem o indivíduo, mais cedo se pode intervir. Quanto mais cedo for a intervenção, maior o efeito potencial na trajetória de vida de uma pessoa autista.

Quão jovem a pessoa no escâner pode ser depende, em parte, da tecnologia. A RMN funcional, por exemplo, requer reações a estímulos que provocam atividade cerebral, então as crianças precisam ter idade suficiente (e, claro, a capacidade neurológica) para entender os estímulos. A RMN estrutural, inclusive a ITD, não depende da atividade cerebral, então permite aos pesquisadores estudar indivíduos ainda mais jovens — tão jovens, na verdade, que podem ainda não apresentar sinais comportamentais de autismo.

Foi o caso de um estudo de ITD de 2012,[16] feito por pesquisadores da Universidade da Carolina do Norte em Chapel Hill. Os participantes eram 92 bebês com irmãos mais velhos diagnosticados com autismo que, portanto, corriam o risco de apresentá-lo também. Os pesquisadores escanearam os cérebros deles aos seis meses e deram seguimento com uma avaliação comportamental aos 24 meses (além de outros escaneamentos na maior parte dos casos). Àquela altura, 28 indivíduos do estudo preenchiam os critérios comportamentais do TEA, e 64 não os cumpriam. Os tratos fibrosos da substância branca cerebral de um grupo apresentavam diferenças com relação aos tratos do outro grupo? Os pesquisadores concluíram que isso ocorria em doze dos quinze tratos investigados. Aos 6 meses, os bebês que mais tarde desenvolveram sintomas autistas apresentaram uma anisotropia fracionada maior (ou AF, a medida do movimento das moléculas de água através dos tratos da matéria branca) que no resto dos bebês. Em geral, aquilo seria um bom sinal; uma AF mais alta indica um circuito mais forte. Contudo, à idade de 24 meses, estas mesmas crianças tinham AF menor, sinal de um circuito mais fraco. Por que estes circuitos eram mais fortes aos 6 meses que o das crianças de desenvolvimento típico? Eles realmente tinham sido mais fortes antes? Os pesquisadores não sabiam a resposta, mas tinham um novo objetivo: os bebês de 3 meses.

Outro objetivo de futuras pesquisas é observar o cérebro ainda mais detalhadamente. Por sorte, o futuro já chegou. Eu sei, porque vi.

Na verdade, estive *dentro* do futuro — uma versão radicalmente nova de ITD chamada rastreamento de fibras em alta definição (HDFT). O HDFT foi criado pelo Centro de Pesquisa e Desenvolvimento de Aprendizagem da Universidade de Pittsburgh. Walter Schneider, cientista sênior do centro, explica que o HDFT foi encomendado pelo Departamento de Defesa para pesquisar danos cerebrais traumáticos. "Eles me procuraram dizendo que precisavam de algo que fizesse pelos danos cerebrais o que os raios X faziam pelas lesões ortopédicas."[17] (Ver imagem 5 do encarte.)

Quando a equipe de pesquisa publicou um artigo no site do *Journal of Neurosurgery*,[18] em março de 2012, a tecnologia recebeu muita atenção da mídia. O artigo tratava do caso de um homem de 32 anos com grave dano cerebral decorrente de um acidente com um veículo 4x4. (Não, ele não usava capacete.) Os escaneamentos com HDFT revelaram a presença e a localização de fibras perdidas de um modo tão preciso que a equipe de pesquisa pôde predizer a natureza do déficit motor permanente — grave fraqueza da mão esquerda — "que outras modalidades clínicas padrão não conseguiam".

"Assim como há 206 ossos no corpo, há ainda mais conexões físicas no cérebro", diz Schneider. "Você pode pedir a qualquer um na rua para desenhar um osso quebrado e é possível obter um desenho razoável. Mas se você perguntar 'Como é um cérebro lesado?', a maioria das pessoas — inclusive pesquisadores do campo — não consegue dar detalhes."

Inclusive pesquisadores do campo? É mesmo?

"Uma imagem imprecisa dos ossos não permite um diagnóstico correto", diz Schneider. "Usamos a RMN de difusão e fizemos isso com ela."

O foco da pesquisa com HDFT tem sido o dano cerebral traumático, mas o plano de longo prazo de Schneider é mapear a via expressa de informação do cérebro. Por anos comparei os circuitos cerebrais com as estradas, e não estou sozinha nisso. Mas a parte de alta definição da tecnologia HDFT revelou como a referência à via expressa é adequada.

A tecnologia comum de ITD mostra a estrada, rampas e cruzamentos do seu cérebro como se fosse um mapa bidimensional. Este tipo de mapa é útil quando você quer saber se uma fibra vai daqui para ali. Ele pode mostrar onde a estrada x e a rodovia 45 estão próximas uma da outra. Pode mostrar que as duas se cruzam várias vezes. Mas não mostra como se cruzam. Elas fazem uma interseção, como nos cruzamentos? Ou uma estrada passa por cima da outra, como num viaduto? A tecnologia antiga não responde a esta questão. O HDFT responde.

Ele *rastreia* as fibras de modo individual por longos trechos.

E rastreia as fibras *mais longe* do que qualquer tecnologia anterior — até o final da estrada.

Chega a mostrar se um circuito danificado ainda tem continuidade ou se deixou de transmitir. (Como bióloga, fico louca com isso, é muito legal.)

Não quero exaltar demais o HDFT. Ele é incrivelmente importante, mas não vai resolver todos os mistérios do cérebro. Como afirma Schneider: "Uma das minhas linhas preferidas na neurociência é que se você pode pensar em cinco modos do cérebro fazer algo, ele terá dez maneiras de fazer. As cinco que você pensou e as cinco que você não pensou ainda." O HDFT terá um grande impacto nos diagnósticos de trauma cerebral.

Em primeiro lugar, os diagnósticos serão mais precisos. Uma supermoderna ressonância por tensor de difusão coleta dados de 51 direções. O HDFT coleta dados de 257 direções. Como resultado, ele não só diz que parte do cérebro foi danificada como também que fibras específicas foram danificadas, e quantas.

Segundo, os diagnósticos serão mais convincentes. Sabe como os atletas às vezes têm um colapso e morrem? Todos fazem a conexão entre causa e efeito — entre excesso de esforço físico e pressão no coração — porque a tragédia é visível, vívida e imediata. Não há erro. Então chega a autópsia e não há ambiguidade. O jogador de futebol americano do colégio morreu de infarto. O jogador de basquete da faculdade morreu de aneurisma coronário. Mas os danos cerebrais não têm clareza e imediatismo semelhantes e, portanto, tampouco este tipo de urgência. Quando um jogador de futebol sofre uma concussão ou um boxeador leva diversos golpes na cabeça, os efeitos do dano podem não se manifestar por anos ou décadas. Mas isto já não é assim. O HDFT mostra o que esses golpes causaram no cérebro e, posso lhe garantir, não é bonito de se ver. Não é preciso um diploma de medicina para comparar um cérebro com concussão com um cérebro normal e exclamar: "Ah, não!"

"No caso do trauma cerebral", diz Schneider, "vemos uma ruptura num daqueles cabos". Mas não no autismo. "Neste caso", diz ele, "vemos padrões anômalos de crescimento, sejam eles genéticos ou do desenvolvimento etc., naquele processo".

Fui convidada ao laboratório de Schneider para ser escaneada como parte de um programa de televisão. Depois, Schneider me explicou que vira áreas do meu cérebro que apresentavam uma diferença de pelo menos 50% em relação a áreas correspondentes no indivíduo do grupo de controle. Ele disse que dois achados "chamaram atenção".

Primeiro, o meu trato visual é imenso — 400% maior que o de um indivíduo do grupo de controle.

Segundo, a conexão "diga o que você vê" no sistema auditivo é diminuta — 1% do indivíduo do controle. Isto faz sentido. No meu livro *Emergence*[19] discuti o problema de fala que tive na infância. "Era como gaguejar. As palavras simplesmente não saíam."

Mais tarde pedi a Schneider que interpretasse esses achados. Como ainda estamos descobrindo o cérebro, sua interpretação necessariamente tem a natureza de uma hipótese. Mas a ciência funciona assim. Recolhe-se informação (as ressonâncias cerebrais que fiz) para formular uma hipótese e fazer uma previsão verificável.

Entre o nascimento e a idade de 1 ano, Schneider explicou, os bebês se dedicam a duas atividades que os pesquisadores do desenvolvimento chamam de balbucio verbal e balbucio motor. O balbucio verbal é o ato familiar em que os bebês fazem ruídos para ouvir como soam. Igualmente, o balbucio motor refere-se a ações como mover a mão para vê-la se mexer. Neste período, quando os bebês tentam entender como se relacionar com o mundo, seus cérebros estão criando conexões para tornar este relacionamento possível. No balbucio verbal, as fibras estão crescendo para fazer a ligação entre as partes "o que você ouve" e "o que você diz". No balbucio motor, as fibras crescem para fazer a ligação entre "o que você vê" e "o que você faz".

Depois, entre as idades de 1 e 2 anos, as crianças alcançam um estágio em que podem emitir palavras isoladas. Neste ponto, o que ocorre no cérebro é que as fibras estão criando ligações internas entre os dois sistemas de fibras formados no período de balbucios verbal e motor. O cérebro conecta "o que você vê" com "o que você diz" até surgirem *mamãe, papai, bola* etc.

No meu caso, Schneider lançou a hipótese de que algo ocorreu no desenvolvimento da fase de uma só palavra, e as fibras não criaram uma conexão entre "o que você vê" e "o que você diz". Este seria o trato de 1% do tamanho do indivíduo do grupo de controle. Para compensar, meu cérebro produziu novas fibras, que tentaram ir para alguma parte, qualquer uma. Elas foram parar principalmente na área visual, mais do que nas áreas tradicionais de produção da linguagem. Este é o trato com 400% do tamanho do trato do indivíduo do grupo de controle.

Nesse cenário, prosseguiu Schneider, a fase do balbucio pode ser normal, mas o desenvolvimento da linguagem diminuiria drasticamente entre as idades de 1 e 2 anos.

Isto está de acordo com o padrão de desenvolvimento que os pais de crianças diagnosticadas com autismo costumam relatar.

"Exatamente!", disse Schneider.

Mas ele ressalta que o cenário que descreveu ainda era apenas uma hipótese. Ele vai precisar de mais dados, novos escaneamentos que mostrem como o cérebro cresce. "Nunca tivemos tecnologia para medir isso", disse ele. "O projeto em que estou trabalhando consiste em mapear a sequência de desenvolvimento."

Ele não tinha planejado adaptar a tecnologia HDFT para mapear o desenvolvimento do cérebro autista, mas uma pergunta da jornalista Lesley Stahl do programa *60 Minutes* o fez mudar de ideia. Schneider me pediu permissão para mostrar minhas ressonâncias a ela para uma reportagem sobre autismo que estava preparando. (O programa original de televisão que tinha encomendado o escaneamento nunca o exibiu.) Para não despertar esperanças irreais em pais desesperados, Schneider queria dizer que o HDFT para diagnosticar o cérebro autista ainda não estaria disponível em hospitais no futuro próximo — levaria entre cinco e dez anos para que os hospitais de ponta tivessem acesso a esta tecnologia. Stahl concordou. Mas é assim como ele recorda que ela formulou a pergunta:

"Então, a mãe de uma criança de 4 anos que terá 14 quando tiver um diagnóstico biológico do seu dano cerebral — este atraso significa uma década ou mais de tentativas fracassadas de tratamentos, perda da capacidade de se comunicar e educar seu filho e o estresse emocional que acompanha os diagnósticos imprecisos. O que poderia ser feito para acelerar o processo e torná-lo disponível dentro de cinco anos?"

"É por isso", disse Schneider, "que estou fazendo um projeto sobre autismo".

A ciência sempre avança devido a novos desenvolvimentos na tecnologia. Pense em Galileu e o telescópio. Ele foi uma das primeiras pessoas a apontar um "tubo de olhar à distância" para o céu noturno, e o que conseguiu visualizar mudou para sempre o modo como concebemos o universo: montanhas na Lua, luas à volta de Júpiter, fases de Vênus e muito, muito mais estrelas do que conseguimos ver a olho nu. O mesmo ocorre com as neuroimagens. Você pode pensá-las como um "mentescópio" (o mindoscope cunhado por Hirsch), um instrumento com o qual acabamos de começar a explorar o universo interior e reunir respostas preliminares às nossas perguntas sobre o cérebro autista: em que ele difere do cérebro normal? E o que ele faz de diferente do cérebro normal?

Hoje entendemos as conexões biológicas entre partes do cérebro e diversos comportamentos que conformaram o atual diagnóstico de autismo. Mas ainda não sabemos as causas por trás da biologia — o que demanda uma resposta a uma terceira pergunta: como ele ficou assim?

Para isso, é preciso recorrer à genética.

As neuroimagens não são perfeitas. Para entender e valorizar o que de melhor podem fazer, vejamos o que fazem e o que não fazem:

- A RMNf não capta a atividade cerebral em toda a abrangência da experiência humana. Ela necessariamente capta apenas as reações cerebrais que a pessoa pode ter enquanto está deitada quieta por longos períodos.
- As neuroimagens exigem que os indivíduos mantenham a cabeça imóvel. Recentemente, diversos estudos afirmam que conexões de curto alcance no cérebro enfraquecem à medida que as crianças crescem, ao passo que as de longo alcance se fortalecem. Os neurocientistas consideraram este avanço muito significativo para a compreensão do processo de maturidade cerebral. Infelizmente, um estudo complementar dos autores do estudo original mostrou que as supostas mudanças

no desenvolvimento cerebral desapareciam quando o movimento da cabeça era considerado. "Isto é muito, muito chato", disse o pesquisador principal.[20] "Meu resultado favorito dos últimos cinco anos é um artefato."

Essa descoberta não fez os cientistas repensarem todos os escaneamentos cerebrais. Contudo foi um alerta claro da necessidade de considerar o movimento da cabeça. Esta cautela se aplica principalmente aos estudos de pessoas com autismo e outros transtornos do desenvolvimento neurológico. Por quê? Porque estes indivíduos são precisamente os que têm mais dificuldade de ficar quietos. Os pesquisadores tentam descobrir um modo de eliminar o movimento cerebral nos estudos de neuroimagens, mas, mesmo que o consigam, terão de se perguntar se a eliminação de dados de estudos de um grupo de indivíduos (como os autistas) não distorcerá as comparações com estudos de indivíduos neurotípicos.

Mesmo que você consiga ficar imóvel, pode alterar um resultado de RMN — sei disso por experiência pessoal. Em um estudo de RMNf, me mostraram uma simulação de voo. Primeiro sobrevoei o Grand Canyon. Depois, planei sobre campos de trigo. Mais tarde sobrevoei topos de montanhas. Então comecei a me sentir mal — o que não é uma boa ideia quando se está dentro de um aparelho de ressonância magnética. Então fechei os olhos. Aquela ressonância foi tudo, menos perfeita.

- Mesmo a melhor ressonância só consegue ser tão boa quanto a melhor tecnologia do momento. Os neurônios disparam centenas de impulsos por segundo, mas o sinal em si leva diversos segundos para florescer e dura uma dezena de segundos. Não é temporalmente preciso. E a resolução não capta a atividade no nível do próprio neurônio. Como afirmou um artigo na *Science*: "Usar RMNf para espionar os neurônios é como usar satélites da Guerra Fria para espionar pessoas: só se vê a atividade de grande escala."[21]

- E há os próprios pesquisadores. Eles precisam ser cautelosos na interpretação dos resultados. Por exemplo, não devem supor que se uma parte do cérebro se ilumina ela é essencial para o processo mental que está sendo testado. Em um estudo os pesquisadores descobriram que o hipocampo era ativado quando os indivíduos faziam um exercício determinado, mas em outro estudo pesquisadores descobriram que lesões no hipocampo não afetavam a capacidade do indivíduo de fazer o mesmo exercício. Na verdade, o hipocampo fazia *parte* da reação do cérebro, mas não era uma parte *necessária* da reação.
- Os pesquisadores também não podem supor que se um paciente apresenta comportamento anormal e os cientistas encontram uma lesão, encontraram o motivo do comportamento. Recordo de uma palestra sobre neurologia na faculdade, quando suspeitei que era um erro associar um comportamento específico a uma lesão específica no cérebro. Imaginei-me abrindo a parte de trás de uma televisão antiga e cortando os fios. Se a imagem sumisse, eu poderia afirmar com certeza que tinha encontrado o "centro da imagem"? Não, porque havia um monte de fios que eu poderia ter cortado que fariam a televisão pifar. Poderia cortar a ligação com a antena, e a imagem sumiria. Poderia cortar o fio da energia, e a imagem sumiria. Ou poderia simplesmente desconectar a tomada da parede! Mas alguma dessas partes da televisão seria o centro da imagem? Não, porque a imagem depende de um conjunto de causas, todas interdependentes. Esta é precisamente a conclusão à qual nos últimos anos os pesquisadores começaram a chegar — a de que diversas funções cerebrais não dependem de uma fonte específica, mas de redes de larga escala.

Então, não acredite se alguma vez você ouvir dizer que a RMNf pode nos dizer as preferências políticas de alguém, como este alguém responde à publicidade ou se está mentindo. A ciência ainda não chegou a esse nível de sofisticação — e talvez nunca chegue.

3 O sequenciamento do cérebro autista

EM 6 DE SETEMBRO DE 2012 eu estava fazendo o que costumo fazer quando preciso passar o tempo num aeroporto — bisbilhotando uma banca de jornais, folheando revistas, lendo as notícias nos jornais — quando uma manchete no *New York Times* chamou a minha atenção: "Estudo descobre o mapa do DNA." Peguei o jornal e continuei lendo: "O genoma humano tem pelo menos quatro milhões de interruptores genéticos que residem em pedaços do DNA e que eram descartados como 'lixo' mas que têm um papel importante no controle do comportamento das células, órgãos e outros tecidos."[1]

Bem, já não era sem tempo, pensei. A ideia do "DNA lixo" nunca fez muito sentido para mim. Lembro-me de ouvir isso na faculdade. Ouvi referências a ele em sala de aula. Vi artigos de especialistas que revisavam pesquisas a respeito na *Science* e na *Nature*. *DNA lixo* não é um apelido, embora soe assim; é um termo científico genuíno. É chamado assim porque, à diferença das sequências de DNA que codificam as proteínas, são sequências que parecem não ter uso.

A ideia me parecia ridícula. A dupla hélice sempre me fez pensar num programa de computador, e você nunca escreveria um código com um monte de dados desnecessários. O "lixo" *tinha* de ter um propósito. Tinha que ser algo como o sistema operacional dos genes. Se encontrar um monte de arquivos estranhos no seu computador, você pode se perguntar para que servem, mas não concluirá que não servem para nada. E certamente não vai querer mudar alguns 0 e 1 só para ver o que acontece. O mesmo ocorre com o DNA lixo. Se você se meter com ele, o "programa" dos genes não vai funcionar.

Eu não estava sozinha nessa profunda suspeita. Por anos, os cientistas começaram a levar a ideia do DNA lixo cada vez menos a sério. Na verdade, os geneticistas tinham começado a preferir os termos DNA *não codificante* e *matéria escura*, ambos sugerindo que esse tipo de DNA era simplesmente um mistério, e não lixo. Ao ler o artigo no aeroporto, senti-me recompensada depois de tantos anos, o que sempre é bom, mas não foi isso o que me chamou a atenção.

O artigo — dentre muitos outros naquele dia, e nas semanas seguintes, enfatizando o DNA não lixo — baseava-se nos resultados de um grande esforço federal de pesquisa chamado Enciclopédia dos Elementos do DNA, ou Encode. O projeto envolveu 440 cientistas de 32 laboratórios de todo o mundo, e os primeiros trinta artigos do grupo tinham aparecido no dia anterior nas revistas *Nature*, *Genome Research* e *Genome Biology*. Em uma analogia comum, o primeiro sequenciamento do genoma humano pelo Projeto Genoma Humano e a Celera Genomics, de Craig Venter, em 2001, "era como tirar uma foto da Terra vista do espaço", como um cientista disse ao *Times*, ao passo que a Encode era como o Google Maps: ele nos informa "onde estão os caminhos", "como está o trânsito a que hora do dia", "onde estão os bons restaurantes, ou os hospitais, as cidades e os rios". O Projeto Genoma Humano nos disse o que era o genoma. A Encode começou a nos dizer o que ele faz.

Mas o que realmente me interessou foi a explicação no artigo sobre como o genoma faz o que faz. Para compreender a sua importância, primeiro você precisa entender como é o DNA. Todos já vimos a imagem popular da dupla hélice: a espiral de combinações aparentemente infinitas de A (adenina), C (citosina), G (guanina) e T (timina) que se alonga. Mas este modelo representa uma fita de DNA esticada. Uma fita de DNA totalmente esticada teria cerca de

dez metros de comprimento. Mas ele não é assim. Em vez disso, a espiral do DNA é tão compacta que cabe dentro do núcleo de células microscópicas. Como o *Times* informou, os pesquisadores da Encode descobriram "que pequenos segmentos de DNA de matéria escura muitas vezes estão muito próximos dos genes que controlam".
Isso é fantástico, pensei.

Até então, os cientistas pensavam no DNA na sua forma esticada. Mas quando você pensa no DNA como uma bobina enrolada compacta — quando estava no aeroporto, com o *Times* nas mãos, essa era exatamente a imagem que meu cérebro criava —, uma peça não codificante de DNA poderia estar ativando interruptores do DNA codificante a centenas de milhares de pares de base de distância. Na hélice esticada, eles não estão próximos; na hélice enrolada, estão lado a lado.

Mal podia esperar para abrir meu exemplar da *Nature*. Quando desci do avião fui direto aos correios, mas a revista não tinha chegado. Não vou dizer que fiquei esperando junto à caixa postal, mas, tão logo chegou, eu a devorei. O artigo "The Long-Range Interaction Landscape of Gene Promoters" [Panorama da interação de longo alcance dos promotores genéticos][2] era especialmente interessante, e gostei muito da última frase do resumo: "Nossos resultados começam a colocar os genes e os elementos regulatórios num contexto tridimensional e a revelar suas relações funcionais."

Contudo, ao terminar de devorar a revista, percebi que a lição mais importante não estava em nenhum dos seis artigos da Encode. E sim na impressão geral que os artigos causaram em mim. Em conjunto, eles me ajudaram a entender que não sabemos nada de genética.

Como neuroimagens, a ciência genética ainda está na infância. Em cem anos, o estado atual do nosso conhecimento parecerá primitivo. Pergunte-se o que ocorreria se enviássemos um laptop e um pen drive cem anos de volta no tempo. Os cientistas conseguiriam descobrir como as fotos estão armazenadas no pen drive? Sejamos generosos e lhes demos cem laptops, para que possam fazer alguns testes destrutivos. O que esses cientistas fariam seria abrir o pen drive e retirar o chip. Eles mapeariam a anatomia do chip. Dariam a cada parte nomes latinos pomposos e bobos. (Amígdala, o nome do centro emocional do cérebro? Ela deriva da palavra latina para "amêndoa", devido à sua forma. Hipocampo, o nome do buscador de arquivos cerebral? Deriva da palavra latina "cavalo-marinho" pelo mesmo motivo.) Esses cientistas suporiam que todas as partes reunidas são a Intel, porque todos os PC levam "Intel Inside" escrito. Mas eles não teriam ideia de como o pen drive funciona.

É mais ou menos como estamos hoje no conhecimento do cérebro e do genoma.

Para um cientista, este desconhecimento é animador. Um novo campo para explorar! A oportunidade de fazer pesquisas fundamentais, de grande alcance, antes que o campo fique estreito e especializado! Perguntas que levam a outras perguntas! O que poderia ser mais interessante?

Não obstante, para pais que esperam respostas sobre uma criança autista *hoje*, a falta de conhecimento pode ser extremamente frustrante.

Felizmente, temos o início de um corpo de conhecimentos sobre a genética do autismo. Saber que a genética tem um papel no autismo já é um grande avanço com relação a onde estávamos há poucas décadas. Pode ser difícil acreditar nisso agora, mas a relação do DNA com o autismo só foi questionada em 1977, quando o primeiro estudo sobre o autismo em gêmeos foi publicado.[3] A amostra era pequena, mas os resultados foram surpreendentes. O índice de concordância — significando que os dois gêmeos tinham o traço — para o autismo infantil entre pares de gêmeos idênticos era de 36% (quatro pares de gêmeos num total de onze). Mas entre dez pares de gêmeos fraternos a concordância era zero. Estes números podem parecer baixos, mas devemos recordar que isso foi três anos antes de o *DSM-III* fornecer os primeiros critérios para o diagnóstico formal do autismo — os índices de concordância naquela mesma amostra seriam de 82% (nove pares de gêmeos num total de onze) em gêmeos idênticos e 10% (um par em dez) em gêmeos fraternos. Um estudo complementar de 1995,[4] usando uma amostra com o dobro do tamanho, encontrou resultados comparáveis: concordância de 92% em gêmeos idênticos e de 10% em gêmeos fraternos.

Como gêmeos idênticos possuem o mesmo DNA, estes resultados apoiam fortemente a ideia de que a origem do autismo é genética. Contudo a influência do DNA não é absoluta. Se um gêmeo idêntico tiver autismo, a chance de que o outro também o tenha será muito grande. Mas não é de 100%. Por quê?

Bem, poderíamos fazer a mesma pergunta a respeito de outras diferenças sutis nos gêmeos idênticos. Os pais sempre conseguem diferenciá-los, e em certos casos as diferenças são óbvias o suficiente para que qualquer um os distinga. Um motivo é que mesmo que o *genótipo* — o DNA na concepção — seja idêntico nos gêmeos, os genes podem operar de forma diferente no interior da célula. Outra razão é que os genótipos podem não ser idênticos no nascimento, devido a mutações espontâneas no DNA de um ou ambos os gêmeos. Os dois conjuntos de diferenças genéticas contribuem para o *fenótipo* do indivíduo — sua aparência física, o intelecto e a personalidade.

Obviamente, saber que a genética tem um papel no autismo é apenas o começo. A pergunta seguinte é: qual ou quais genes?

Mesmo no início do século XXI alguns pesquisadores tinham a esperança de que o autismo seria o resultado de um ou um punhado de desvios genéticos em um DNA individual. Talvez o autismo fosse como a síndrome de Down que, como os pesquisadores descobriram em 1959, se devia a uma cópia extra do cromossomo 21 — foi a primeira vez que uma variação no número de cópias foi reconhecida como causa da disfunção intelectual. No caso da síndrome de Down, a relação entre causa e efeito é clara: este cromossomo em particular causa aquela síndrome em particular. Os geneticistas tiveram certo sucesso em localizar genes específicos de causa e efeito em transtornos relacionados ao autismo. Na síndrome de Rett — um transtorno do sistema nervoso que leva a inversões do desenvolvimento que muitas vezes são diagnosticadas como sintomas de autismo — a causa é um defeito no gene de uma proteína em particular, MeCP2, localizada no cromossomo X. Na esclerose tuberosa — transtorno genético que faz crescerem tumores e vem acompanhado de TEA em quase metade dos casos — a causa são mudanças em um de dois genes, TSC1 e TSC2. A síndrome do X frágil — a causa mais comum de retardo mental em meninos, e que pode levar ao autismo — deve-se a uma mudança no gene FMR1 no cromossomo.

De modo geral, contudo, a genética do autismo não é tão simples. Ela está longe disso.

Depois que o Projeto Genoma Humano e a Celera Genomics mapearam o genoma humano em 2001, dezenas de instituições em dezenove países se juntaram para criar o Projeto Genoma do Autismo, ou AGP.[5] Usando um banco de dados de 1.400 famílias, os cientistas empregaram o chip genético, uma nova tecnologia que funciona num nível muito mais alto de resolução que os métodos anteriores e lhes permitia observar milhares de variantes do DNA num só chip ao mesmo tempo, em vez de um por um. Eles usaram esta tecnologia para observar todo o genoma de cada indivíduo — os 23 pares de cromossomos — além de áreas particulares que pesquisas anteriores haviam apontado como de possível interesse.

Quando a fase um do Projeto Genoma do Autismo chegou ao fim, em 2007,[6] o consórcio publicou um artigo na *Nature Genetics* apontando diversas áreas específicas do genoma como prováveis contribuintes para o autismo.[7] Dentre os campos mais promissores para futuras pesquisas estava uma mutação do gene que codifica uma proteína chamada neurexina, que se liga diretamente a uma proteína chamada neuroligina para controlar o modo como duas células cerebrais se conectam na sinapse. Durante o desenvolvimento, essas interações são cruciais para dirigir os neurônios aos seus alvos adequados e formar vias de sinalização no cérebro. A descoberta do AGP reforçou pesquisas anteriores indicando que mutações na proteína SHANK3, que interage com a proteína neuroligina na sinapse, estão associadas ao aumento do risco de TEA e retardo mental.

Mas além de servir como indicação para futuras pesquisas, o artigo demonstrou a eficácia da estratégia que os cientistas do TEA haviam empregado para detectar essas mutações. Eles procuraram variações no número de cópias, ou CNVs — duplicações submicroscópicas, apagamentos ou rearranjos em seções do DNA. Estas variações, que podem ocorrer no comprimento e posição no cromossoma, têm o potencial de afetar a função do gene.

De onde surgem as variações no número de cópias? A maior parte é herdada. Em algum momento, uma irregularidade entra no *pool* genético e é passada de uma geração a outra. Mas algumas CNVs não são hereditárias. Surgem espontaneamente, seja no óvulo seja no espermatozoide, antes da fertilização ou no óvulo recém-fertilizado. São chamadas de mutações *de novo*, expressão latina significando "desde o começo".

Muitas CNVs são benignas. Os geneticistas estimam que cada genoma — o DNA único de cada pessoa — pode conter muitas dezenas de mutações *de novo*. Elas são parte do que torna cada pessoa única. Mas as CNVs *de novo* podem estar associadas ao autismo?

Foi a pergunta que um estudo com 264 famílias publicado na *Science* em 2007 tentou responder.[8] Os autores concluíram que esta mutação significa "um fator de risco de TEA maior do que era reconhecido". O estudo descobriu que 10% das crianças autistas com irmãos não autistas (12 num total de 118) tinham variações no número de cópias *de novo*, mas só 1% dos indivíduos de controle sem história de autismo (2 dentre 196) apresentavam CNVs. Nos cinco anos seguintes o artigo "Strong Association of De Novo Copy Number Mutations with Autism" [Forte associação de mutações do número de cópias *de novo* com o autismo] foi citado mais de 1.200 vezes.

A esperança de que o autismo pudesse ser traçado até uma ou um punhado de variações genéticas foi ficando cada vez menos realista. Quando a fase dois do Projeto Genoma do Autismo — com base no DNA de 996 crianças da escola fundamental dos Estados Unidos e Canadá diagnosticadas com TEA, dos seus pais e de 1.287 indivíduos do grupo de controle — chegou ao fim, em 2010, os colaboradores tinham identificado dezenas de variantes no número de cópias potencialmente associadas ao TEA.[9] Em 2012, os geneticistas já haviam associado o TEA com centenas de variações no número de cópias.

Para complicar ainda mais a pesquisa, muitas CNVs pareciam ser, se não únicas, pelo menos extremamente raras. Os autores do artigo de 2007 na *Science* que buscavam ligações das mutações *de novo* com o autismo haviam observado: "Nenhuma das variantes genômicas detectadas foi observada mais de duas vezes na nossa amostra, e a maioria foi vista apenas uma vez." Em 2010, com a publicação da fase dois da pesquisa do Projeto Genoma do Autismo, Stanley Nelson, professor de genética humana e psiquiatria da UCLA, afirmou: "Encontramos muitos mais genes afetados em crianças autistas do que no grupo de controle. Mas aí está o problema: todas as crianças apresentavam um transtorno diferente num gene diferente."[10] Em setembro de 2012, um artigo na *Science*, "The Emerging Biology of Autism Spectrum Disorders" [A biologia emergente dos transtornos do espectro do autismo], relatou o impressionante progresso na descoberta de CNVs possivelmente relacionadas com o autismo — mas "sem um só lugar que respondesse por mais de 1% dos casos".[11]

Às vezes, os geneticistas falam de um relacionamento muitos-para-um: diversas mutações candidatas, um resultado. Mas que resultado especificamente? Um diagnóstico de autismo? Um sintoma de autismo? Como no caso das neuroimagens, tentar compreender o autismo por meio da genética é complicado devido à sua heterogeneidade. O autismo manifesta-se em vários traços e eles não são os mesmos de um indivíduo para o outro. Por que deveríamos esperar que a genética do autismo fornecesse uma correspondência um-para-um entre mutação e diagnóstico?

Na verdade, os pesquisadores estão descobrindo que outras mutações podem contribuir para uma variedade de diagnósticos, incluindo incapacidade intelectual, epilepsia, transtorno do déficit de atenção com hiperatividade e esquizofrenia, em um relacionamento um-para-muitos. Mais uma vez, a heterogeneidade é o problema, pois o diagnóstico do autismo baseia-se em comportamentos e o autismo partilha estes comportamentos com outros diagnósticos. Se os pesquisadores soubessem quais traços — se os houver — são específicos do autismo, a busca de uma causa genética seria muito mais fácil. Como disse G. Bradley Schaefer, neurogeneticista do Instituto de Pesquisa do Hospital Infantil de Arkansas: "A chave está em tentar descobrir que diferenças são secundárias e que diferenças são importantes na condição."[12]

Até descobrirem isso, os pesquisadores precisam adotar outras metodologias para apontar genes relacionados ao autismo. O Projeto Genoma do Autismo, por exemplo, procurou um padrão nas mutações, ou ao menos o início de um padrão. E o encontrou: muitos genes pertenciam a categorias que sabidamente afetam a proliferação celular e a sinalização celular no cérebro — padrão que reforçava ainda mais a descoberta anterior do significado da ligação neurexina-neuroligina e o SHANK3.

Em 2012, três grupos de pesquisadores que desenvolveram, de modo independente, uma abordagem nova e idêntica para descobrir mutações *de novo* publicaram suas descobertas na *Nature*. Sua estratégia foi incluir apenas indivíduos autistas cujos pais e irmãos não apresentassem comportamentos autistas. Eles usaram um sequenciamento letra por letra do exoma — as partes codificadoras de proteínas do genoma — para identificar mutações *de novo* de uma letra. Se encontrassem uma CNV *de novo* em ao menos dois indivíduos autistas, e se esta CNV não aparecesse em nenhum dos indivíduos não autistas, consideravam a mutação um agente contribuinte do autismo.

Uma das pesquisas, conduzida por Matthew W. State, neurogeneticista do Centro de Estudos da Criança da Faculdade de Medicina da Universidade de Yale, estudou duzentas crianças autistas e seus pais e irmãos não autistas e encontrou duas crianças com a mesma mutação *de novo* de um tipo que nenhum dos participantes não autistas apresentava.[13] Ao mesmo tempo, outra pesquisa, liderada por Evan E. Eichler, da Universidade de Washington, em Seattle, estudou de modo independente 209 famílias e encontrou um indivíduo com a mesma mutação *de novo* apresentada em um participante do estudo da Yale.[14] Mais uma vez, era de um tipo que nenhuma das análises tinha encontrado em indivíduos não autistas. O estudo da Universidade de Washington identificou também outra CNV *de novo* em dois participantes autistas do seu próprio estudo. Então, um terceiro trabalho, feito por Mark J. Daly, em Harvard, procurou estas três variações *de novo* — uma no estudo de State, outra no de Eichler e ainda outra compartilhada por ambos — em uma amostra separada de indivíduos e identificou crianças com autismo com as mesmas CNVs, o que indicava uma possível correlação entre aquela CNV e o autismo.[15]

Vale ressaltar outra descoberta do mesmo trio de estudos — era quatro vezes mais provável que as CNVs tivessem origem do lado do pai do que do lado da mãe. Isso foi reforçado alguns meses depois com a publicação de um artigo na *Nature*[16] informando sobre uma correlação entre a idade do pai e a taxa de mutações *de novo*. Para mim, esse artigo foi um daqueles "Claro!" em que a gente dá um tapa na testa. As células do esperma se dividem a cada quinze dias, mais ou menos, então, quanto mais velho o pai, maior o número de mutações no esperma. É como fazer uma cópia de uma cópia de uma cópia numa fotocopiadora. Quanto maior o número de mutações, maior o risco de uma mutação contribuir para o autismo.*

Contudo, mesmo que os geneticistas consigam fazer a correlação da mutação com o autismo (independentemente de a mutação estar relacionada com outras condições), eles ainda não sabem se uma única mutação é suficiente para criar traços autistas, ou se o surgimento de um só traço depende de uma combinação de mutações. Recentemente, as opiniões passaram a apoiar esta hipótese de mutações múltiplas, em parte graças ao estudo do laboratório de Eichler. "O desenvolvimento do cérebro provavelmente é muito sensível aos desequilíbrios de dosagens", disse ele ao descrever suas descobertas.[17] Um só insulto — como os geneticistas chamam uma mutação com o potencial de prejudicar a saúde — pode ser suficiente para causar danos. E duas? Boa sorte!

Essa conclusão foi reforçada por outros laboratórios. Por exemplo, uma análise de 2012 das mutações no gene SHANK2 — que codifica a proteína sináptica, como a SHANK3, neurexinas e neuroliginas — teria sido importante se tivesse encontrado mais apoio para a ligação entre o autismo e mutações genéticas relacionadas com o circuito neuronal.[18] Mas o estudo, com base em 851 indivíduos diagnosticados com TEA e 1.090 do grupo de controle, descobriu também que os três indivíduos com mutação *de novo* no SHANK2 também tinham mutações hereditárias em uma seção do cromossoma 15 há muito tempo associado ao autismo.

"Para estes pacientes, é como se o genoma não conseguisse lidar com a ocorrência *de novo* extra",[19] disse o pesquisador-chefe Thomas Bourgeron, professor de genética na Universidade de Paris, Diderot. "Pode ser como nitro e glicerina. Sozinhos, tudo bem. Mas, para misturar os dois, é preciso ser muito cauteloso."

---
*No plano individual, o aumento do risco é extremamente baixo. A mudança na taxa de incidência só se torna estatisticamente significativa com uma amostra populacional.

Para mim, a hipótese de múltiplas mutações é corroborada por observações que venho fazendo repetidamente, nos últimos vinte anos, quando conheço famílias. Notei que em muitos casos uma criança com autismo tem ao menos um pai ou uma mãe com uma forma branda de comportamento autista. Muitas vezes, uma criança com autismo grave tem pai e mãe com este comportamento. Se ambos os pais contribuem com variações no número de cópias de um tipo com risco maior de autismo, a incidência de autismo em crianças nessas famílias naturalmente cresce. Quanto mais se joga o dado de ambos os lados da família, maior a probabilidade de ter uma criança com o problema.

Até aqui tratei apenas das mutações *de novo* e hereditárias — presentes durante e logo após a concepção. Mas os geneticistas também estudam o que ocorre com os genes durante a gravidez e ao longo da vida — quando os fatores ambientais entram em questão. O escapamento dos carros pode contribuir para o autismo? A dieta da mãe durante a gravidez? As vacinas?

Se seus genes carregam um risco maior de que um fator ambiental dispare uma doença ou distúrbio, dizemos que você tem uma *suscetibilidade* ou *predisposição* genética. Se os fatores ambientais interagem com seus genes de modo a causar uma mudança genética, então dizemos que você tem uma mutação *adquirida* ou *somática*. Contudo a pesquisa sobre a influência ambiental no autismo é muito menos conclusiva e, em muitos casos, mais controversa que a pesquisa sobre os fatores genéticos.

"É amplamente aceito que os transtornos do espectro autista resultam de múltiplos fatores, e que seria extremamente raro encontrar alguém com uma só causa para esta síndrome comportamental",[20] disse em 2011 a epidemiologista ambiental Irva Hertz-Picciotto. "No entanto trabalhos anteriores sobre os genes ignoraram a possibilidade de que os genes pudessem agir em conjunto com as exposições ambientais."

Hertz-Picciotto foi a principal pesquisadora do CHARGE (Riscos do Autismo Infantil Genético e Ambiental), um programa de pesquisa do Instituto MIND (Instituto de Pesquisa Médica em Transtornos do Desenvolvimento Neurológico) da Universidade da Califórnia, em Davis. "Esperamos encontrar muitos, talvez dezenas, de fatores ambientais que provavelmente contribuam para uma fração dos casos de autismo. É muito provável que a maior parte deles opere em conjunto com outras exposições e/ou com os genes."[21]

Qual era o princípio organizador por trás de um projeto tão grande? Hertz-Picciotto afirma que desde o início os colaboradores decidiram dividir as pesquisas em três áreas: nutrição, poluição atmosférica e pesticidas.[22]

O primeiro estudo do CHARGE a atrair atenção nacional, no periódico *Epidemiology*, em 2011, apontou que a combinação de certos genes desfavoráveis e a falta de suplementação vitamínica da mãe nos três meses anteriores à concepção e no primeiro mês de gravidez aumentavam significativamente o risco de autismo.[23] Outro estudo do CHARGE, publicado em 2011 na *Environmental Health Perspectives*, descobriu que crianças nascidas de mães que viviam a menos de dois quarteirões de autoestradas tinham mais probabilidades de apresentar autismo, presumivelmente devido à exposição aos gases da combustão.[24] Um terceiro estudo do programa, publicado em 2012, revelou que mais de 20% das mães de crianças com TEA ou atrasos no desenvolvimento eram obesas, ao passo que dentre as mães de crianças com desenvolvimento típico 14% eram obesas.[25]

Alguns estudos do CHARGE foram muito menos conclusivos — como, por exemplo, esta descoberta em outro artigo, de 2012: "Certos pesticidas podem ser capazes de induzir características centrais do autismo, mas pouco se sabe sobre o tempo e a dose, ou quais dos vários mecanismos são suficientes para induzir a condição."[26] Na verdade, essa conclusão era, basicamente, um apelo para mais pesquisas: "Em estudos com animais, estimulamos mais pesquisas sobre as interações genes *x* meio ambiente, além de exposição experimental a misturas de componentes. Da mesma maneira, estudos epidemiológicos com humanos em exposições excepcionalmente altas podem identificar quais tipos de pesticidas são mais preocupantes, e estudos centrados em genes *x* meio ambiente precisam determinar se há subpopulações suscetíveis ao maior risco de exposição aos pesticidas." Não é comum encontrar diretrizes para futuras pesquisas em artigos científicos, e neste caso é notável a amplitude na solicitação. Um editorial no exemplar de julho de 2012 da *Environmental Health Perspectives* fez apelo semelhante — e não só com relação a pesticidas. Em vez disso, solicitava pesquisas sobre tudo o que pudesse ser prejudicial — a "formulação de uma estratégia sistemática para a descoberta de causas ambientais potencialmente evitáveis de autismo e outros NDDs", ou transtornos do desenvolvimento neurológico.[27]

"Acho que as pessoas têm expectativas irreais", disse Hertz-Picciotto. "No campo da genética, pensaram realmente que aquilo ia ser *a* história." Em vez de "procurar as mutações raras e as ainda mais raras", disse, elas poderiam ser mais bem-sucedidas se tentassem vincular os fatores ambientais às variantes genéticas *comuns*.

Eu mesma me perguntei muitas vezes se o aumento no uso de medicamentos nas últimas décadas teria contribuído para o aumento na incidência do autismo. Em junho de 2011, a FDA (Administração Federal de Alimentos e Medicamentos) lançou um alerta de segurança às grávidas sobre a possível ligação entre o desenvolvimento cognitivo e o uso de valproato, um estabilizador de humor e medicamento para epilepsia.[28] Mais tarde naquele ano, dois estudos provaram que crianças cujas mães haviam tomado valproato na gravidez tinham maior risco de ter baixo QI e outras deficiências cognitivas, além de autismo e outros transtornos do espectro autista.[29] "Estima-se que de 6 a 9% dos bebês expostos ao valproato *in utero* desenvolvem autismo", informou o site da Fundação Simons, "um risco muitas vezes maior que o da população em geral."[30]

O primeiro estudo a investigar a ligação específica entre uso de antidepressivos e autismo, feito pelo Programa Kaiser de Assistência Médica Permanente, no norte da Califórnia, só foi publicado em 2011.[31] O estudo comparou 298 crianças com TEA e suas mães com outras 1.500 crianças do grupo de controle e suas mães e encontrou evidências de um risco ligeiramente maior entre as mães que usavam antidepressivos durante a gravidez ou imediatamente antes de engravidar. Está bem, pensei, mas talvez uma mãe que precise de antidepressivos já tenha um risco maior de variações no número de cópias, o que significa que o gatilho do autismo pode ser algo relacionado à depressão, e não aos antidepressivos. Mas o estudo considerou esta possibilidade e descobriu que as mães deprimidas que não tomavam antidepressivos não apresentavam um risco mais elevado.

Contudo o nível dos riscos é relativo. O estudo concluiu que "era improvável" que os antidepressivos "fossem um fator de risco importante". Mas, e se forem um risco menor? A pesquisa indicou que as mães que haviam tomado antidepressivos no ano anterior ao parto tinham 2,1% mais risco de ter crianças com TEA, e o maior aumento do risco, de 2,3%, era com o uso do medicamento no primeiro trimestre.

Mas há uma coisa. Acho o Prozac uma droga fabulosa. Tenho amigos que estariam muito mal se não fosse pelo Prozac, o Lexapro ou outro inibidor seletivo da recaptação de serotonina. Conheço gente que foi *salva* por essas drogas. Eu mesma não seria funcional sem elas. Elas podem transformar uma vida simplesmente vivida em uma vida que vale a pena viver. As mulheres grávidas ou que pensam engravidar e que tomam antidepressivos deveriam consultar o médico e pesar os prós e os contras.

De qualquer modo, precisamos ter muito cuidado ao buscar relações de causa e efeito entre os fatores ambientais e a genética. Como todo cientista sabe, correlação não implica causalidade. Uma correlação observada — dois eventos que ocorrem ao mesmo tempo — pode ser apenas uma coincidência. Vamos usar a infame controvérsia da vacina para ver a complexidade lógica de uma argumentação causalidade x coincidência. A história é a seguinte:

Os pais costumam vacinar os filhos por volta dos 18 meses. Alguns pais reparam que os filhos começam a apresentar sinais de autismo por volta dos 18 meses — recolhem-se em si mesmos, regridem na aquisição da linguagem, adotam comportamentos repetitivos. A correlação entre certas vacinas e o surgimento do autismo é um exemplo de coincidência ou de causalidade? Um estudo de 1998[32] publicado na *Lancet* apresenta a resposta: causalidade. Segue-se a indignação dos pais,* além de um amplo movimento popular para persuadir pais a não vacinar seus filhos. Contudo vários estudos complementares não conseguiram reproduzir os resultados do estudo de 1998 e, em 2010, depois de uma pesquisa do Conselho Geral de Medicina do Reino Unido determinando que a pesquisa tinha sido malconduzida e era incorreta, a *Lancet* retratou-se.[33]

Fim da história? Não exatamente.

Na verdade, sabe-se que algumas crianças ficam muito doentes e apresentam sintomas graves compatíveis com o autismo pouco depois das vacinações aos 18 meses. Nestes casos raros, o diagnóstico correto é uma doença mitocondrial. O núcleo da célula guarda os cromossomos; é onde nossos genes estão codificados. Mas, fora do núcleo, no citoplasma da célula, ficam as organelas (a palavra vem da ideia de que organelas são para as células o que os órgãos são para o organismo), e algumas destas organelas são mitocôndrias. Seu propósito é pegar as substâncias químicas do corpo e convertê-las em energia utilizável. As mitocôndrias têm seu próprio DNA, separado do DNA dos cromossomos. E assim como o DNA nos cromossomos, o DNA mitocondrial pode sofrer

---

* Pessoalmente, não acho que devemos considerar a questão resolvida enquanto não for feito um estudo separando os indivíduos regressivos (as crianças que começam a ter um desenvolvimento normal e depois regridem por volta dos 18 meses) e os não regressivos.

mutações. Em alguns casos, as vacinas e o surgimento dos sintomas podem estar realmente relacionados. Alguns sintomas podem ser relativamente moderados, alguns podem ameaçar a vida e outros podem incluir perda de coordenação muscular, problemas visuais e auditivos, incapacidade de aprendizagem, transtornos gastrintestinais, problemas neurológicos. Todos estes sintomas são parte da doença mitocondrial, e todos seriam compatíveis com o autismo.

"As pesquisas nesta área são intensas", disse G. Bradley Schaefer, neurogeneticista do Instituto de Pesquisa do Hospital Infantil de Arkansas e principal autor das diretrizes de 2008 para testes genéticos em crianças para o American College of Medical Genetics. "Mas não sabemos o suficiente para tirar conclusões." A atualização das diretrizes em 2013 não estava disponível quando este livro foi escrito, mas Schaefer as resumiu em entrevista para o livro: "Há a questão sobre a influência mitocondrial no autismo, há pesquisas a respeito, há casos claramente anedóticos — mas no momento não recomendamos testes de rotina devido à falta de evidências objetivas suficientes." (Além disso, os testes são caros e difíceis, e em geral exigem uma biopsia do músculo.)

Um exemplo talvez mais convincente da predisposição genética seja o gene DRD4, que codifica um receptor que regula o nível de dopamina no cérebro.[34] Algumas pessoas possuem uma variante do gene DRD4 chamada DRD4-7R, o 7R significando "alelo de sete repetições", o que quer dizer que a sequência dos nucleotídeos se repete sete vezes. Os cérebros das pessoas com a versão 7R do gene DRD4 são menos sensíveis à dopamina — um neurotransmissor que afeta processos cerebrais que envolvem movimento, resposta emocional e a capacidade de sentir prazer e dor —, o que os coloca em risco para transtornos de atenção e conduta.[35] Por isso, a versão 7R do DRD4 é chamada o gene liberal ou o gene da bebida.

Num nível mais clínico (e linguisticamente mais bondoso), diversos estudos vincularam este alelo à ansiedade, depressão, epilepsia, dislexia, transtorno do déficit de atenção com hiperatividade, enxaqueca, comportamento obsessivo-compulsivo e autismo. Por exemplo, um estudo publicado em 2010 relatou diversas associações entre crianças autistas com a variante 7R e seus pais.[36]

- Crianças com a variante 7R com ao menos um dos pais com a mesma variante eram significativamente mais propensas a apresentar tiques nervosos que aquelas cujos pais não tinham a variante 7R.
- Se o pai tinha a variante 7R, a criança com a mesma variante tinha mais propensão a apresentar comportamento compatível com transtorno obsessivo-compulsivo e tique grave.
- Se a mãe tinha a variante 7R, a criança com a mesma variante tinha mais probabilidade de apresentar comportamento compatível com transtorno de oposição e desafio e transtorno de ansiedade social.

Há algum tempo os cientistas sabem que crianças com a versão 7R do DRD4 (além de outros genes "de risco", como o MAOA e o ASERT) são vulneráveis a influências negativas do ambiente — como pais violentos ou indiferentes, por exemplo. Essas influências negativas podem produzir versões mais graves de qualquer comportamento já manifestado pela criança. Por isso, há muito tempo os cientistas consideram a versão 7R o "gene pôster" dos genes que interagem com um ambiente negativo na criação de um comportamento negativo. Daí seu apelido: vulnerabilidade ou gene de risco.

Mas, e quando as crianças com genes de risco recebem apoio dos pais ou têm vidas familiares saudáveis, em vez de ambientes ruins? As pesquisas eram convincentes em afirmar que os ambientes negativos tendiam a levar a comportamentos negativos em pessoas com esta variação no gene DRD4, porém, e se a mesma pesquisa apresentasse dados indicando que ambientes *positivos* tendiam a levar a comportamentos *positivos* — e, como os pesquisadores tentavam medir efeitos negativos, não faziam as perguntas adequadas?

Por sorte, mais tarde outros pesquisadores pensaram em se fazer essa pergunta.[37] Quando começaram a observar especificamente os efeitos positivos — e reanalisaram estudos antigos dos efeitos negativos — perceberam que era preciso repensar o modo como a ciência via essas variações genéticas. Pessoas com essas variações nos genes são simplesmente mais sensíveis ao ambiente — "para o bem ou para o mal", como afirmou um pesquisador. Pode-se pensar nelas como "crianças orquídeas",[38] porque florescem ou murcham facilmente, o que depende de o ambiente da estufa que habitam ser ou não favorável ao crescimento. Em contraste, as "crianças dente-de-leão", que possuem a versão regular do gene, não são afetadas pelo ambiente.

Com esse novo entendimento de como a versão 7R do DRD4 funciona, os geneticistas começaram a chamá-lo não mais de gene de risco, mas de gene *responsivo*. A natureza o fez neutro. O ambiente o torna negativo ou positivo.

Pode-se indagar se esta interpretação significa que Leo Kanner estava certo quanto à influência negativa da criação negativa. Nem tanto. Ele se baseou na correspondência um-para-um entre o genitor geladeira e o autismo na criança. A versão de Bruno Bettelheim para o modelo de Kanner ao menos considerou a possibilidade de um componente genético — uma predisposição genética ao autismo que precisava de um pai ou mãe violento para se manifestar. Mas nem Kanner nem Bettelheim parecem ter considerado o autismo o resultado de uma predeterminação genética, mais do que uma predisposição.

Mas sabem quem o fez? Apesar de todas as associações psicanalíticas desacreditadas subjacentes às suposições e hipóteses de Kanner e Bettelheim, a resposta é Sigmund Freud — até certo ponto.

Freud tinha formação médica em neurobiologia e neuroanatomia. Ele sempre afirmou que seus conceitos psicanalíticos eram marcadores de posição, até que a ciência encontrasse algo melhor. "Devemos lembrar que todas as nossas ideias provisórias em psicologia um dia poderão basear-se em uma subestrutura orgânica",[39] escreveu Freud em 1914. Seis anos mais tarde, ele deu continuidade a essa ideia: "As deficiências da nossa descrição provavelmente se esfumariam se já tivéssemos condições de substituir os termos psicológicos por termos fisiológicos ou químicos", escreveu. "Devemos esperar [que a fisiologia e a química] nos tragam informações surpreendentes e não podemos adivinhar que respostas terão daqui a dez anos às perguntas que fizermos. Elas podem ser de tal monta que venham a derrubar toda a nossa estrutura artificial de hipóteses."[40]

O mesmo ocorre hoje. As neuroimagens nos permitem sondar características neuroanatômicas e perguntar: como é? E o que ocorre? A genética nos permitiu começar a responder à pergunta: como o cérebro faz o que faz? Temos décadas de progresso pela frente, mas já começamos a encontrar algumas respostas que completam a definição do autismo, que hoje se baseia exclusivamente na observação do comportamento — um método de diagnóstico que, como veremos no próximo capítulo, tem seus riscos.

4 Esconde-esconde

SABE O QUE ODEIO? O barulho do secador de mãos nos banheiros públicos. Não tanto quando o jato de ar começa, mas no momento em que as mãos ficam sob o jato. A queda súbita do registro me deixa louca. É como o toalete a vácuo nos aviões. Primeiro vem o prelúdio breve como uma chuvarada, depois o trovão da sucção. Eu *odeio* aquilo. Um ódio como o das *unhas arranhando o quadro-negro*.

Sabe o que mais odeio nas viagens de avião? O alarme que soa quando alguém acidentalmente abre uma porta de segurança no aeroporto. Odeio alarmes em geral, de qualquer tipo. Quando era criança, o sinal da escola me deixava completamente doida. Era como um obturador de dentista. Sem exagero: o *som* causava uma sensação dentro do meu crânio como a dor do obturador.

Você já deve ter notado um padrão no que odeio. Sou sensível aos sons. Sons altos. Sons súbitos. Pior, sons altos e súbitos que não estou esperando. Ainda pior, sons altos e súbitos que eu *espero*, mas não posso controlar — problema comum em pessoas com autismo. Os balões de ar me aterrorizavam na infância, porque eu não sabia quando iam estourar.

Hoje sei que se tivesse sido capaz de estourar os balões com uma caneta produzindo um som suave, e depois tivesse tentado com balões maiores e sons cada vez mais altos, talvez tivesse conseguido tolerá-los. Ouvi muita gente com autismo dizer que, quando provocam o som, é mais fácil tolerá-lo. O mesmo ocorre quando sabem de onde vem o som; fogos de artifício disparados aleatoriamente pelos garotos da vizinhança podem ser insuportáveis, mas quando são queimados no parque da cidade como parte de um programa no feriado são aceitáveis. Porém quando eu era criança via com terror o mesmo balão que extasiava e deixava as outras crianças contentes, o balão que elas queriam jogar umas para as outras e impulsionavam com os dedos para que tocasse no teto. Para mim, ele pairava como uma nuvem de dor em potencial.

Os cinco sentidos são como compreendemos tudo o que não somos. Visão, audição, olfato, paladar e tato são as cinco maneiras — as *únicas* cinco maneiras — como o universo pode se comunicar conosco. Deste modo, nossos sentidos definem a realidade para cada um de nós. Quando seus sentidos funcionam normalmente, você pode supor que sua realidade sensorial é muito similar à realidade sensorial de todos aqueles cujos sentidos funcionam normalmente. Afinal, eles evoluíram para captar uma realidade comum — para nos permitir interpretar, do modo mais confiável possível, as informações de que necessitamos para sobreviver.

Mas e quando seus sentidos não funcionam normalmente? Não me refiro aos seus globos oculares ou às trompas de Eustáquio, aos receptores na sua língua ou nariz ou à ponta dos seus dedos. Refiro-me ao cérebro. E se você receber a mesma informação sensorial que os outros, mas seu cérebro interpretá-la de um modo diferente? Então, sua experiência do mundo ao redor será a experiência dos outros, mas talvez de um modo doloroso. Neste caso, você vive literalmente em uma realidade alternativa — uma realidade *sensorialmente* alternativa.

Falo sobre problemas sensoriais desde que comecei a dar palestras sobre autismo, lá se vão trinta anos. Neste tempo, encontrei gente cuja audição oscila, e neste caso as palavras podem soar como num celular ruim ou como foguetes. Conversei com crianças que odeiam ir para a quadra esportiva por causa do sinal do placar. Vi crianças que só conseguem pronunciar sons de vogais, talvez por não ouvirem as consoantes. Quase todos são autistas e, na verdade, cerca de nove em dez pessoas com autismo apresentam um ou mais transtornos sensoriais.

Mas a dor e a confusão não afetam só suas vidas. Afetam também a vida daqueles a quem amam. Uma criança normal não tem de ouvir que o irmão ou irmã autista precisa de mais atenção dos pais — que, de muitas formas, o mundo familiar gira em torno daquela criança. Para os pais, cuidar de uma criança normal já pode ser um trabalho em tempo integral; cuidar de uma criança cujo cérebro não tolera o movimento de um adulto andando pelo cômodo pode ser um trabalho *vitalício*. Você não pode levar a criança ao shopping, ao restaurante ou ao jogo de futebol do irmão mais velho se ela urra de dor o tempo todo.

Além disso, os transtornos sensoriais não são um problema só no autismo. Estudos com crianças não autistas apontaram que mais da metade tem um sintoma sensorial, que uma de cada seis tem um problema sensorial suficientemente importante para afetar sua vida cotidiana e uma de cada vinte deveria ser formalmente diagnosticada com transtorno de processamento sensorial, o que significa que os problemas sensoriais são crônicos e perturbadores. Eu mesma observei em uma aula que dou a cada semestre que um ou dois dentre sessenta alunos têm dificuldade para desenhar um sistema de manejo de gado. Eles desenham linhas imprecisas em vez de curvas suaves. Sei que não são autistas, nem têm astigmatismo, mas quando lhes pergunto o que veem ao olhar uma página impressa, respondem que as letras se movem.

No entanto, o que sabemos da ciência dos problemas sensoriais? Surpreendentemente pouco. Fiquei surpresa quando comecei a ler pesquisas sobre problemas sensoriais.

Em todas as pesquisas sobre o cérebro autista feita por geneticistas e neurocientistas, apesar dos avanços, fica claro que a questão dos problemas sensoriais não é prioritária. Os problemas sensoriais em autistas são "ubíquos", como disse um artigo de 2011 na *Pediatric Research*,[1] e ainda assim o tema recebe atenção proporcionalmente pequena. Grande parte das pesquisas que encontrei sobre problemas sensoriais em autistas deriva de periódicos sobre temas não autistas, e muitos não são publicados nos Estados Unidos. Mesmo os artigos sobre problemas sensoriais da população autista publicados nos periódicos sobre autismo muitas vezes se queixam da escassez de pesquisas na área. "Há preocupação com a falta de pesquisas empíricas sistemáticas sobre comportamentos sensoriais no TEA e confusão quanto à descrição e classificação dos sintomas sensoriais", escreveram os autores de um estudo de 2009,[2] e os autores de outro estudo daquele mesmo ano queixaram-se da "escassez de informação".[3] Em 2011, contribuí para um importante livro acadêmico sobre autismo.[4] Mais de quatrocentas páginas. Um total de 81 artigos. Adivinhe. O único artigo sobre problemas sensoriais era o meu.

Ao longo dos anos, vi centenas ou milhares de artigos de pesquisas sobre se os autistas possuem uma teoria da mente — a capacidade de se imaginar observando o mundo do ponto de vista de outrem e de obter uma resposta emocional adequada. Mas vi muito menos estudos sobre problemas sensoriais — provavelmente porque eles exigiriam que os pesquisadores se imaginassem olhando o mundo do ponto de vista da confusão de falhas neuronais dos autistas. Pode-se dizer que eles não têm uma teoria do *cérebro*.

Suspeito que os pesquisadores simplesmente não entendem a urgência do problema. Eles não conseguem imaginar um mundo onde roupas que pinicam o fazem sentir-se pegando fogo, ou onde uma sirene soa "como se alguém estivesse perfurando meu crânio com uma furadeira",[5] como alguém descreveu. A maioria dos pesquisadores não consegue imaginar uma vida em que cada situação nova, ameaçadora ou não, vem com uma descarga de adrenalina, como um estudo[6] indica suceder com muitas pessoas com autismo. Porque a maioria dos pesquisadores são pessoas normais, criaturas sociais, então, do ponto de vista deles, faz sentido se preocupar em socializar autistas. E faz, até certo ponto. Mas como socializar pessoas que não toleram o ambiente onde devem se mostrar sociáveis — que não têm prática de reconhecer os significados emocionais das expressões faciais em ambientes sociais porque não podem frequentar um restaurante? Como outros pesquisadores, os estudiosos do autismo querem resolver os problemas causadores de mais danos, mas acho que não percebem o quanto a sensibilidade sensorial pode ser prejudicial.

Conversei com pesquisadores que chegam a dizer que os problemas sensoriais não são reais. É difícil acreditar, eu sei. Eles se denominam behavioristas estritos. Eu os chamo de negadores da biologia. Digo-lhes que considerem esta possibilidade: "Talvez aquela criança esteja tendo um ataque no meio do Walmart porque se sente como se estivesse dentro de uma caixa de som num concerto de rock. Você também não teria um ataque se estivesse dentro de uma caixa de som num concerto de rock?" Alguns pesquisadores chegaram a retrucar: "Se a criança está gritando porque é sensível aos sons, então será que não é *aquele* som que a incomoda?" Não se ela for sensível a apenas certos tipos de sons. Às vezes o som não precisa nem ser alto para incomodar.

Nem todas as pessoas com transtorno sensorial respondem aos estímulos do mesmo modo. Já vi crianças gritarem quando a porta do supermercado se abre rapidamente, mas eu própria sempre achei fascinante o movimento das portas. Uma criança gosta de brincar com água corrente. Outra sai correndo da descarga sanitária.

E nem todos que sofrem de transtornos sensoriais os têm no mesmo grau. Aprendi a conviver com o som das mãos sob o jato de ar do secador e os alarmes das portas dos aeroportos. Para algumas pessoas, no entanto, os problemas sensoriais causam transtornos. Elas não conseguem conviver em ambientes normais, como escritórios e restaurantes. A dor e a confusão definem suas vidas.

Mas, independente dos problemas sensoriais, eles são reais, comuns e exigem atenção. Eu lhes dei atenção — e o que encontrei me deixou surpresa, chocada e, inclusive, me levou a questionar alguns pressupostos básicos do próprio autismo.

Embora os especialistas em autismo tenham, em grande medida, desprezado os problemas sensoriais como objeto de estudo, o fato é que não se pode estudar o autismo sem buscar um modo de categorizar as questões sensoriais. Eu mesma aceitei há muito tempo o modo tradicional de classificar as pessoas autistas com problemas de processamento sensorial em três categorias ou subtipos:

- Busca sensorial. Esta categoria cobre problemas que surgem quando o autista busca sensações. Claro, todos buscamos sensações o tempo todo. *Qual será o gosto daquele bolo? Como será usar aquela camisa de linho? Posso ouvir o que as pessoas atrás de mim no ônibus estão dizendo?* Mas os autistas com problemas sensoriais tendem a buscar essas sensações o tempo todo. Não se fartam delas. Podem ansiar por ruídos altos ou, no meu caso, pressão profunda. Muitas vezes elas emulam essas sensações embalando-se, girando, batendo palmas ou fazendo ruídos.

As outras duas categorias são como o oposto da primeira. Em vez de buscar sensações, as pessoas nestas categorias respondem a sensações não buscadas.

- Alta responsividade sensorial. Pessoas que são hipersensíveis aos sentidos. Não suportam o cheiro do molho de macarrão, sentar-se num restaurante barulhento, usar certos tipos de tecidos ou consumir certas comidas.
- Baixa responsividade sensorial. Pessoas que têm pouca ou nenhuma resposta aos estímulos comuns. Por exemplo, podem não responder aos próprios nomes, mesmo sem problemas de audição, ou podem não reagir à dor.

Estes três subtipos fazem muito sentido. Nunca pensei em questioná-los. Vemos autistas com problemas de processamento sensorial e os colocamos em uma ou outra categoria.

Porém alguns cientistas começaram a repensar estas categorias. Em 2010, Alison Lane e três colaboradores da Universidade de Ohio publicaram um artigo intitulado "Sensory Processing Subtypes in Autism: Association with Adaptive Behaviors" [Subtipos de processamento sensorial no autismo: associação com comportamentos adaptativos][7] no *Journal of Autism Developmental Disorders*. (*Bom*, pensei. *Um artigo sobre problemas sensoriais num periódico sobre autismo*.) Como sempre ocorre nos artigos sobre processamento sensorial, os autores logo ressaltaram que o assunto era negligenciado: "Poucos estudos tentaram investigar a relação entre dificuldade de PS [processamento sensorial] e as manifestações clínicas do TEA." Em seguida, entraram no assunto.

Os autores coletaram dados do modo corrente. Confiaram nos resultados do Perfil Sensorial Curto, uma ferramenta de pesquisa dos anos 1990. Observadores (em geral os pais) de pessoas com problemas sensoriais selecionam, dentre 38 comportamentos, os que descrevem o comportamento do indivíduo. Estes comportamentos correspondem a sete domínios sensoriais: sensibilidade tátil; sensibilidade gustativa/olfativa; sensibilidade motora; baixa resposta/busca de sensações; filtro auditivo; baixa energia/fraqueza; sensibilidade visual/auditiva. Um indicador de sensibilidade tátil, por exemplo, era "Reage emocional ou agressivamente ao toque". Um item que indicava sensibilidade motora era "Teme cair ou tem medo de altura". No item filtro auditivo: "É distraído ou tem dificuldade de fazer as coisas com muito ruído à sua volta."

Depois de coletar os dados comuns, contudo, Lane e seus colaboradores os submeteram a um modelo diferente de análise estatística e descobriram três categorias ligeiramente distintas. Não preciso entrar em detalhes sobre sua metodologia; você pode procurá-la caso esteja interessado. Em resumo, as novas categorias são:

- Busca sensorial levando a comportamento distraído ou hiperfocado.
- Modulação sensorial (baixa ou alta responsividade) com sensibilidade motora e baixo tônus muscular.
- Modulação sensorial (baixa ou alta responsividade) com extrema sensibilidade gustativa/olfativa.

A princípio estas categorias também fazem muito sentido. Extrema sensibilidade gustativa/olfativa? Nunca pensei que ela estivesse separada de outros problemas sensoriais, mas claro, entendo a utilidade de criar esta categoria. Baixo tônus muscular? Certamente conheci vários autistas com membros débeis e pele pastosa. "[Este] subgrupo é particularmente importante para os terapeutas físicos", diz um artigo de 2011[8] na *Physical Therapy* baseado na pesquisa de Lane. "Crianças com TEA com sensibilidade motora atípica em geral são hiper-responsivas a estímulos proprioceptivos e vestibulares" — respectivamente, a sensação de como as partes do corpo trabalham em conjunto e o sentido do equilíbrio —, "ao passo que crianças com baixa energia e baixa reação motora possuem má coordenação motora fina e grossa".

Ainda assim, a ideia de usar os mesmos dados para criar duas formas diferentes de organização — dois conjuntos distintos de categorias — ainda me incomodava. Os dois modos seriam válidos? Nenhum dos dois seria válido? O que essas categorias nos diziam?

Por fim, entendi: o problema não é o modo como se interpreta os dados. O problema são os próprios dados.

Os estudos sobre problemas sensoriais graves baseiam-se no testemunho dos pais ou cuidadores. As conclusões dependem da metodologia dos pesquisadores. Mas por que deveríamos supor que as interpretações refletem o que acontece com os indivíduos? Alguém que não consegue imaginar o que é viver num mundo de sobrecarga sensorial provavelmente vai subestimar a gravidade das sensações alheias e o impacto na vida da pessoa e pode interpretar o comportamento como sinal de um problema sensorial, quando pode ser outro.

Se os pesquisadores querem saber como é ser uma das muitas e muitas pessoas que vivem em uma realidade sensorial paralela, eles precisam perguntar a elas.

Pesquisadores costumam menosprezar o relato dessas pessoas por pensarem que não se presta à verificação científica por ser subjetivo. Mas essa é a questão. A observação objetiva do comportamento pode fornecer informações importantes. Mas só a pessoa com sobrecarga sensorial pode dizer o que isso realmente representa. Em um livro anterior tentei descrever meus problemas sensoriais e outros autistas altamente funcionais também foram capazes de descrever o impacto dos problemas sensoriais em suas vidas. Mas e quem tem problemas sensoriais muito mais graves e debilitantes?

O problema de eliciar relatos nesta população é óbvio. Se um problema sensorial desorganiza completamente o modo de pensar da pessoa, ela terá dificuldades em descrever o problema. Se ela for não verbal, deve-se usar outro meio de expressão, como digitar ou apontar. Nos casos mais extremos, porém, até isso seria irreal. Por sorte, a escrita de próprio punho produz informação confiável; o facilitador pode mover a mão sem perceber, como num tabuleiro Ouija.

É importante superar os problemas inerentes à coleta de relatos. Se os pesquisadores só obtiverem relatos sobre questões sensoriais de adultos altamente funcionais, estes não serão representativos. Os problemas sensoriais podem ser piores nos níveis mais baixos de funcionamento; podem até ser a *causa* dos baixos níveis de funcionamento. Por isso, um estudo que cite apenas autistas de alto funcionamento apresentará uma visão tremendamente oblíqua da população. E tem mais: na idade adulta a pessoa pode desenvolver mecanismos para lidar com isso que disfarcem a gravidade dos seus problemas sensoriais e podem não refletir a realidade do problema vivenciado por uma criança assustada.

Espero que algumas tecnologias novas possam aumentar a incidência de relatos. Os tablets, por exemplo, têm uma enorme vantagem sobre os computadores comuns, e até mesmo os notebooks: não é preciso tirar os olhos da tela. Em geral, digitar é um processo de dois passos. Primeiro olha-se para o teclado; depois para a tela, para ver o que foi digitado. Isso pode ser demais para alguém com problemas cognitivos agudos. Antes dos tablets, um terapeuta montava o teclado de um notebook numa caixa, para que ficasse logo abaixo do que aparecia na tela. Nos tablets, porém, o teclado é parte da tela, então os movimentos oculares do teclado para as letras digitadas são mínimos. Causa e efeito adquirem uma correlação muito mais clara. Esta diferença pode ser importante ao permitir que pessoas com problemas sensoriais graves nos digam como é isto para elas.

No livro *How Can I Talk If My Lips Don't Move? Inside My Autistic Mind* [Como posso falar se meus lábios não se movem? Por dentro de minha mente autista],[9] Tito Rajarshi Mukhopadhyay descreve sua libertação de uma existência trancada no autismo. Ela ocorreu na forma de uma tabuleta repleta de letras e números que a mãe deu a ele antes dos 4 anos, no início dos anos 1990. Com a ajuda dela, ele aprendeu matemática e a soletrar. Mais tarde, a mãe amarrou uma caneta na sua mão para que ele pudesse se comunicar pela escrita. Ao longo dos anos, Tito publicou diversos livros em que descreve como vivencia sua realidade em duas partes: um "eu atuante" e um "eu pensante". Há pouco tempo reli seus livros e lembrei de quando o conheci. Pude entender que, embora não percebesse isso à época, eu tinha visto estes eu atuante e eu pensante numa rápida sucessão.

Conheci Tito numa biblioteca médica em San Francisco. A luz era suave; se a biblioteca tinha luzes fluorescentes, tinham sido desligadas antes da nossa visita. A sala estava silenciosa, a atmosfera, serena — livre de distrações. A conversa foi entre mim, Tito e seu teclado.

Mostrei-lhe a foto de um astronauta montado num cavalo. Escolhera deliberadamente uma imagem que ele nunca tivesse visto, o anúncio de uma empresa de tecnologia num exemplar antigo da *Scientific American* que encontrara numa prateleira. Queria ver como ele se expressava com as palavras. Estudou a foto e depois se virou para o teclado.

Apollo 11 a cavalo, escreveu rapidamente.

Depois, correu pela biblioteca batendo os braços.

Quando voltou para o teclado, mostrei-lhe a foto de uma vaca.

Não as comemos na Índia, escreveu.* Então, correu pela biblioteca batendo os braços.

Fiz outra pergunta, não lembro qual. Pode-se imaginar o que aconteceu depois. Tito respondeu e correu pela biblioteca batendo os braços.

Isso foi tudo. Ele já havia escrito tudo o que conseguia escrever em uma sessão. Precisava descansar, pois responder três perguntas curtas lhe exigia um esforço tremendo.

Agora sei que o que testemunhei foi o eu atuante de Tito em movimento, o eu que o mundo externo vê: um menino que gira, se agita e bate os braços. Que é também o eu que Tito vê.

No livro, ele descreve o seu eu atuante como "estranho e cheio de energia". Ele se via como peças, "como uma mão ou uma perna" e disse que gira em círculos para poder "juntar as partes no todo". Lembrou que se olhara no espelho tentando forçar os lábios a se mover. "A sua imagem apenas o olhava de volta", escreveu Tito, adotando o ponto de vista da terceira pessoa e sublinhando a desconexão entre o seu eu atuante e o seu eu pensante.

Aquele eu, o pensante, estava "cheio de aprendizados e sentimentos". E frustrações. Ele se lembrava de um médico que tinha dito aos seus pais que Tito não entendia o que ocorria à sua volta e

---

*Note-se que Tito não usava as palavras *astronauta* e *vaca*. Ele entrava pela porta dos fundos, por assim dizer. Descrevia o objeto em vez de nomeá-lo.

a resposta não dita do seu eu pensante: "'Entendo perfeitamente', disse o espírito no menino."

O eu atuante corre pela biblioteca batendo os braços. O eu pensante observa o atuante correr pela biblioteca batendo os braços.

Para mim, a ideia de dois eus é reforçada pelo que Carly Fleischmann descreveu em seu livro de 2012, *Carly's Voice: Breaking Through Autism* [A voz de Carly: rompendo o autismo],[10] que ela escreveu com o pai, Arthur Fleischmann. Nos seus dez primeiros anos de vida, Carly parecia ser uma autista não verbal. Então, um dia ela surpreendeu os pais e cuidadores quando, de repente, usou o teclado do seu dispositivo de transmissão de voz. Antes daquela tarde marcante, ela usava o dispositivo para uma coisa: tocava na figura de um objeto ou atividade e a voz eletrônica dizia as palavras correspondentes. Na verdade, naquela tarde um dos terapeutas tinha apagado itens do dispositivo para liberar memória, e chegara a pensar em apagar toda a função do alfabeto. Felizmente, não chegou a fazê-lo.

Naquele dia, quando Carly chegou para a aula, estava incomumente irrequieta e mal-humorada e não queria cooperar. "O que você quer?", perguntou o terapeuta exasperado, como se Carly fosse capaz de responder. E era! Carly pegou o dispositivo de transmissão de voz. "A-J-U-D-A-D-E-N-T-E-D-Ó-I", escreveu laboriosamente.

Carly tinha uma funcionalidade bastante baixa. Como Tito, o seu eu atuante estava em movimento permanente, sentava-se e se embalava, gritava e tentava destruir tudo à sua volta. Como Tito, o seu eu pensante captava muito mais informações do que era possível imaginar. Em alguns níveis, sua vida interior era surpreendentemente normal. Ao entrar na adolescência desenvolveu o que se pode chamar de interesses típicos de adolescentes. Tinha fixação em Justin Timberlake e Brad Pitt. Quando ela aparecia num programa de TV, não tirava os olhos dos câmeras bonitos. Contudo, em outros planos, sua vida interior era complicada de um modo que só ela sabia.

Numa cena particularmente impressionante de *Carly's Voice*, ela convida o leitor a imaginar uma conversa numa cafeteria. Se for como a maioria das pessoas, você se imaginará sentado à mesa diante de alguém que fala com você, e se imaginará ouvindo atentamente. Carly não.

> Para mim, trata-se de algo totalmente diferente. A mulher que passa pela nossa mesa deixa um odor de perfume fortíssimo e o meu foco muda. Então, por cima do meu ombro esquerdo escuto a conversa da mesa de trás. O lado áspero da abotoadura da minha manga esquerda roça no meu corpo para cima e para baixo. Isto começa a chamar minha atenção, enquanto o sussurro e o chiado da cafeteira se misturam aos outros sons à minha volta. O visual da porta abrindo e fechando na frente da loja me consome por completo. Perdi o fio da conversa e não escutei quase nada do que a pessoa à minha frente falou... Percebo que escuto apenas o mundo estranho.

A esta altura da conversa condenada ao fracasso, diz Carly, ela se comportaria de dois modos possíveis. Fecha-se e se alheia ou tem um ataque de raiva.

Que interessante, pensei ao ler este trecho. Imagine que você é a pessoa sentada diante dela e precisa descrever seu comportamento para o perfil sensorial. Se Carly se fechar — se parecer que não escuta, embora você esteja sentado diante dela, falando diretamente com ela — você a categorizará como de baixa responsividade. Porém, se ela tiver um ataque de raiva — se, como ela disse, começar "a rir ou chorar, se enfezar e gritar sem motivo aparente" —, você a categorizaria como tendo alta responsividade.

Dois comportamentos diferentes, dois subtipos de perfis sensoriais diferentes — ao menos é o que pareceria a alguém sentado diante dela e que a visse de fora. Mas se você fosse Carly, vivendo sua vida de dentro, as duas reações teriam a mesma causa: sobrecarga sensorial. *Informação demais*.

Tito apresentou um cenário parecido em seu livro. Descreveu como é entrar em um cômodo desconhecido: ele olha em volta e gira por diferentes partes do ambiente até encontrar um objeto que o deixa intrigado.

"A primeira coisa que vejo é a cor", escreveu. "Se não entrar numa reflexão profunda sobre a cor definindo-a como 'amarelo' e listar mentalmente todas as coisas amarelas que conheço, incluindo uma das minhas bolas de tênis amarelas quando eu tinha 7 anos de idade, eu mudo para a forma do objeto". O objeto tem uma dobradiça, que ele pode ou não notar. Caso a note:

> Posso ser distraído pelas funções das alavancas. Porém desvio a atenção dali e penso na função daquele grande objeto retangular amarelo, com alavancas de primeira chamadas dobradiças.
> Por que aquele grande objeto amarelo retangular com dobradiças está ali?, me pergunto. "Ele me permitiu entrar na sala, e pode ser aberto ou fechado. O que mais pode ser, senão uma porta?" A minha classificação se completa.

Depois, ele se dirige ao próximo objeto na sala.

Tito também conta que visitou uma casa e se concentrou numa revista. Adorou tocar e folhear "aquelas páginas suaves e brilhantes", e adorou cheirá-las. Só depois, quando sua mãe conversou sobre a visita e mencionou as rosas cor-de-rosa nas cortinas de renda, o piano e uma foto numa moldura de prata, Tito percebeu que estivera tão absorto com a revista que não vira nada mais no aposento.

De fora, os comportamentos nas duas situações pareceriam distintos. Parado, com o olhar fixo na porta, Tito pareceria distraído, alheio. Cheirando a revista, parecia estar muito focado, envolvido demais. Mas, assim como ocorreu com Carly na cafeteria, embora os comportamentos observáveis sejam diferentes, os sentimentos de ambos eram os mesmos.

Estes relatos reforçam minha antiga hipótese de que alguns autistas não verbais podem estar muito mais ligados ao mundo do que aparentam. Eles simplesmente vivem tamanha confusão de sensações que não conseguem experimentar o mundo exterior de modo produtivo, muito menos expressar sua relação com ele.

Mas estes relatos também demonstram que Tito e Carly observam seus próprios comportamentos tão de perto quanto seus pais e cuidadores ou um pesquisador. À diferença dos observadores externos, eles podem nos dizer o que realmente significa seu comportamento. A diferença entre a visão do observador e a experiência do indivíduo — entre o eu atuante e o pensante — é a mesma que há entre o que os problemas sensoriais *parecem* ser e como *são sentidos*.

Perguntei a mim mesma sobre minha experiência com dificuldade auditiva na infância, quando tentava entender o balbucio das vozes dos adultos, que falavam rápido demais para que eu pudesse acompanhá-los. Minha audição tinha dois ajustes: Desligada e Que Entrem Todos os Estímulos. Às vezes, eu me fechava e bloqueava os estímulos. Outras vezes tinha ataques de raiva. Dois comportamentos, um sentimento.

No artigo "Sensory Processing Subtypes" mencionado anteriormente — que sugere outro modo de organização dos problemas sensoriais — os autores observaram que a baixa responsividade e a alta responsividade podiam "coexistir" na mesma criança. Com base nestes exemplos, eu iria mais longe. Se *responsividade* se refere à resposta visível que os pais ou cuidadores ou pesquisadores observam, tudo bem — você pode fazer uma distinção. Do ponto de vista externo, a criança responde muito ou nada, está distraída ou focada demais. O eu atuante apresenta dois tipos de comportamento. Mas, se *responsividade* se refere ao que experimenta o eu pensante com problemas sensoriais, então a distinção não faz sentido. A baixa ou alta responsividade, o alheamento ou a concentração podem ser *a mesma coisa*.

Isso tem realmente algum fundamento? Acho que sim.

Em várias descrições em relatos pessoais online encontrei evidências curiosas que se assemelhavam às de Carly.

- "Quando muita gente fala ao mesmo tempo ao meu redor, como num pub, me sinto agoniada e começo a ficar alheia a tudo e não consigo entender o que acontece."
- "Simplesmente me fecho e não consigo sentir nem reagir, então em geral permaneço sentada absolutamente imóvel e olho fixamente para algo. Às vezes minha mente está a mil e é muito difícil detê-la."
- "Só preciso sentar calmamente e recuperar o foco."
- "Muitas vezes fico catatônica, com uma expressão estoica."
- "Meus olhos tentam seguir todos os movimentos que percebem. Isto é parte do que destrói o contato visual e me faz parecer muito desatento."

E quanto ao apoio científico? Encontrei dois artigos com hipóteses de que tanto a ausência quanto o excesso de foco eram fruto do excesso de estímulos. Um artigo publicado na *Frontiers of Neuroscience* em 2007[11] propôs que os autistas com problemas sensoriais sofriam do que os autores denominaram "síndrome do mundo intenso". Os autores escreveram que "o excesso de processamento neuronal pode tornar o mundo dolorosamente intenso". Ao qual a resposta do cérebro pode ser "fechar rapidamente o indivíduo em um pequeno repertório para assegurar rotinas comportamentais repetidas obsessivamente". Segundo outro artigo, publicado na *Neuroscience and Behavioral Reviews*, em 2009, as pessoas com autismo podem estar vivendo o que os autores chamaram "um mundo que muda rápido demais".[12] Não conseguem acompanhar o que ocorre à sua volta, então se recolhem.

De qualquer modo, a lição não é que alguns autistas recebem informação demais e, portanto, são responsivos demais, ao passo que outros recebem informação de menos e, portanto, não são responsivos o suficiente. A lição é que se seu cérebro recebe informações sensoriais demais, o seu eu atuante pode facilmente *parecer* não responsivo, mas o seu eu pensante se *sente* oprimido.

O artigo que mencionei, "World Changing Too Fast" [O mundo está mudando rápido demais], trazia diversos exemplos da vida real de adultos com autismo, inclusive um de minha autoria. Afirmei que o sintoma autista comum de evitar o contato visual "pode não ser nada além de intolerância ao movimento dos olhos da outra pessoa". Perguntei a crianças: "Por que você olha pelo canto do olho?", e elas responderam: "Porque assim vejo melhor." Não sei como elas podem ver melhor assim. Porque o mundo se move rápido demais um olhar de esguelha torna o movimento menos opressor? Talvez. Gosto desta hipótese, mas sem mais pesquisas ela é apenas isso — uma hipótese.

Para outras pessoas autistas, eu mesma sou acusada de mover-me rápido demais. Daniel Temmet escreveu que quando nos conhecemos eu o questionei rápido demais: "Ela falava muito rápido e eu tinha dificuldade em entendê-la." A autora autista Donna Williams escreveu que "a mudança constante da maior parte das coisas não me dava chance de me preparar para elas". É por isso, disse, que sempre gostou da expressão "Pare o mundo que eu quero descer".

Se não for para *pará-lo*, ao menos para diminuir sua velocidade. "O estresse de tentar alcançar e acompanhar", escreveu Williams, "muitas vezes era demasiado e me via tentando diminuir a velocidade das coisas e dar uma pausa." Ela desenvolveu uma maneira de diminuir a velocidade do mundo piscando rapidamente ou acendendo e apagando a luz: "Quando piscava bem rápido, as pessoas se moviam quadro a quadro como nos filmes antigos, como no efeito da luz estroboscópica, sem que o controle saísse das minhas mãos." Uma frase de J. G. T. van Dalen, um adulto com autismo moderado, foi citada no artigo "World Changing Too Fast" quando disse que era "obrigado a digerir cada objeto pedaço por pedaço". Para ele, este período de foco extraordinário não era normal. "O tempo parece fluir rapidamente", disse. Para um observador, tampouco parecia normal. A diferença, disse ele, era que "uma pessoa não autista me vê vivendo lentamente".

Em todos estes casos, a pessoa atuante *olhava* lentamente para o observador. Mas a pessoa pensante *sentia* o oposto.

A ideia de que a hiper-reatividade e a hiporreatividade seriam dois lados da mesma moeda traz diversas implicações importantes.

Uma é farmacológica. "A maior parte [dos] medicamentos receitados [tenta] aumentar o funcionamento neuronal e cognitivo, mas concluímos que o cérebro precisa ser acalmado", escreveram os autores de "Intense World" e "as funções cognitivas precisam ser diminuídas para reinstaurar a funcionalidade adequada." Por experiência própria, vi que quando tomava antidepressivos para controlar a ansiedade — antidepressivos antigos como Zoloft e Prozac —, eles me acalmavam e eu podia aprender comportamentos sociais. Estudos demonstraram que embora a risperidona (nome de marca Risperdal), uma droga antipsicótica, não afete diretamente o déficit central da incapacidade social, ela reduz a irritabilidade que causa a agressão. Mas acho que pode, indiretamente, ajudar também a superar a disfunção social, porque se você consegue lidar com os comportamentos inadaptados, ao menos tem a chance de participar do mundo de um modo mais produtivo socialmente.*
(Como sempre ocorre com os remédios tarja preta, não faça nada sem consultar seu médico. E o remédio deve ser tomado com cautela; as crianças, especialmente, às vezes recebem superdosagens.)

A outra implicação é educacional. Um sintoma comum entre autistas é a suposta incapacidade de compreender as expressões faciais. Contudo uma série de estudos nos anos 1990 demonstrou que crianças com TEA que viam expressões faciais apresenta-

---

* Para mais informações sobre este tema, ver o capítulo 6, "Believer in Biochemistry" [Crente na bioquímica], no meu livro *Thinking in Pictures,* e o capítulo 7, "Medications and Biomedical Therapy" [Remédios e terapia biomédica], no meu livro *The Way I See It* [Da forma que vejo] (2ª ed.).

das lentamente em vídeo as entendiam tão bem quanto crianças neurotípicas da mesma idade de desenvolvimento. Os autores de "World Changing Too Fast" desenvolveram um software que diminuía a velocidade na apresentação de estímulos visuais e auditivos. Quando indivíduos com TEA eram expostos àqueles gestos e sons, começavam a imitá-los, ao passo que indivíduos normais não respondiam assim porque fazia muito tempo haviam internalizado aqueles comportamentos. De igual maneira, ao diminuir a velocidade das frases enunciadas, os pesquisadores descobriram que os indivíduos com TEA compreendiam muito melhor seu significado.

A ideia de que a hiper-reatividade e a hiporreatividade são variações do mesmo tema pode ter implicações até para a teoria da mente. O artigo "Intense World" propôs que se a amígdala, que é associada às respostas emocionais, inclusive o medo, é afetada pela sobrecarga sensorial, certas respostas que parecem antissociais na verdade não o seriam. "As interações sociais diminuídas e o recolhimento podem não ser resultado de falta de compaixão, incapacidade de se colocar na posição de outrem ou falta de sentimentos, mas, pelo contrário, podem resultar de um ambiente percebido de modo intenso e até doloroso." Comportamentos que parecem antissociais para quem está de fora podem, na verdade, ser uma expressão de medo.

Como agora dividir os problemas sensoriais em três subtipos me parece uma estratégia falível, vou fazer o que sempre faço quando não sei o suficiente sobre algo. Vou me perguntar o que eu *sei*? O que sei sobre problemas sensoriais é que temos cinco sentidos. Então, vou organizar minha discussão de acordo com cada um deles. (Para identificar os sintomas e dicas práticas para aliviá-los, veja o quadro no final do capítulo.)

Problemas de processamento visual

Meu processamento visual é, no mínimo, superior ao de outras pessoas, embora eu não saiba se isso se deve ao funcionamento dos meus olhos ou à maneira como meu cérebro interpreta os sinais enviados pelos olhos. De qualquer modo, posso dizer que, aos 65 anos, leio o jornal sem óculos (embora cardápios em restaurantes escuros e cartões de visita com letras miúdas comecem a me dar certo trabalho). Quando me entedio numa conferência, distraio-me olhando as fibras do carpete. Minha visão noturna é tão boa que às vezes me esqueço de acender os faróis.

Isso não significa que não tenha certa sensibilidade visual.[13] Quando me canso vejo um halo em volta da luz do poste ou chuvisco na tela de computador, como nos televisores antigos. Quando troco de pista na estrada, preciso estar bem segura de deixar espaço suficiente. Odeio quando o médico me pede para manter a cabeça imóvel e seguir um ponto com os olhos. Os terapeutas dizem que meus olhos saltam e não acompanho os movimentos de modo suave.

No outro extremo estão problemas visuais como o tipo que a autora autista Donna Williams descreveu: "A refração da luz, i.e., o brilho, é um equivalente visual da reverberação do ruído e fonte importante de sobrecarga visual. Para alguém sensível a estas coisas, o brilho, ou a refração da luz, pode provocar o efeito visual de disparos de correntes ou lampejos de luz. Isto distrai a atenção de outras coisas, mas este brilho também pode ter o efeito visual de cortar pessoas ou objetos."[14] Thomas McKean, autista, descreveu esta síndrome como visão de Picasso, dizendo que era como "olhar através de vidro quebrado ou um espelho rachado".[15]

No dia a dia, costumo conhecer alunos com síndrome de Irlen — assim batizada por causa de Helen Irlen, terapeuta americana que descobriu que certos problemas de escrita e leitura podem diminuir ou ser eliminados com o uso de lentes ou papéis coloridos.* A ideia é que o papel branco sobrecarrega um sistema visual sensível à luminosidade, ao passo que as ondas de luz no papel ou lentes coloridos a amenizam.

Um caso brando de síndrome de Irlen — por exemplo, as letras na página saltam um pouco com o cansaço — não afeta o desempenho acadêmico. Lentes coloridas podem ajudar a tensão ocular, do mesmo modo que reduzir o contraste no leitor de livros eletrônicos. Mas há casos graves em que a síndrome de Irlen definitivamente interfere com o trabalho escolar — a pintura fica imprecisa, as palavras se mexem, as linhas desaparecem — e os papéis ou lentes coloridas ajudam.

Às vezes vejo alunos lutando com a tarefa de desenhar. Eles podem apresentar desenhos repletos de linhas onduladas e tremidas no lugar de arcos suaves. Primeiro sugiro que se dirijam ao centro de aconselhamento, mas às vezes, por alguma razão, eles não querem ir. Então, ok. Nesse caso, eu os mando à fotocopiadora para copiar páginas de um livro e usar papéis em diferentes tons pastel até encontrarem o tom que os ajude a enxergar melhor. Pode ser bege. Pode ser lavanda. Mas alguma cor vai funcionar melhor.

Também os mando à farmácia para experimentar óculos escuros com lentes de cores diferentes, e o mesmo princípio se aplica aqui: é preciso encontrar a cor certa. "Não compre um que fique bem", recomendo, "mas que funcione". Um dia, uma aluna que tinha escolhido umas lentes rosadas veio correndo me dizer: "Ah, dra. Grandin, tirei 10 na prova de economia!" Por quê? Porque os slides do PowerPoint já não tremiam e por fim ela conseguia ler os números nos gráficos do professor. Sempre digo aos meus alunos

---

*Às vezes chamada síndrome de Irlen-Meares. Na mesma época em que Helen Irlen fez sua pesquisa, uma professora neozelandesa chamada Olive Meares descreveu problemas envolvendo a visão de impressão preta sobre papel branco.

que seria burrice ser reprovado na escola só porque não usaram papel bege, ou a cor lavanda na tela do computador!

Não custa nada experimentar os óculos escuros. Não há nada a perder e tudo a ganhar. Conheço uma menina de 4 anos de idade que, depois de usar um par de óculos rosados que seus pais compraram na Disneylândia, em vez de tolerar o Walmart por apenas cinco minutos, conseguia ficar lá por uma hora. Para os pais faz muita diferença poder levar os filhos às compras!

Problemas de processamento auditivo

Ao longo dos anos, identifiquei quatro problemas de processamento auditivo mais comuns:

- Input de linguagem. Um tipo de problema de input de linguagem é não conseguir ouvir os sons de consoantes duras. Na infância, eu tinha dificuldade em diferenciá-los. Para mim, *cat*, *hat* e *pat* soavam iguais, porque estas consoantes são rápidas, são pronunciadas rapidamente. Eu tinha de entender o que era o que pensando no sentido da palavra num contexto determinado. Esta descrição certamente encaixa na hipótese do artigo "World Changing Too Fast" que discuti antes. Outro tipo de problema de input de linguagem é ouvir as palavras mas não ser capaz de associá-las a um sentido, síndrome que Donna Williams chama de "cegueira do sentido".
- Output de linguagem. Descrevo este problema como uma "grande gagueira". Quando criança, eu entendia as palavras que as pessoas pronunciavam lentamente, mas não era capaz de produzir minha própria fala. A solução proposta pela minha terapeuta da fala foi a mesma sugerida em "World Changing Too Fast": diminuir a velocidade.

- Lentidão na mudança de atenção. Quando um som capta minha atenção, tenho dificuldade em deixá-lo e passar a outro som. Se um celular toca quando estou dando uma palestra, atrapalha totalmente meu fluxo de pensamentos; ele atrai minha atenção e minha capacidade de voltar é mais lenta que a de outras pessoas.
- Hipersensibilidade ao som. A internet está cheia de relatos de autistas sobre problemas com todo tipo de sons altos e súbitos — estouro de balões, sirenes, fogos de artifício. Mas alguns sons problemáticos são considerados mais prosaicos: "Não suporto o som do miojo sendo mexido na panela (aquele som de chapinhar horrível)."[16] Às vezes, porém, a hipersensibilidade envolve não um som específico, mas uma riqueza de sons: "Talvez você precise pedir à pessoa com quem conversa para repetir o que disse algumas vezes, porque estava tentando superar o barulho de carros passando, o cão latindo a três quarteirões e o inseto que zuniu ao lado do seu ouvido."[17]

Embora estes sejam os problemas auditivos mais comuns que já encontrei, há muitos outros, mais especializados. Por exemplo, conheci muitas crianças ecolálicas. São crianças que podem repetir os anúncios da TV palavra por palavra. Sua fala funciona, mas elas não têm a menor ideia do que as palavras significam. Muitas vezes, nem compreendem que o significado está nas palavras, pensam que está no tom da voz. Compare esta síndrome com meu problema infantil de compreender o que as palavras significavam, mas com dificuldade de pronunciá-las. Estou trabalhando numa proposta de escaneamento cerebral para estudar estes dois tipos de síndromes lado a lado.

Seja qual for a forma que adotem, os problemas auditivos parecem ser especialmente prevalentes entre pessoas com autismo. Um estudo de 2003[18] comparou a ativação cerebral em resposta a sons semelhantes à fala em cinco autistas e oito indivíduos do grupo de controle. Os autistas mostraram, de maneira uniforme, menos ativação das áreas da fala. Outro estudo de 2003 comparou as respostas de quatorze autistas e dez indivíduos do grupo de controle a mudanças sutis numa sequência de sons repetitivos — denominado campo discrepante (MMF). Magnetoencefalografias (MEG) dos indivíduos do grupo de controle mostraram de modo uniforme que seus cérebros detectavam as mudanças, ao passo que as respostas dos indivíduos autistas indicavam que seus cérebros não as detectavam.[19]

Só para complicar mais as coisas, os autistas parecem confundir estímulos visuais com os auditivos. Normalmente, quando uma pessoa ouve, o córtex visual fica mais lento. Mas um estudo de 2012 com RMNf descobriu que quando os autistas ouvem estímulos auditivos, seu córtex visual permanece mais ativo que o dos neurotípicos.[20] Se for assim, então até quando se esforçam para processar os estímulos auditivos eles são distraídos e confundidos pelos estímulos visuais.

Mas há esperança, e não só para os autistas. Pesquisadores começaram a observar o efeito terapêutico do canto. Mais de uma vez ouvi pais e professores contando que ensinaram crianças a falar por meio do canto e me perguntei se haveria uma base científica para isso.

Nos cérebros sadios, as partes que parecem estar relacionadas à linguagem e à música estão em grande medida sobrepostas. Contudo há muito os pesquisadores observaram que até pacientes autistas não verbais tinham forte responsividade à música.[21] Num estudo de 2012 do Centro Médico da Universidade de Columbia, em Nova York, supervisionado por Joy Hirsch (mencionado no capítulo 2), 36 indivíduos autistas não verbais com idades entre 6 e 22 anos foram comparados a 21 indivíduos não autistas do grupo de controle com idades entre 4 e 18 anos.[22] Por meio da RMNf, RMN de conectividade funcional e ressonância por tensor de difusão (ITD), os pesquisadores observaram que durante o estímulo à fala a ativação do giro frontal inferior esquerdo, fortemente associado à linguagem, era reduzida na amostra autista com relação à amostra do grupo de controle. Contudo, com estimulação intensa, a ativação da mesma área era maior na população autista que na de controle.

Até recentemente, no entanto, havia muito poucos estudos sobre o uso da musicoterapia em indivíduos autistas — para não falar de estudos da mente sobre o uso da musicoterapia para ajudar autistas não verbais a adquirir a fala. Um estudo de 2005[23] analisou dados de 40 indivíduos autistas entre 2 e 49 anos de idade que fizeram musicoterapia durante dois anos. Todos apresentavam melhora na linguagem e na comunicação, assim como nas capacidades comportamental, psicossocial, cognitiva, musical e perceptivo/motora. E os pais e cuidadores dessas quarenta pessoas relataram que as melhoras iam além da música, atingindo outras áreas da vida.

"As intervenções musicais teoricamente fundamentadas têm sido subutilizadas, o que é uma pena, pois sabe-se que a percepção e a execução musical são pontos relativamente fortes de indivíduos com autismo", concluíram os autores de um estudo de 2010.[24] "Nenhum estudo investigou sistematicamente a eficácia de intervenções baseadas na música para facilitar a fala ou se um programa intensivo pode provocar mudanças plásticas nos cérebros desses indivíduos. Com base em pesquisas anteriores e atuais, esperamos que estes tratamentos especializados para o autismo sejam criados num futuro próximo."

Um dos autores desse estudo — Catherine Y. Wan, do Laboratório de Música e Neuroimagem do Departamento de Neurologia da Faculdade de Medicina de Harvard — não só sonhava com tratamentos especializados como seguiu em frente e criou um. Ele se chama treinamento para mapeamento auditivo-motor (AMMT) e foi projetado para promover a produção de fala diretamente, treinando os indivíduos a experimentar a relação entre falar em tons diferentes enquanto tocam um tambor eletrônico afinado eletronicamente. "O terapeuta apresenta as palavras-alvo ou frases enquanto, ao mesmo tempo, entoa as palavras e toca o tambor afinado nos mesmos tons", escreveu Wan num estudo de prova de conceito[25] publicado em 2011. O artigo relata que após sessões individuais de 45 minutos, cinco vezes por semana, durante um período de oito semanas, as seis crianças não verbais do estudo, com idades entre 5 e 9 anos, apresentaram "melhoras significativas na capacidade de articular palavras e frases, com generalização para itens que não eram praticados nas sessões de terapia".

O artigo conclui, de modo previsível e comovente, que o número de intervenções deste tipo costuma ser "extremamente limitado". Então, temos provas científicas conclusivas de que a musicoterapia facilita a comunicação em crianças autistas não verbais? Não. Mas eu apostaria que as provas circunstanciais de pais e professores que acumulei ao longo dos anos estão corretas.

Sensibilidade tátil

Como alguém que precisou inventar a máquina do abraço para conter a ansiedade e as crises de pânico, obviamente tenho um grande problema com a sensibilidade ao toque — e escrevi extensamente sobre isso em outros livros. Mas meus problemas táteis não acabam aqui. As roupas me deixam louca se não tiverem a textura correta. Tenho um monte de camisetas que recebi de presente de participantes das minhas palestras públicas. Às vezes elas são ásperas, às vezes não, ainda que sejam feitas de 100% algodão e eu as lave para amaciar as fibras. A diferença, por incrível que pareça, está na urdidura ou no tipo de algodão.

Que outras experiências táteis trazem problemas? Você vai se surpreender. Eis alguns exemplos do site Wrong Planet (wrongplanet.net) sobre sensibilidades autistas relacionadas ao tato:

- "Eu simplesmente não suporto areia molhada. Os feriados na praia eram um inferno para mim."
- "Sou absolutamente incapaz de tocar coisas macias... ursinhos de pelúcia, cobertores macios demais etc., principalmente com as mãos secas. Só de pensar fico fora de mim." (A solução desta pessoa teria me deixado completamente doida: "os tecidos mais ásperos e com a menor quantidade de fios possível".)
- "Areia molhada, cremes e toalhas. Isto é a pior combinação para mim, que é pele com protetor solar coberta de areia e esfregada com a toalha úmida."
- "Mangas de roupa molhadas."
- "Não aguento a sensação do papel de jornal — é como se tivesse farpas minúsculas nas pontas dos dedos."
- "Esponjas são horríveis, embora, estranhamente, eu costumasse gostar muito de comer esponjas."
- "Toda vez que visto algo meio apertado sinto como se pequenos insetos subissem pela minha pele."
- "Eu ODEIO, ODEIO, ODEIO a sensação e a textura das calças jeans. São tão secas e rugosas."
- "Acariciar um cachorro com as mãos molhadas."
- "Vidro que saiu da máquina de lavar louças — ele guincha horrivelmente."

Sensibilidades olfativa e gustativa

Algumas pessoas simplesmente não suportam certos odores. Elas avançam pelas gôndolas dos detergentes no supermercado e sentem-se oprimidas. Meu colaborador, Richard, tem uma amiga que sente dor de cabeça com o cheiro de jornal. Na infância, tinha horror à edição do jornal de domingo por ter muito mais páginas. Hoje, só lê jornais online.

Algumas pessoas simplesmente não suportam certos sabores. Muitas vezes a aversão tem a ver com a textura. Eu não gosto de coisas com baba. Clara de ovo crua? Nem pensar. (Embora o que pareça uma sensibilidade gustativa pode, na verdade, ser um problema auditivo. Algumas pessoas acham insuportável o ruído crocante da batata frita soando no crânio.)

Como na sensibilidade tátil, a variedade do que provoca isso é surpreendente:

- "Qualquer grão ou carboidrato pastoso."
- "Refrigerante sem gás — depois de aberto por mais de um minuto eu já não bebo."
- "O tempero do taco me deixa tonto."
- "Nunca entrei num restaurante de frutos do mar. Só de passar na frente sinto náuseas. Não suporto o cheiro."

Os pesquisadores podem não confiar nos relatos pessoais, mas eu os considero uma fonte valiosa, não só pela informação que contêm como pela lição mais abrangente: se você quer saber o que significa um sintoma de autismo, precisa ir além do comportamento do autista e entrar no seu cérebro.

Mas espere. O diagnóstico de autismo não se baseia no comportamento? Nossa abordagem do autismo não é resultado do que se vê de fora (o eu atuante), muito mais do que é a experiência a partir de dentro (o eu pensante)?

Sim, e por isso acho que já está na hora de repensar o cérebro autista.

Problemas de processamento visual

Como identificar uma pessoa com problemas de processamento visual:

- Mexe os dedos perto dos olhos.
- Inclina a cabeça para ler ou olha pelo canto do olho.
- Evita luzes fluorescentes. (Este problema é prevalente com luzes fluorescentes que operam em ciclos entre 50 e 60 Hz.)
- Tem medo de escada rolante; dificuldade de saber como subir e descer.
- Age como um cego em um ambiente desconhecido, como a escada em uma casa estranha.
- As letras dançam quando lê.
- Tem percepção noturna deficiente; em geral odeia dirigir à noite.
- Não gosta de movimentos rápidos; evita portas automáticas e outras coisas que se movem rapidamente (e/ou de maneira inesperada).
- Não gosta de grandes contrastes de claro e escuro; evita cores fortemente contrastantes.
- Não gosta de ladrilhos multicoloridos e nada que forme grades ou quadrículas.

Dicas práticas para pessoas com problemas de processamento visual:

- Quando estiver exposto a luzes fluorescentes, use um chapéu com abas, sente-se perto da janela ou leve sua própria lâmpada incandescente antiquada.
- Compre lentes Irlen ou experimente diferentes óculos de sol com lentes coloridas.
- Imprima material de leitura em papel bege, azul-claro, cinza, verde-claro ou outro tom pastel para reduzir o contraste, ou use películas coloridas transparentes.
- Consiga um notebook ou um tablet, em vez dos desktops antigos com telas que piscam. Tente usar fundos coloridos.

Problemas de processamento auditivo

Como identificar uma pessoa com problemas de processamento auditivo:

- Às vezes parece surda, embora o limiar auditivo seja normal ou quase normal.
- Não ouve quando há ruído de fundo.
- Tem dificuldade em ouvir consoantes duras; ouve melhor as vogais.
- Tapa os ouvidos quando há sons altos.
- Tem ataques de raiva frequentes em lugares barulhentos como estações de trem, estádios esportivos, cinemas
- Os ouvidos doem devido a certos sons como alarmes de fumaça e de incêndio, fogos de artifício, estouro de balões de gás.
- A audição fica interrompida ou muda de volume, especialmente em ambientes muito estimulantes; os ruídos podem soar como uma conexão ruim de celular.
- Tem dificuldade em localizar a fonte de um ruído.

Dicas práticas para pessoas com problemas de processamento auditivo:

- Use fones de ouvido em locais barulhentos (mas retire-os por pelo menos a metade do dia, para evitar que a audição fique ainda mais sensível).
- Grave os sons que ferem os ouvidos num gravador e ouça-os em volume baixo.
- Os sons e ruídos altos são mais facilmente tolerados quando se está descansado.
- É mais fácil tolerar sons altos quando você os provoca ou conhece sua origem.

Sensibilidade tátil

Como identificar uma pessoa com sensibilidade tátil:

- Encolhe-se ao receber o abraço de alguém conhecido.
- Tira toda a roupa ou só veste certos artigos (lã e outros tecidos ásperos causam a maior parte dos problemas).
- Não tolera certos tecidos e texturas.
- Procura estímulos de muita pressão enfiando-se embaixo de travesseiros pesados e tapetes, enrolando-se em cobertores ou se espremendo em lugares apertados (por exemplo, entre o colchão e o boxe do colchão).
- Reage agressivamente ou tem uma explosão de raiva quando é tocada.

Dicas práticas para pessoas com sensibilidade tátil:

- Uma forte pressão pode ajudar a dessensibilizar o indivíduo; também pode ajudar a ensinar sentimentos de gentileza. A maioria dos indivíduos com autismo podem ser dessensibilizados e tolerar ser abraçados se usarem coletes pesados, se se enfiarem debaixo de cobertas pesadas ou receberem massagens vigorosas.
- A sensibilidade às vestimentas ásperas é mais difícil de dessensibilizar, mas tente lavar as roupas novas várias vezes antes de deixá-las tocar sua pele; remova as etiquetas e use a roupa interior pelo avesso (para manter as costuras longe da pele).
- A sensibilidade aos exames médicos às vezes pode diminuir com a aplicação de forte pressão na área a ser examinada.

Sensibilidades olfativa e gustativa

Como identificar uma pessoa com sensibilidade olfativa:

- Evita certas substâncias e odores.
- É atraída por alguns odores fortes.
- Tem um ataque de raiva na presença de determinados odores.

Como identificar uma pessoa com sensibilidade gustativa:

- Só come certos alimentos.
- Pode evitar alimentos com determinadas texturas.

Dicas práticas para pessoas com problemas de sensibilidades olfativa e gustativa:

Recorro aqui a uma antiga piada: o homem entra no consultório médico, ergue a mão acima da cabeça e diz: "Doutor, quando eu faço isso dói!" E o médico responde: "Bem, então não faça!"

É mais ou menos o que tenho a dizer sobre essas duas categorias. Se não gosta, não faça! Se o odor que atrai a pessoa é algo vexatório, como o das fezes, tente substituí-lo por um odor forte e agradável, como menta ou outros usados em aromaterapia.

Parte 2
REPENSAR O CÉREBRO AUTISTA

5 Olhar para além dos rótulos

EU ESTAVA DE olho em Jack. Ele tinha 10 anos e só tivera três aulas de esqui. Eu estava no ensino médio e fazia aulas de esqui havia três anos. No entanto Jack me ultrapassava na pista e executava aquelas lindas curvas e, puxa vida, ele dava saltos de 1 metro com desenvoltura. Enquanto isso, eu continuava trabalhando na minha *única* curva boa, e todas as vezes em que tentava dar um salto eu caía, até ficar com medo de saltar.

O que havia de especial em Jack?

No final das contas, nada. O que havia de especial, na verdade, era eu — eu e meu autismo. Em retrospecto, a relação entre meu desempenho atlético ruim e o autismo é bastante óbvia. Porém na época eu não a via. Só quando já estava com uns 40 anos e uma ressonância mostrou que meu cerebelo — a parte do cérebro que ajuda a controlar a coordenação motora — é 20% menor que o normal, foi que somei dois mais dois. Agora eu entendia! Eu não conseguia manter os esquis juntos sem cair porque...

Porque o quê? Porque sou autista? Ou porque meu cerebelo é pequeno?

Ambas as respostas estão corretas. Mas qual é a mais útil? Isso depende do que você quer saber. Se você procurar um rótulo, algo que ajude a entender quem sou de modo geral, então "porque sou autista" talvez baste. Mas se quiser saber como fiquei daquele jeito em especial — se procurar a fonte biológica do sintoma —, a melhor resposta, definitivamente, é "porque meu cerebelo é pequeno".

Esta diferença é importante. É a diferença entre diagnóstico e causa.

Minha pesquisa sobre subtipos de problemas sensoriais para o capítulo anterior me fez pensar nas limitações dos rótulos. Percebi que dois rótulos diferentes — baixa responsividade ao estímulo sensorial e alta responsividade ao estímulo sensorial — podem descrever a mesma experiência: *informação demais*! Os rótulos podem ser úteis, mas, como no exemplo do esqui, isso depende do que se quer saber; você quer saber como é o comportamento visto de fora? Ou quer saber como a experiência é percebida de dentro? Quer a descrição de um conjunto de sintomas — um diagnóstico? Ou a fonte de um sintoma particular — uma causa?

Toda hora sou procurada por pais que dizem coisas como: "Primeiro, meu filho foi diagnosticado com autismo de alto grau. *Depois*, foi diagnosticado com transtorno do déficit de atenção com hiperatividade. *Depois* com Asperger. O que ele tem?" Entendo a frustração deles. Estão à mercê de um sistema médico repleto de pensadores presos a rótulos. Mas os pais fazem parte deste sistema. Eles me perguntam: "Qual é a coisa mais importante para uma criança autista?" ou "O que fazer com uma criança que se porta mal?". Mas o que isso *quer dizer*?

Digo que esse tipo de pensamento é preso a rótulos porque as pessoas ficam tão preocupadas com a palavra para a coisa que já não veem a coisa em si. Encontrei o mesmo tipo de pensamento preso a rótulos em outras partes. Um vaqueiro que lera meus livros sobre comportamento animal me disse: "O meu cachorro é maluco. O que devo fazer?" Bem, primeiro você tem de me dizer o que quer dizer com *maluco* ou *selvagem* em cada caso. Não tenho ideia, a menos que você me dê uma dica. O cão tenta morder a mão de estranhos? Ou pula nas pessoas porque está muito contente?

Sempre respondo o mesmo nesses casos: não se preocupe com o rótulo. Diga-me qual é o problema. Vamos conversar sobre sintomas específicos.

A primeira pergunta que faço aos pais que me pedem conselhos é: "Que idade tem a criança?" O que posso recomendar para uma criança de 3 anos é totalmente diferente do que poderia recomendar para alguém de 16 anos.

A pergunta seguinte é: "A criança fala?" Se for não verbal, é uma coisa. É preciso tentar ensinar-lhe e ver o que acontece. Se for verbal, digo: "Dê-me um exemplo." Quero saber se a criança diz frases completas, gramaticalmente corretas. Fala usando palavras soltas? Pronuncia as palavras corretamente ou, como eu fazia, diz *buh* para *bola*?

A criança consegue manter uma conversa? Consegue fazer um pedido no balcão da lanchonete? Caso contrário, a primeira coisa a fazer é ensinar-lhe como se comportar, a começar por esperar sua vez de falar e dizer "por favor" e "obrigado".

A criança tem dificuldade em fazer amigos? Está na escola? Tem um assunto predileto?

As perguntas podem se multiplicar infinitamente, claro, como para qualquer pessoa — autista ou não. Todos somos indivíduos, todos temos uma série de hábitos, capacidades, preferências, limitações. O que seria um cérebro completamente normal? Um cérebro médio em todos os sentidos, com o número médio de conexões neuronais, o tamanho médio da amígdala e do cerebelo, o comprimento médio do corpo caloso?

Provavelmente ele seria muito chato.

As diferenças nos tornam indivíduos — a distância da norma, as variações no cérebro. Considere o corpo caloso, a coleção de cabos neurais que se alongam por todo o cérebro e conectam os hemisférios direito e esquerdo. Eu tenho mais desses cabos que o normal, mas obviamente alguém pode ter ainda mais do que eu, ou menos do que eu, ou a quantidade normal, ou menos que o normal.

E o circuito de linguagem do meu cérebro ramifica mais do que um cérebro normal, mas, novamente, a extensão que os circuitos de linguagem ramificam existe num *continuum*. O tamanho do cerebelo que provavelmente afeta o modo como esquio — outro *continuum*. O número de variações nas cópias *de novo* no DNA de alguém? A posição particular dos CNVs no cromossomo? *Continuum e continuum*. Às vezes penso que no futuro nos perguntaremos em que ponto esta ou aquela variação genética no autismo não será apenas uma variação normal. Tudo no cérebro, na genética — é tudo um grande *continuum*.

A inclusão da síndrome de Asperger no *DSM-IV* em 1994 validou a ideia de um espectro autista, mas o significado de "espectro" mudou ao longo do tempo. "Nos círculos científicos", um artigo na *Nature* em 2011[1] informou: "muitos aceitam a ideia de que certas características autistas — dificuldades sociais, limitação de interesses, problemas de comunicação — formam um *continuum* na população em geral, com o autismo no outro extremo".

Em outras palavras, você não precisa ter um diagnóstico de transtorno do espectro autista para estar "no espectro".

Essa noção foi popularizada pelo psicólogo Simon Baron-Cohen. Em 2001, ele e seus colegas do Centro de Pesquisa de Autismo da Universidade de Cambridge apresentaram o questionário do quociente do espectro autista, ou quociente de autismo (QA).[2] Muitas pessoas respondem o QA online só para saber se estão no espectro. Elas podem se perguntar se têm síndrome de Asperger ou autismo de alto funcionamento. Ou podem querer saber quais características possuem que, ampliadas, as classificariam com um desses rótulos.

No mínimo, o teste de QA fez muita gente pensar sobre o comportamento de outro modo — no comportamento dos autistas, certamente, mas também no dos não autistas. Em seu próprio comportamento. No comportamento de um vizinho, de um colega de trabalho, ou de um tio esquisito com sua coleção de selos estranhamente meticulosa. Comportamentos que antes pareciam peculiares, ou talvez agressivamente estranhos, começavam a fazer sentido.

O teste consiste em cinquenta afirmações. (Ver apêndice.) Para cada afirmação há quatro respostas, que vão de "concordo plenamente" a "discordo plenamente". Concordar plenamente com a afirmação "Prefiro ir a uma biblioteca que a uma festa" pode indicar que a pessoa tem um viés autista. Concordar plenamente com a afirmação "Sou mais atraído para pessoas do que para coisas" sugere uma pessoa mais neurotípica. Quando Baron-Cohen e seus colaboradores aplicaram o teste em um ambiente clínico, a pontuação média do grupo de controle foi 16,4 em 50, ao passo que 80% dos diagnosticados com autismo ou transtornos a ele relacionados pontuaram 32 ou mais. Mas, se pontuar 33, você é autista? Não necessariamente. E 36? Ou 39? Qual é a pontuação limite?

Quem pensa de acordo com rótulos quer respostas.

Esse tipo de pensamento pode causar muitos danos. Para algumas pessoas, o rótulo pode se tornar o que as define. Pode facilmente levar ao que denomino uma mentalidade deficiente. Quando alguém recebe o diagnóstico de síndrome de Asperger, por exemplo, pode começar a pensar *Qual é o sentido?* Ou *Nunca terei um emprego*. Toda sua vida começa a girar em torno do que ela *não pode* fazer, e não do que ela *pode* fazer, ou pelo menos do que ela pode tentar melhorar.

O pensamento preso a rótulos também vai na direção oposta. Você pode estar confortável com seu diagnóstico, mas se preocupar com o que o define aos olhos alheios. O que seu patrão vai pensar? E seus colegas de trabalho? Aqueles que você ama? A metade dos funcionários das empresas de tecnologia do Vale do Silício seria diagnosticada com síndrome de Asperger se fosse testada, o que eles evitam como uma praga bíblica. Estive naqueles escritórios; vi de perto aquela força de trabalho. Muitas visitas ao meu site vêm do Vale do Silício e outras áreas com alta concentração de indústrias de tecnologia. Há uns vinte anos, muitas dessas pessoas teriam sido consideradas apenas superdotadas. Agora que existe um diagnóstico, fazem de tudo para não serem colocadas num gueto.

O pensamento preso a rótulos pode afetar o tratamento. Por exemplo, ouvi um médico comentar sobre uma criança com problemas gastrintestinais: "Ah, ele tem autismo. Esse é o problema", e, depois, não tratar o problema gastrintestinal. Isso é absurdo. Só porque esses problemas são comuns em pessoas com autismo,[3] não significa que não sejam tratáveis. Se você quer ajudar uma criança com problemas gastrintestinais, fale sobre sua dieta, não sobre seu autismo.

O pensamento preso a rótulos também pode alterar as pesquisas. "Uma das pragas neste campo", concluiu um estudo sobre a visão no autismo, "é o tamanho das barras de erros nos gráficos, que sempre parecem ser pelo menos duas vezes maiores nos dados dos TEA do que nos dos grupos de controle".[4] Barras de erros duas vezes maiores que as dos grupos de controle? Isso deveria indicar que há uma enorme variação na amostra — que há subgrupos na população que precisam ser identificados e separados. Se você coloca na mesma amostra gente com síndrome de Irlen e gente que olha pelo canto do olho, termina comparando alhos com bugalhos. As barras de erros não são um *problema*. São um obstáculo que os pesquisadores criaram para si mesmos e colocaram no seu caminho.

O mesmo ocorre com os estudos que concluem que certas soluções para os problemas sensoriais, como coletes pesados ou lentes Irlen, não funcionam em pessoas com autismo. Eu lia estes estudos e disse a mim mesma: *Mas se eu vi os coletes pesados funcionarem mais de uma vez!* Percebi que o problema da pesquisa é que as pessoas com autismo não têm os mesmos problemas sensoriais. Se você tiver vinte pessoas com autismo, os óculos de lentes coloridas e os coletes pesados talvez ajudem umas três ou quatro. Então, os pesquisadores dizem: "Veja bem, estas coisas funcionam em apenas 15 ou 20% da população autista!" E daí? Isso não significa que óculos coloridos não funcionam para o autismo; significa que *funcionam* para autistas com certos problemas visuais específicos. Eles funcionam para um *subgrupo* da população autista.

Não quero dizer que não deveríamos usar rótulos. Claro que devemos. Sem o rótulo dado por Leo Kanner, o autismo poderia ter permanecido sem diagnóstico, sem tratamento, simplesmente ignorado. Os rótulos têm sido incrivelmente importantes e continuarão a sê-lo. São necessários para fins médicos, benefícios educativos, reembolsos de seguros, programas sociais etc., então, são necessários. Se você for um pesquisador do autismo, às vezes faz sentido comparar apenas indivíduos autistas com indivíduos de controle.

Mas às vezes não é assim, porque o autismo não é um diagnóstico de "tamanho único".

Embora a Associação Americana de Psiquiatria defina o autismo, o diagnóstico será sempre impreciso. Esta é a natureza do espectro. O primeiro conjunto de padrões formais do *DSM-III* tentou corrigir esta falta de um diagnóstico e as edições seguintes tentaram corrigir a imprecisão nos diagnósticos de autismo e dos transtornos relacionados ao autismo. Infelizmente, não acho que a última tentativa — o *DSM-5* — ajude muito a esclarecer a confusão e, de certo modo, só vai complicar a situação.

No *DSM-IV*, o diagnóstico de autismo, chamado de modelo triádico, depende de três critérios:

- Prejuízo na interação social.
- Prejuízo na comunicação social.
- Padrões restritos, repetitivos e estereotipados de comportamento, interesses e atividades.

Os dois primeiros podem parecer semelhantes, na medida em que envolvem questões de socialização. Na verdade, esta é a justificativa oficial para juntá-los no mesmo critério no *DSM-5*. Numa apresentação em 2010[5] à Comissão de Coordenação Interagências para o Autismo (IACC), órgão federal, o presidente do Grupo de

Trabalho em Desenvolvimento Neurológico do *DSM-5* afirmou: "Os déficits de comunicação estão intimamente relacionados aos déficits sociais. Os dois são 'manifestações' de um só conjunto de sintomas muitas vezes presentes em contextos distintos." Como resultado, o *DSM-5* usa um modelo diádico, de dois critérios:

- Déficits persistentes na comunicação social e interação social.
- Padrões restritos, repetitivos e estereotipados de comportamento, interesses e atividades.

Compreendo que a AAP possa considerar mudar do modelo triádico para o diádico. A ideia de separar o social do comportamental tem base na ciência; os dois domínios são, na verdade, biologicamente distintos. Em testes de laboratório com ratos, pesquisadores demonstraram que a risperidona, uma droga antipsicótica, não afeta o comportamento social, mas afeta o comportamento obsessivo — talvez por sedar os ratos. Contrariamente, os pesquisadores demonstraram que o comportamento social dos ratos melhorava com treinamento, mas não o comportamento obsessivo.[6] Os resultados indicam que os comportamentos repetitivos e os problemas sociais operam em sistemas separados no cérebro. Então, faz sentido um sistema diádico que reconheça a distinção entre estes dois sistemas.

O que não é científico na execução dos critérios de diagnóstico pelo *DSM-5*, contudo, é a junção de interação social e comunicação social. A interação social recobre o *comportamento* não verbal que envolve estar com outra pessoa — fazer contato visual, sorrir etc. A comunicação social recobre a capacidade de se ter uma conversa verbal e não verbal — partilhar ideias e interesses, por exemplo. As disfunções na comunicação social e na interação social pertencem ao mesmo domínio? A incapacidade de pronunciar palavras e dominar a gramática e a sintaxe (conhecidas como transtorno específico de linguagem ou transtorno sintático-semântico) realmente provém do mesmo lugar no cérebro que a tendência a falar com entonação anormal e responder de modo socialmente inadequado (conhecida como transtorno pragmático de linguagem ou transtorno semântico-pragmático)? A mecânica da linguagem e a consciência social estão intimamente relacionadas do ponto de vista neurológico? Eu duvido — e não estou sozinha nessa opinião.

Um artigo de 2011[7] no *Journal of Autism and Developmental Disorders* pesquisou mais de duzentos estudos de RMNf e ITD para tentar determinar se o modelo diádico tem base nos dados das neuroimagens. A conclusão dos autores: "só em parte". Eles descobriram que as neuroimagens corroboram a separação de comportamento e comunicação em duas categorias. Nenhuma surpresa até aqui. Mas eles também descobriram que as neuroimagens corroboram a divisão da comunicação em duas outras categorias, como o *DSM-IV* havia afirmado — embora não necessariamente nas duas categorias que apresenta!

O *DSM-5* também está mudando a abrangência do próprio diagnóstico. No *DSM-IV*, a categoria relacionada ao autismo era transtornos globais do desenvolvimento e incluía* os seguintes diagnósticos:

- Transtorno autista (ou autismo "clássico")
- Síndrome de Asperger
- Transtorno global do desenvolvimento sem outra especificação (TGD-SOE) (ou autismo típico)

O *DSM-5* lista um:

- Transtorno do espectro autista

Então, pode-se perguntar: O que ocorreu com a síndrome de Asperger e o TGD-SOE? Consideremos um de cada vez.

A grande mudança com relação à síndrome de Asperger e ao autismo é o atraso na fala. Antes, quando havia atraso na fala, como eu tive, caía-se do lado do autismo na divisão do diagnóstico

---

* Ela também incluía síndrome de Rett e transtorno desintegrativo da infância, que não concerne a esta discussão.

(supondo-se que os demais critérios fossem cumpridos, claro). Quando não cumpria, caía do lado da Asperger. Agora, alguns antigos *aspies* terão diagnóstico de TEA se cumprirem todos os critérios deste diagnóstico, mas sem atraso na fala.

Segundo a AAP, os que já foram diagnosticados com autismo manterão o diagnóstico. Mas e os *aspies* não diagnosticados anteriormente que cumprem apenas a metade social do novo critério diádico — déficit na interação social e na comunicação, mas não nos comportamentos repetitivos e nos interesses obsessivos? Eles poderiam entrar em uma categoria totalmente diferente: transtornos de comunicação. Especificamente, receberão um diagnóstico no *DSM*: transtorno de comunicação social. Que, basicamente, é o autismo sem o comportamento repetitivo e os interesses obsessivos. (No meu modo de pensar, a disfunção social está no cerne do autismo, mais do que os comportamentos repetitivos.) Então, receber um diagnóstico de disfunção social diferente do diagnóstico de autismo é o mesmo que ter um diagnóstico de autismo diferente do diagnóstico de autismo!

Os diagnosticados antes com síndrome de Asperger podem vir a descobrir que não pertencem à categoria dos transtornos do desenvolvimento neurológico, pelo menos não oficialmente. Podem entrar para uma categoria totalmente distinta de diagnóstico: transtornos disruptivos de conduta e de controle dos impulsos. A decisão, em última instância, depende da opinião de um só médico — e, se você disser que isso não parece ciência, eu não discordaria.

Em primeiro lugar, como bióloga, considero toda categoria de diagnóstico cientificamente suspeita. A categoria inclui seis diagnósticos. Pelo que vejo, só um tem alguma base científica: transtorno explosivo intermitente.[8] Neuroimagens mostram que se você não tem controle do córtex frontal até a amígdala, está sujeito a ataques que podem levá-lo a ser demitido ou preso. Porém e os outros diagnósticos na categoria transtornos disruptivos de conduta e de controle dos impulsos? Sinto o cheiro de "se os rotularmos assim, não teremos de lhes oferecer serviços para o TEA e podemos simplesmente mandar a polícia resolver o assunto". O *DSM* poderia perfeitamente denominar esta categoria "Mande-os para a prisão".

Em segundo, esses diagnósticos negligenciam os dotados, porém frustrados — o típico *aspie* ou autista de alto funcionamento que trabalha em um ambiente pouco acolhedor. Considere o diagnóstico de transtorno de oposição e desafio: "O transtorno no comportamento causa déficits clinicamente significativos nas atividades sociais, educacionais ou vocacionais." Garanto que se você pegar um aluno da terceira série que consiga ler textos de matemática do segundo grau e mandá-lo fazer repetidamente exercícios matemáticos para bebês, ele se oporá de forma desafiadora — porque ficará muito entediado.

Como sei? Porque já vi casos assim — crianças apontadas com graves problemas de comportamento na escola até que alguém lhes dá lições de matemática à altura da sua capacidade. Então, seu comportamento se normaliza e elas se tornam produtivas e participativas — e até estudantes modelos.

Aqui, mais uma vez, vemos as limitações e os perigos do pensamento preso a rótulos — a diferença entre o que o comportamento *parece* visto de fora e como ele é *sentido* por dentro.

Quanto ao TGD-SOE, o *DSM-IV* usa este diagnóstico abrangente para descrever diversos cenários, inclusive o autismo atípico, definido como "apresentações que não cumprem os critérios do transtorno autista devido à idade avançada do surgimento, sintomatologia atípica ou sintomatologia abaixo do limiar ou todos os anteriores". No *DSM-5*, porém, pessoas com este diagnóstico podem ser retiradas do autismo e colocadas em outra subcategoria de transtorno do desenvolvimento neurológico, transtornos do desenvolvimento intelectual — especificamente, atraso no desenvolvimento intelectual ou global não classificado em outro aspecto. Não surpreende que tantos pais se sintam no Clube do Diagnóstico do Ano.

Para muitas pessoas, as mudanças no *DSM* não fazem diferença. Por exemplo, segundo as diretrizes do *DSM-5*, eu seria diagnosticada com transtorno do espectro autista. Se olhar a descrição do que constituem as disfunções sociais e os comportamentos repetitivos, definitivamente me encaixo. Extrema aflição com pequenas mudanças? Eu quando pequena. Interesses obsessivos? Nossa, eu tinha isso. Hipersensibilidade sensorial? Veja a máquina do abraço.

Contudo para muitas pessoas essas mudanças farão uma enorme diferença. Uma pesquisa de 2012[9] com 657 pessoas clinicamente diagnosticadas com qualquer um dos três transtornos do espectro do autismo do *DSM-IV* descobriu que 60% continuariam a ter diagnóstico de TEA segundo os critérios do *DSM-5*, mas 40%, não. Ao separar estes números em subgrupos de diagnósticos, os pesquisadores descobriram que 75% dos indivíduos que haviam tido o diagnóstico específico de autismo segundo os critérios do *DSM-IV* também cumpriam os critérios do *DSM-5* para TEA, mas só 28% daqueles diagnosticados com síndrome de Asperger os cumpriam, e só 25% daqueles diagnosticados com TGD-SOE os cumpriam.

Estudo posterior, concentrado apenas nos diagnósticos de TGD-SOE, chegou a uma conclusão muito mais otimista: nove de cada dez crianças com diagnóstico de TGD-SOE segundo o *DSM-IV* teriam um diagnóstico de TEA segundo o *DSM-5*.[10] Contudo a disparidade entre os dois relatórios deveria fazer pensar qualquer pai, mãe ou cientista.

Quais os efeitos práticos dessas mudanças no diagnóstico? Pessoas que eram rotuladas com síndrome de Asperger e agora são rotuladas como autistas têm uma resposta diferente do mundo? De nós? Como estas mudanças afetarão a cobertura do seguro? E os serviços sociais? Os autistas têm mais problemas do que as pessoas com síndrome de Asperger; eles continuarão a ter o mesmo tipo de serviços que antes? Esta pergunta será decidida em cada estado por separado, mas as mudanças abriram uma caixa de Pandora de possibilidades.

E as pesquisas! Qualquer estudo sobre o autismo que empregue os critérios do *DSM-5* estará mesclando os alhos do atraso da fala com os bugalhos do não atraso da fala. Por exemplo, na literatura vimos que problemas sensoriais tendem a ser muito piores entre membros da população com atraso na fala. Como os pesquisadores irão comparar estudos sobre problemas sensoriais do *DSM-5* com estudos prévios ao *DSM-5*?

Em minha opinião, o *DSM-5* parece um diagnóstico de comitê. Um monte de médicos sentados à mesa de conferência discutindo códigos de segurança. Graças ao pensamento preso a rótulos, agora temos uma cornucópia de diagnósticos — e simplesmente não há suficientes sistemas cerebrais para todas essas nomenclaturas.

Em 1980, quando o *DSM-III* tentou pela primeira vez codificar os diagnósticos de autismo, ninguém conhecia os sistemas cerebrais. Ninguém sabia muito sobre a sequência do DNA. Agora sabemos. Podemos ainda não conseguir aplicar estes avanços da ciência ao *DSM*, mas acho que podemos começar a pensar o cérebro autista de outro modo. Em vez de falar em *conjuntos de sintomas* e tentar atribuir-lhes um rótulo, podemos começar a falar de *um sintoma em particular* e tentar determinar sua fonte. Chegamos ao ponto na pesquisa em que podemos unir sintomas e biologia.

Nos primeiros trinta e tantos anos depois de Leo Kanner apresentar o termo *autismo* em 1943, a ênfase da comunidade psiquiátrica estava na busca da causa e, como a teoria psicanalítica dominava o pensamento psiquiátrico da época, a hipótese para a causa era o comportamento dos pais, especialmente o da mãe.

Chamemos esse período de fase um na história do autismo, e digamos que ele se estendeu de 1943 a 1980, quando a Associação Americana de Psiquiatria publicou o *DSM-III*.

Aquela edição do *DSM* representou uma mudança na comunidade psiquiátrica com relação a um maior rigor científico no tratamento da doença mental, mudança que incluiu o primeiro diagnóstico oficial de autismo. Desde então, muito da discussão sobre o autismo envolveu os sintomas específicos que formam o diagnóstico.

Chamemos esse período de fase dois na história do autismo, e digamos que se estendeu de 1980 a 2013, ano da publicação do *DSM-5*.

O diagnóstico pode e continuará a mudar, mas agora podemos mudar a ênfase uma vez mais. Graças aos avanços na neurociência e na genética podemos começar a fase três na história do autismo, de retorno à pesquisa da causa da fase um, desta vez com três grandes diferenças.

Primeira, a busca da causa envolve não a mente, mas o *cérebro* — não a mãe geladeira, mas evidências neurológicas e genéticas observáveis.

Segunda, como percebemos como o cérebro é extraordinariamente complexo, sabemos que a pesquisa levará não a *uma* causa, mas a *causas*.

Terceira, precisamos buscar uma causa ou causas múltiplas não do autismo, mas de *cada sintoma* no espectro inteiro.

O pensamento da fase dois diz: *Talvez eu não consiga esquiar porque sou autista.* O pensamento da fase três diz: *Talvez eu não consiga esquiar porque tenho um cerebelo menor do que o normal.*

O pensamento da fase dois diz: *Vamos agrupar as pessoas segundo o diagnóstico.* O pensamento da fase três diz: *Esqueça o diagnóstico. Esqueça os rótulos. Concentre-se no sintoma.*

Em vez de — ou, ao menos, além de — classificar os indivíduos humanos nos estudos segundo os diagnósticos de autismo, deveríamos classificá-los segundo os sintomas principais. Como aprendi com os exemplos da descrição de Carly Fleischmann, que se sentia hiperestimulada numa cafeteria, penso que os pesquisadores deveriam parar de desdenhar os relatos pessoais e começar a vê-los com atenção e a solicitar novos relatos de outros indivíduos. Depois, deveriam colocar estes sujeitos em estudos com base nos seus relatos.

Certa vez tive uma aluna de pós-graduação que via linhas onduladas entre as linhas curvas de um desenho de uma rampa para bovinos, e às vezes via apenas fragmento de palavras. Ela não era autista, mas os sintomas eram muito similares aos descritos por Donna Williams, que definitivamente era autista.

Digo: coloque-as num escâner e vamos ver o que surge. Vamos ver onde está o problema. Está na área de saída da linguagem? No significado da linguagem?

Vamos considerar as pessoas que não conseguem usar a escada rolante porque não entendem como entrar e sair dela. Ou as que odeiam dirigir à noite. Vamos comparar estes subgrupos com grupos de controle que não apresentam este problema. Vamos pegar a secretária que consegue digitar 180 palavras por minuto e uma secretária que digita noventa palavras por minuto. E depois colocá-las num escâner e compará-las, córtex motor contra córtex motor.

Fico contente em ver que alguns pesquisadores começam a reconhecer as limitações dos rótulos. Eles estão começando a reconhecer a necessidade de definir mais estreitamente os objetivos. Um artigo de 2010,[11] "Neuroimaging of Autism" [Neuroimagens do autismo], concluiu: "No autismo, é cada vez mais claro que a possibilidade de identificar um só marcador pode ser muito pequena devido à grande variabilidade que vemos [neste] espectro. Em vista disso, a definição de *subgrupos menores de autismo* com *características muito específicas* pode ser a chave para elucidar melhor esta doença complexa" (grifos meus).

Pessoalmente, eu iria mais longe e argumentaria que precisamos pensar não só em subgrupos menores definidos por sintomas, mas nos próprios sintomas. Porque pensar em sintomas individuais com base em cada sintoma nos permite pensar no diagnóstico e tratamento com base em cada paciente.

Meu amigo Walter Schneider, que criou o rastreamento de fibras em alta definição na Universidade de Pittsburgh, já está fazendo esta colocação — talvez porque ele tenha observado vividamente o potencial desta abordagem.

"Estamos em busca de um diagnóstico sobre o qual possamos agir", diz ele. "Não é só dizer 'É, você é diferente', mas 'Você é diferente e por causa desta forma particular de diferença para nós este é o caminho mais provável para levar você ao resultado que queremos que tenha'. Queremos adentrar cada vez mais naquele cérebro individual — não um estudo de grupo, mas um cérebro individual — de forma que possamos dizer aos pais: 'A situação é a seguinte, este é o efeito que esperamos, e assim é como planejamos chegar a ele do modo mais eficiente possível para lhe dar informações eficazes sobre seu filho nos próximos dois anos."

Pode-se ouvir que a mesma argumentação começa a surgir também na genética. O neurogeneticista da Universidade de Yale, Matthew W. State, gosta de invocar a frase médica *do laboratório à cabeceira do doente* — que significa dos experimentos com grupos aos tratamentos individuais. Em um artigo de 2012[12] na *Science*, ele e seu colaborador Nenad Šestan sugeriram que os pesquisadores buscassem inspiração em outras áreas da medicina que fizeram essa transição. "Por exemplo, as doenças cardíacas e a prevenção do infarto dependem em parte do controle da hipertensão", escreveram. "Pode ser que o TEA e a esquizofrenia cada vez mais venham a ser vistos sob uma luz semelhante" — comportamentos distintos provenientes da mesma fonte genética. Como resultado, Šestan e State anteciparam que os testes de tratamentos seriam organizados em torno de "mecanismos partilhados" e não de "categorias psiquiátricas de diagnósticos". Eles não têm dúvida de que este repensar o cérebro autista será um desafio. Mas, como Schneider, previram o desenvolvimento de terapias não só mais eficazes como "mais personalizadas".

Daqui a vinte anos acho que vamos olhar retrospectivamente esses diagnósticos e dizer "aquilo era lixo". Então, no meu modo

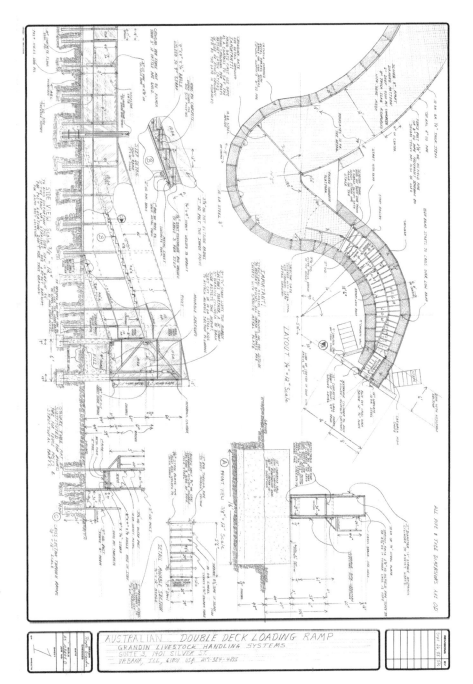

1. Por ser capaz de memorizar imagens ao visitar instalações de manejo de gado, não me parecia estranho que eu conseguisse desenhar a planta de uma rampa dupla de carga. © TEMPLE GRANDIN

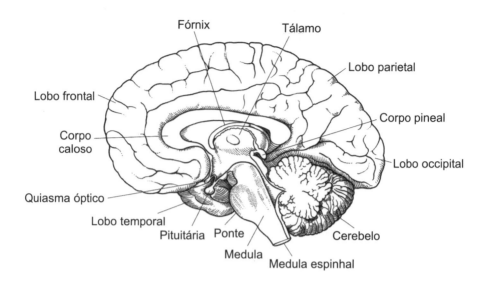
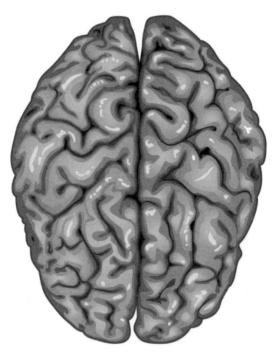

2. O cérebro humano, vistas lateral e superior. © SCIENCE SOURCE / PHOTO RESEARCHERS, INC. (NO ALTO); © 123RF.COM (ABAIXO)

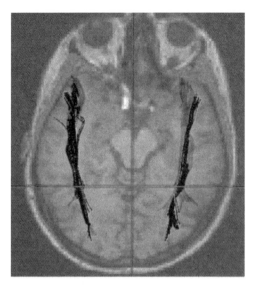

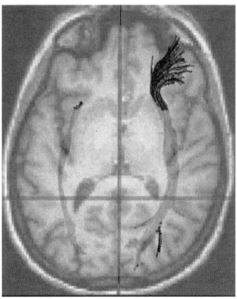

3. Estas ressonâncias de 2006 ressaltam o meu fascículo longitudinal inferior (FLI) e o meu fascículo fronto-occipital inferior (FFOI) – as áreas verticais em preto. O FLI é muito mais espesso que o de um cérebro normal, e pode-se ver claramente como o meu FFOI se ramifica. Em ambos os casos, estes tratos de matéria branca se alongam para trás do córtex visual primário, talvez ajudando a explicar a minha memória visual extraordinária.

© DR. MARLENE BEHRMANN, BRAIN IMAGINING RESEARCH CENTER, CARNEGIE MELLON UNIVERSITY, PITTSBURGH

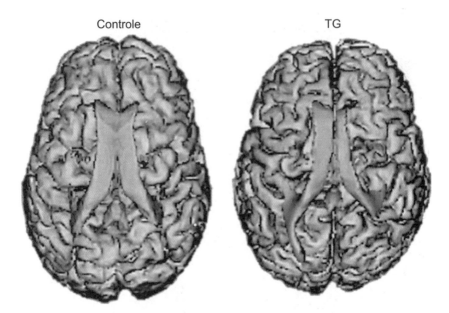

4. Esta ressonância da Universidade de Utah, de 2010, mostra que o meu ventrículo esquerdo é muito mais longo que o direito – 57% mais longo. Ele é tão alongado que se estende até o córtex parietal, área associada à memória de curto prazo, o que talvez explique a minha baixa capacidade de recordar muitas informações seguidas. © JASON COOPERRIDER

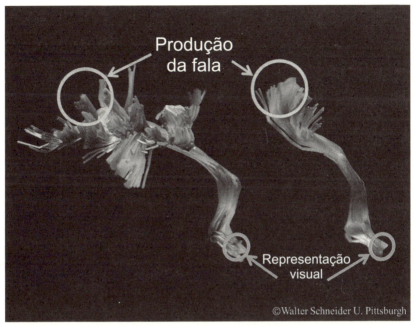

5. À esquerda, o meu cérebro no rastreamento de fibras em alta definição (HDFT). A tecnologia não só revela como a produção da fala e a representação visual são desorganizadas em comparação com o indivíduo do grupo de controle, como mostra as fibras em detalhes inéditos e gloriosos. © WALTER SCHNEIDER

6. O terminal O'Hare da United Airlines, em Chicago (à esquerda) e o Palácio de Cristal da Feira Mundial de 1851 em Londres. © IAN HAMILTON/ALAMY (ESQUERDA); © LORDPRICE COLLECTION/ALAMY (DIREITA)

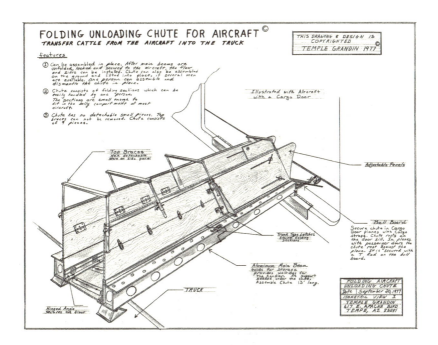

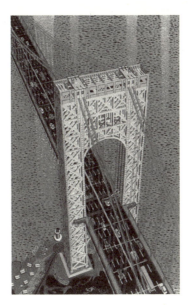

7. Em preto e branco, pode-se ver que a minha ideia (no alto) e a de Jessy (abaixo) de um 3-D parecem muito similares na atenção à mecânica e ao detalhe. Mas vá à internet e veja o que os tons de cinza não conseguem captar no trabalho de Jessy: um mosaico brilhante de cores. © TEMPLE GRANDIN (NO ALTO); © JESSY PARK (ABAIXO), CORTESIA DA PURE VISION ARTS.

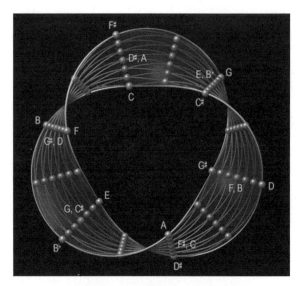
8. A música como uma fita de Moebius.
© RACHEL HALL

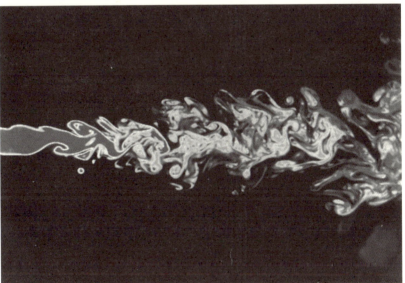

9. Em 1889, Vincent van Gogh criou a representação visual de *A noite estrelada*, equiparável à matemática para a turbulência dos líquidos – fórmula que só foi descoberta na década de 1930.
© PETER HORREE/ALAMY (NO ALTO); © K. R. SREENIVASAN (ABAIXO)

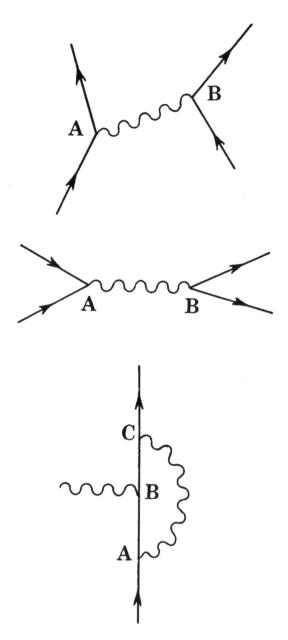

10. Richard Feynman ensinou aos físicos uma nova maneira de "ver" os efeitos quânticos ao simplesmente traçar linhas retas e curvas. De cima para baixo: um múon em A empurra um elétron em B para fora do átomo com a troca de um fóton (linha curva); um elétron e um pósitron se destroem em A e produzem um fóton que se rematerializa em B como novas formas de matéria e antimatéria; um elétron emite um fóton em A e absorve um segundo fóton em B e depois reabsorve o primeiro fóton em C. © SPL/PHOTO RESEARCHERS, INC.

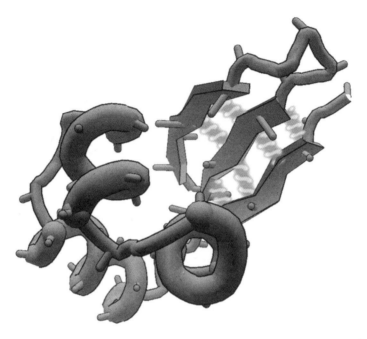

11. Uma solução do videogame online Foldit para a estrutura de cristal da protease retroviral M-PMV por substituição molecular – descoberto por não cientistas que pensavam por padrões. © CENTRO DE CIÊNCIA DOS JOGOS DA UNIVERSIDADE DE WASHINGTON

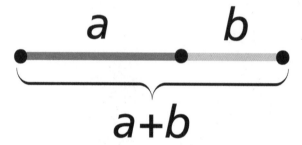

12. A razão áurea: a razão do comprimento total (a + b) com relação à mais longa das duas partes (a) é igual à razão da parte mais longa (a) com relação à menor parte (b).
© HOUGHTON MIFFLIN HARCOURT/MARGARET ANNE MILES

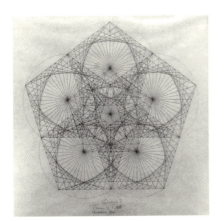 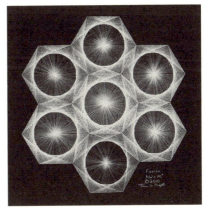

13. Arte fractal de Jason Padgett: *Estrela quântica* (esquerda) e *Fusão azul* (direita).
© JASON D. PADGETT

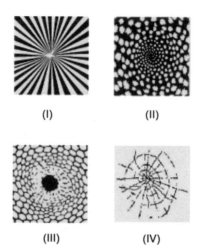

14. Classificação das alucinações por Heinrich Klüver: (I) túneis e funis, (II) espirais, (III) quadrículas, como favos de mel e triângulos e (IV) teias de aranha.
© "SPONTANEOUS PATTER FORMATION IN PRIMARY VISUAL CORTEX", DE PAUL C. BRESSLOFF E JACK D. COWAN

15. Considere o objeto em 3-D à esquerda, gire-o mentalmente e ele ficará igual a duas ilustrações à direita – mas quais delas? Resposta: a segunda e a terceira.
© HOUGHTON MIFFLIN HARCOURT/JAY'S PUBLISHER'S SERVICES; "MENTAL ROTATION OF THREE-DIMENSIONAL OBJECTS", DE R. N. SHEPARD E J. METZLER, SCIENCE, 19 DE FEVEREIRO DE 1971. REDESENHADO COM PERMISSÃO DE AAAS.

Orientação espacial

Exemplo:
Imagine-se de pé junto à **flor** e de frente para a **árvore**.
Aponte para o **gato**.

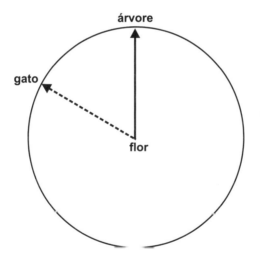

16. Exemplo do teste de tomada de perspectiva/orientação espacial.
© KOZHEVNIKOV & HEGARTY (2001)

17. A ponte inversora cumpre o que promete.
© NL ARCHITECTS FLIPPER BRIDGE, TROCA DE PISTAS ENTRE CHINA E HONG KONG

de ver, temos uma escolha. Podemos esperar vinte anos e várias novas edições do *DSM* antes de começar a arrumar essa mixórdia. Ou podemos aproveitar os recursos tecnológicos que começam a estar disponíveis e iniciar já a fase três.

Como logo verão, escolhi a fase três.

6 Conhecer seus pontos fortes

ALGUNS ANOS ATRÁS, Michelle Dawson, pesquisadora de autismo no Hospital Rivière-des-Prairies na Universidade de Montreal, se fez uma pergunta importante. Sua pesquisa sobre o cérebro autista, como outros estudos sobre autismo na clínica e em toda parte, abordava a deficiência cognitiva — no que havia de errado. Ela percebeu que quando um autista apresentava características consideradas pontos fortes em uma pessoa normal, ainda continuávamos a ver esses pontos fortes como meros subprodutos afortunados de conexões ruins. *Mas, e se não fosse assim?*, ela se perguntou. Se, pelo contrário, eles não fossem *subprodutos* de nada? Se fossem simplesmente os *produtos* da conexão — conexão que não é boa nem ruim?

Ela e outros colegas começaram a esquadrinhar a literatura especializada. Certamente, viram que rotineiramente os estudos enfatizavam apenas os aspectos negativos do autismo, mesmo quando alguns resultados eram positivos. Segundo Laurent Mottron,[1] colaborador frequente de Dawson e diretor do programa de autismo do Hospital Rivière-des-Prairies, "Os pesquisadores que fazem RMNf relatam sistematicamente mudanças na ativação de algumas regiões do cérebro como déficits no grupo autista — em vez de simplesmente enxergar a evidência de uma organização cerebral alternativa, mas às vezes bem-sucedida." Quando os pesquisadores veem os volumes corticais, por exemplo, automaticamente jogam as variações na lixeira, sem considerar se o córtex é mais fino ou mais espesso que o esperado. Mesmo quando um estudo reconhece um ponto forte em indivíduos autistas, os autores frequentemente encaram isso como uma compensação do déficit — porém uma matéria de 2009[2] na *Philosophical Transactions of the Royal Society*, que resenhou artigos baseados nesta suposição, concluiu "que esta hipótese inversa raramente prova ser verdadeira".

Dawson e seus colaboradores começaram a fazer seus próprios experimentos para determinar o nível de inteligência de pessoas com autismo. Em 2007 eles fizeram um estudo que usava dois testes comuns de inteligência: a Escala Wechsler de Inteligência para Crianças e as Matrizes Progressivas de Raven.[3] O teste Wechsler consiste em doze subtestes, alguns verbais, outros não verbais (formar desenhos com blocos, por exemplo). O de Raven é totalmente não verbal. Consiste em sessenta questões que mostram uma série de desenhos geométricos e depois uma opção de seis ou oito desenhos alternativos, dos quais só um completa a série. Os testes foram aplicados por neuropsicólogos independentes que desconheciam o objetivo do estudo, e os indivíduos testados incluíam 51 crianças e adultos com autismo e 43 crianças e adultos do grupo de controle.

Os resultados foram impressionantes. Dawson descobriu que a medida da inteligência na população autista depende do tipo de teste. No teste Wechsler, um terço dos indivíduos com autismo foi classificado como "de baixo funcionamento". No teste Raven, porém, isso só ocorreu com 5% — e um terço foi classificado como de "alta inteligência". No teste Wechsler, os indivíduos autistas em seu conjunto pontuaram muito abaixo da população média, ao passo que no teste Raven pontuaram na faixa normal. Eu própria pontuei muito bem no teste das Matrizes Progressivas de Raven.

Por que esta ampla disparidade de respostas nos dois testes? Talvez porque responder corretamente a muitas perguntas do teste Wechsler dependa da capacidade social de adquirir habilidades e informações de outros, ao passo que o teste Raven é puramente visual.

"Chegamos à conclusão", escreveu o grupo de Montreal em seu estudo inovador na *Psychological Science*, em 2007, "de que a inteligência tem sido subestimada nos autistas".

"Os cientistas que trabalham com autismo sempre apontaram as aptidões como casuais, mas elas raramente têm sido o centro das pesquisas",[4] disse mais tarde Isabelle Soulières, uma das autoras do artigo. "Agora, eles começam a desenvolver um interesse por estes pontos fortes para ajudar a compreender o autismo."

Esta nova atitude em relação ao autismo condiz com o pensamento da fase três que descrevi no capítulo anterior. Assim como agora podemos começar a ver de forma isolada cada traço do comportamento autista, também podemos repensar os traços autistas em cada cérebro isoladamente.

Não me interpretem mal. Não estou dizendo que o autismo é ótimo e todas as pessoas com autismo deveriam simplesmente se sentar e celebrar nossos pontos fortes. O que afirmo é que, se pudermos reconhecer, de modo realista e caso a caso, os pontos fortes de um indivíduo, podemos determinar melhor seu futuro. *Preciso que você me conserte*, escreveu certa vez Carly Fleischmann, a não verbal que conhecemos no capítulo 4. *Conserte meu cérebro*. Pelo contrário, quando um jornalista perguntou a Tito Rajarshi Mukhopadhyay, o outro não verbal que conhecemos no capítulo 4, "Você gostaria de ser normal?",[5] Tito respondeu: "Por que eu deveria ser Dick e não Tito?" Para Tito, o "eu atuante" podia ser esquisito, mas era uma parte tão sua quanto o seu "eu pensante".

Também quero deixar claro que, ao falar de *pontos fortes*, não me refiro às habilidades de autistas *savant* como Stephen Wiltshire, que depois de apenas um voo de helicóptero sobre parte de uma cidade, como Londres ou Roma, consegue desenhar toda a paisagem, até o último parapeito de janela, nem de Leslie Lemke, que precisa ouvir apenas uma vez uma peça musical — qualquer estilo, inclusive composições clássicas complexas — para reproduzi-la no piano. Apenas cerca de 10% dos autistas pertencem à categoria dos *savants* (embora a maioria dos *savants* seja autista).

Então, que *pontos fortes* podemos buscar? Os pesquisadores do autismo tradicionalmente não consideram esta característica um ponto forte, mas ao longo dos anos eles observaram que pessoas com autismo às vezes prestam mais atenção nos detalhes que as neurotípicas. Comecemos por aqui e vejamos aonde isso nos leva.

O pensamento de baixo para cima

As pessoas com autismo são muito boas em reparar detalhes. "Quando um autista entra num cômodo", disse uma pesquisadora, "a primeira coisa que vê é uma mancha de café na mesa e dezessete tacos no piso".[6] Isso me parece um exagero e uma generalização, mas a ideia está no caminho certo.

Tradicionalmente, os pesquisadores têm classificado essa característica como "coerência central fraca" — um déficit. A coerência central fraca está no cerne das deficiências de comunicação social e de interação social que há muito fazem parte do diagnóstico oficial do autismo. De um modo mais informal, pode-se dizer que os autistas têm dificuldade em captar o todo, ou que percebem a floresta pelas árvores.

Pense em Tito e seu encontro com o médico. Ele enxergou na porta uma série de propriedades — seu aspecto físico (as dobradiças), sua forma (retangular), sua função (permitir que ele entrasse na sala). Só ao reunir detalhes suficientes ele entendeu o que via. Quando o conheci na biblioteca médica, pedi que descrevesse a sala. Em vez de discutir os objetos no ambiente ou seu tamanho, ele falou sobre fragmentos de cor.

Minha experiência não é tão extrema, mas a tendência a ver detalhes antes de ver o todo sempre foi uma característica central em como me relaciono com o mundo. Quando era criança, meu comportamento repetitivo favorito era escorrer areia pelos dedos. Ficava fascinada com as formas; cada grão parecia uma pedrinha. Sentia-me como uma cientista trabalhando num microscópio.

Um estudo fundamental de 1978, "Recognition of Faces: An Approach to the Study of Autism" [Reconhecimento de rostos: uma abordagem para o estudo do autismo],[7] colocou em evidência nas pesquisas as implicações sociais desta característica. Mostrava-se aos indivíduos apenas a parte inferior de uma série de rostos de pessoas conhecidas para que as identificassem. A população autista pontuou melhor que os indivíduos do grupo de controle. O mesmo ocorreu quando ambos os grupos viram as imagens invertidas. As pessoas com autismo se saíram melhor em entender o que era a imagem de cabeça para baixo. O pesquisador que fez o estudo, Tim Langdell, afirmou que os autistas conseguiam enxergar melhor os "padrões puros" do que os "padrões sociais".

Esta interpretação seria compatível com os resultados de testes de movimento biológico. Sabe a tecnologia de captura do movimento utilizada no cinema, quando um ator usa um monte de pontos brancos que mapeiam seus movimentos no computador? Isso é movimento biológico. Na tela do computador, o movimento biológico não passa de pontos em movimento, mas eles estão dispostos de modo a sugerir a ação que uma pessoa ou animal vivo podem executar, como correr. Os estudos demonstraram frequentemente[8] que autistas podem identificar o movimento biológico, mas não o fazem do mesmo modo que os neurotípicos. E eles tampouco atribuem emoções e sentimentos ao movimento. Além disso, utilizam partes do cérebro diferentes das usadas pelos neurotípicos. Estes exibem uma grande atividade nos dois hemisférios, ao passo que os autistas exibem menos ativação geral. O modo como o cérebro autista se envolve no movimento biológico lembra a descrição de Tito do foco na porta em detrimento da sala, ou a descrição de Donna Williams que li certa vez, em que ela ficava extasiada com partículas de poeira.

A interpretação desta tendência como um déficit nos padrões de reconhecimento social foi adotada por R. Peter Hobson em uma influente série de estudos[9] que ele liderou na década de 1980 no Instituto de Psiquiatria em Londres. As crianças autistas preferem classificar fotografias pelas expressões faciais (triste ou alegre) ou o tipo de chapéu (de feltro ou de lã)? Os chapéus venceram. As crianças com autismo têm dificuldade de montar as peças de um rosto e interpretar emoções faciais? Sim.*

Essas descobertas são importantes. Mas pode haver outro lado para um déficit nos padrões de reconhecimento social: a capacidade de reconhecimento do padrão puro — ser muito bom em ver árvores. Diversos estudos demonstraram que pessoas com autismo se saem melhor do que as neurotípicas nos testes de figuras ocultas — uma variação do antigo jogo em que há algo oculto na imagem. Há vários anos fiz um teste em que olhava letras grandes compostas por pequenas letras diferentes — por exemplo, um *H* gigante formado por *Fs* minúsculos. Eu devia identificar a letra grande ou a pequena. Eu identificava mais rapidamente as letras pequenas, um resultado mais comum entre autistas do que entre neurotípicos. A pesquisa também mostrou[10] que, ao fazer tarefas linguísticas, o indivíduo autista usa mais as áreas visual e espacial do cérebro do que os neurotípicos, talvez para compensar a carência de um conhecimento semântico que provém da interação social. Um estudo com RMNf em 2008 mostrou que quando o cérebro neurotípico faz uma pesquisa visual, a maior parte da atividade se limita a uma região do cérebro (a occipito temporal, associada ao processamento visual), enquanto no cérebro autista quase tudo era ativado.[11] Talvez seja

---

* Eu mesma só soube aos 50 anos que as pessoas tinham sinais visuais sutis. Tenho tanta dificuldade de gravar rostos que, numa reunião de negócios, por exemplo, me forço a reconhecer detalhes físicos: *Tá, ela usa óculos grandes com aros pretos. Ele é o que usa cavanhaque.*

por isso que consigo enxergar imediatamente o copo de papel ou a corrente dependurada que vai assustar o gado, enquanto os neurotípicos à minha volta nem os percebem. Os pesquisadores usam uma expressão adorável para esta tendência a ver as árvores antes de reconhecer a floresta: *viés local*.

Consideremos Michelle Dawson, a pesquisadora que pensou em procurar referências sobre os pontos fortes dos autistas ocultos na literatura. Ela é autista. Posso dizer que ela deu o salto conceitual *porque* é autista, mas acho que provavelmente ela tenha feito isso por ter uma atenção aguçada aos detalhes. "O olhar agudo de Dawson mantém o laboratório focado no aspecto mais importante da ciência: os dados", escreveu Mottron num artigo na *Nature* em 2011.[12] "Ela tem uma heurística de baixo para cima, na qual as ideias provêm dos fatos disponíveis, *e apenas deles*."

Dawson sempre abordara sua pesquisa com os mesmos critérios que aprendeu, fazendo a mesma suposição irrefletida, como seus mentores e colegas — a de que estudar o autismo significava estudar déficits. Mas essa suposição era resultado do que Mottron identificou em si mesmo como "uma abordagem de cima para baixo: eu pego e manipulo ideias gerais de menos fontes". Só quando ele chega a uma hipótese é que "volta aos fatos". Dawson achou mais fácil se livrar das concepções inerentes ao pensamento de cima para baixo porque era capaz de ver os detalhes de forma isolada e desapaixonada. Quando outros pesquisadores olham os dados dela sobre os pontos fortes dos autistas e dizem: "É tão bom ver algo positivo!", ela responde que não o vê como positivo ou negativo: "Acho que são exatos."

Identifico-me totalmente com esta atitude. Na minha monografia do bacharelado, quis explorar o tema da interação sensorial. Como o estímulo a um sentido, como a audição, afeta a sensibilidade de outros sentidos? Reuni mais de cem artigos de periódicos. Como meu pensamento é totalmente não sequencial, tive de encontrar um modo de dar coerência à pesquisa.

Primeiro, numerei os artigos. Em seguida, copiei as principais descobertas de cada um em pedaços de papel. Os artigos com revisões produziam mais de uma dúzia de tiras de papel. Depois coloquei todos os papéis numa caixa. Pendurei um painel enorme no meu quarto do dormitório estudantil — talvez de 1,20 m por 1,80 m. Recolhi a primeira tira de papel da caixa e espetei-a num ponto qualquer do painel. Depois, peguei outra tira. Digamos que a primeira fosse sobre o sentido da visão, e a segunda, sobre o sentido da audição. Então, a segunda tira foi para outra parte do painel, porque agora eu tinha duas categorias iniciais. Fiz etiquetas para elas e coloquei-as no alto do painel, encabeçando duas colunas. Continuei tirando papéis da caixa, um por um. Colocava-os junto aos demais em uma categoria ou criava uma nova, ou jogava fora as categorias velhas e rearrumava todas as tiras de papel. Quando acabei de selecionar todas as tiras em diferentes categorias de informação, comecei a ver que elas se uniam e formavam conceitos mais amplos.

Mais tarde, apliquei esse princípio à minha vida profissional. Quando comecei a criar meus projetos para manejo de gado, primeiro fui a todas as fazendas do Arizona — talvez umas vinte — e depois a outras no Texas. Trabalhei com gado em cerca de trinta fazendas no total, mas o que realmente fazia era observar. Notei que um curral tinha cercados em curva muito bons e outro tinha uma boa rampa de carga, mas cercados horríveis. Quando me sentava para fazer um desenho, dispensava as partes ruins e conservava as boas.

Esse processo pode ser extremamente lento. Quando estava na faculdade, às vezes passava meses lendo artigos de periódicos e espetando tiras de papel no painel até chegar ao princípio básico. Agora possuo muito mais experiência em selecionar devido à pesquisa científica. Já não preciso de um painel na parede, pois tenho um na minha mente. Por isso confio nas minhas conclusões. Sinto que meu viés local me libera do *viés global,* que atrapalha quem pensa de cima para baixo.

Mottron identificou o mesmo padrão na pesquisa de Dawson: "Ela precisa de uma enorme quantidade de dados para chegar a uma conclusão", escreveu ele na *Nature*. Mas, acrescentou, "os seus modelos nunca abarcam demasiado e são quase infalivelmente precisos".

Este sentimento de certeza é provavelmente o que tem alimentado, entre matemáticos e cientistas com Asperger ou que são autistas de alto funcionamento, a reputação de serem rígidos e inabaláveis. Uma vez que obtêm uma prova, sua atitude em relação a ela torna-se inflexível, porque experimentaram a trabalhosa lógica passo a passo que levou à sua criação. Matemáticos e cientistas chegam a falar da beleza de uma equação ou prova.

Para quem pensa de cima para baixo, contudo, esta certeza não é necessariamente adquirida — não sem um monte de evidências para apoiá-la. Tive um cliente que insistia que podia construir uma fábrica de processamento de carne em três meses. Bem, não dá. Não vai funcionar de jeito nenhum. Mas ele não se deixava convencer. Ele *sabia* que estava certo, e todos os prazos que o construtor não cumpriu, porque era impossível cumpri-los, todos os atrasos imprevistos que normalmente, desde o início, estão embutidos na programação, não significavam coisa alguma. No final, ele jogou 20 milhões de dólares no lixo.

Para um pensador de baixo para cima como eu, contudo, equivocar-me num detalhe quando estou tentando resolver um problema não traz implicações para o conjunto da solução, porque ainda não cheguei a ela. Quando alguém me mostra parte de um projeto em que fiz algo errado, eu digo: "Mude-o."

Pensamento associativo

Não faz muito tempo estive no terminal da United Airlines em Chicago, que tem um telhado de vidro. Olhei para o alto e na minha mente vi imagens da estufa da minha universidade, o Palácio de

Cristal da Feira Mundial de 1851 em Londres, um jardim botânico e a Biosfera no Arizona. Estas estruturas não têm o mesmo formato do terminal aeroportuário, mas estavam todas no meu arquivo de telhados de vidro. (Ver imagem 6 do encarte.)

Então, quando vi a Biosfera mentalmente, notei as pequenas torres na estrutura. Elas me fizeram lembrar das torres da represa Hoover. Então comecei a ver imagens de torres: num castelo na Alemanha, no castelo da Fantasyland na Disney, num tanque militar.

Àquela altura, eu podia ter ido por dois caminhos. Podia ter continuado a buscar no meu arquivo de telhados de vidro. Ou podia ter ficado na pasta das torres. Para alguém de fora, meus pensamentos podiam parecer aleatórios, mas eu estava simplesmente escolhendo a pasta que queria explorar.

Eu sempre digo que meu cérebro funciona como um mecanismo de busca.[13] Se você me pedir para pensar num assunto, ele gera um monte de resultados. Ele também pode fazer conexões fáceis que saem rapidamente do assunto original e vão muito longe. A semelhança entre meu cérebro e um mecanismo de busca, contudo, não deveria surpreender. Quem você pensa que projetou os mecanismos de busca originais? Muito provavelmente gente cujos cérebros funcionam como o meu — gente com cérebros que têm dificuldades com o pensamento linear, cérebros que divagam, cérebros que possuem uma memória de curto prazo fraca.

Lembram do escaneamento do meu cérebro com HDFT na Universidade de Pittsburgh em 2011? Ele revelou que meu corpo caloso — a autoestrada neural que se estende pelo comprimento do cérebro entre os hemisférios esquerdo e direito — tinha um número incomum de fibras horizontais que se ramificavam para ambos os lados. Minhas fibras se juntam na área parietal, associada à memória. Acho que todos estes circuitos extras na área parietal do meu cérebro devem ser o que me permite fazer muito mais associações do que as pessoas com cérebros normais. "Ah", exclamei quando

Walter Schneider me mostrou as imagens do escaneamento, "você encontrou meu mecanismo de busca!".

De qualquer modo, para que um buscador gere resultados, o banco de dados precisa estar repleto de informações. Em termos humanos, precisa de lembranças.

Em parte, o que fez de Michelle Dawson uma pesquisadora e colaboradora tão formidável, disse Mottron, é que ela possui uma memória excepcional: "A maior parte das pessoas não autistas não consegue lembrar do que leu há dez dias. Para alguns autistas, isto é uma tarefa fácil. Eles também têm menos probabilidades de esquecer dados."

Isso é verdade? A memória de longo prazo costuma ser melhor nos autistas?

Sei que minha memória de *curto prazo* é horrível, o que não é incomum entre autistas de alto desempenho. Não somos bons em multitarefas. Temos memória ruim para rostos e nomes. Sequenciamento? Esqueça. Um estudo de 1981[14] demonstrou que crianças autistas de alto funcionamento lembravam-se significativamente menos de acontecimentos recentes do que crianças normais da mesma idade e indivíduos de controle com problemas mentais e idade e capacidades semelhantes. Em um estudo de 2006,[15] com 38 crianças autistas de alto funcionamento e 38 indivíduos do grupo de controle, o teste mais confiável e preciso para distinguir entre os dois grupos era o subteste Finger Window — uma mensuração da memória espacial em que o especialista toca uma série de varetas num quadro e o indivíduo deve duplicar a sequência de padrões. Os indivíduos do grupo de controle tiveram um desempenho muito superior ao dos autistas de alto funcionamento. Quando fiz este teste, eu falhei; ele colocava muita carga de trabalho na minha memória operacional.

E a memória de longo prazo dos autistas? Para minha surpresa, a literatura científica nessa área é muito escassa. Passei duas horas pesquisando na internet artigos sobre o tema revisados por especialistas; o mais recente era de 2002 e basicamente se perguntava se a memória de longo prazo era *deficiente* nos autistas.[16]

Ainda assim, é quase irrelevante se a memória de longo prazo das pessoas autistas tende a ser melhor ou pior do que a dos neurotípicos. O fato é que as pessoas precisam de lembranças. De dados.

Quando olhava meu painel na universidade, eu não tinha muita experiência em pesquisa, e como era relativamente jovem, não tinha muita experiência da vida. À medida que fiz 40 anos, e 50, e depois 60, minha capacidade de fazer associações — ver ligações entre os detalhes — foi ficando cada vez mais precisa, e a necessidade de usar o painel desapareceu, porque tenho cada vez mais detalhes no meu banco de dados. Pense assim: se não conseguir enxergar as árvores, você nunca enxergará a floresta.

Pensamento criativo

A floresta que o cérebro autista termina por enxergar, contudo, pode não ser a mesma vista pelo cérebro neurotípico.

Recentemente li uma definição de criatividade na *Science* que me deixou muito impressionada: "o reconhecimento súbito e inesperado de conceitos ou fatos numa relação nova que não tinha sido percebida". Foi o que ocorreu quando Michelle Dawson desafiou toda a história da pesquisa sobre autismo baseada na identificação dos déficits. Ela possuía os mesmos conceitos e fatos que todo mundo, mas os percebeu "numa relação nova que não tinha sido percebida".

Posso pensar em muitos exemplos deste tipo de criatividade em minha nova vida. Recordo de quando era estudante no Franklin Pierce College e fazia um curso de genética. O professor, o sr. Burns, nos ensinou o modelo comum da genética desenvolvido por Gregor Mendel no século XIX — que cada genitor contribui com a metade dos genes da criança e as espécies mudam gradualmente mediante uma longa série de mutações genéticas aleatórias. Aquilo não fazia sentido para mim. Claro, era parte da explicação. Mas não podia ser só isso. Como mutações aleatórias explicam que a cruza de um border collie e um springer spaniel produza filhotes que parecem uma mistura dos dois, mas não exatamente 50% e 50% iguais? Alguns filhotes parecem mais spaniels, outros parecem mais collies. Procurei o sr. Burns e perguntei a ele: "Como Mendel explica isso?"

Ele ficou surpreso, para dizer o mínimo. Hoje sabemos que as mutações aleatórias não são suficientes para produzir a diversidade nas espécies. A evolução precisa também de variações no número de cópias. O que a genética de Mendel diz é que temos genes. Mas o conceito de variações no número de cópias nos diz que temos um monte de cópias ou apenas um punhado delas.

Há alguns anos fui a uma reunião na Franklin Pierce e vi o sr. Burns, que então já estava aposentado. "Você me fez algumas perguntas muito profundas", disse-me ele. Elas não me pareciam profundas. Pareciam uma questão de bom senso. Mas agora entendo que eu não teria conseguido fazer a associação entre a genética de Mendel e a cruza de raças caninas se já não tivesse um número suficiente de cães cruzados no meu banco de dados. Na verdade, quando confrontei o sr. Burns, estava pensando num border collie e num springer spaniel em particular que conheci quando estava no ensino médio. Eles tiveram uma ninhada. Eu ainda podia ver mentalmente a mãe e o pai e os filhotes, e vi como os cachorros ficaram quando cresceram.

Gosto de olhar os materiais comuns para qualquer projeto e imaginar uma aplicação possível ou construção em que outras pessoas não pensariam. Não diria que todos os autistas são criativos, ou que a criatividade é um subproduto feliz do autismo. Estudos do genoma completo[17] indicaram certa sobreposição na variação no número de cópias *de novo* entre o autismo e a esquizofrenia, e pessoas altamente criativas apresentam risco elevado para esquizofrenia e outras psicopatologias.[18] Contudo esta área de pesquisa ainda é preliminar. Mas, para mim, ser autista torna mais possível que certo *tipo* de criatividade venha à tona. Para ilustrar meu pensamento, vou mostrar um teste que fiz recentemente.

O desafio deste teste, que apareceu primeiro num estudo sobre o cérebro e foi reproduzido na *New Scientist*, era usar um círculo para criar o maior número de desenhos possíveis em cinco minutos. A ilustração mostrava apenas isso: um círculo. Os dois exemplos do artigo traziam um *smiley*, que era "um dos menos originais", e um homem reclinado num assento de avião (em que o círculo era a janela do avião vista de fora).

Os desenhos que fiz foram:

- O visor da mira do rifle dos créditos iniciais dos filmes de James Bond.
- O diafragma de uma câmera.
- Uma roda de bicicleta.
- Um barco visto pelo periscópio.
- Um estábulo redondo para bisões (que eu já havia projetado).
- Um carrossel (visto de cima).
- Uma ordenhadeira rotatória.

A esta altura, comecei a pensar nas regras. Era possível sair do círculo? Desenhei:

- Uma roda-gigante, com os assentos balançando para fora do círculo.

Não tinha certeza se o desenho era legal, mas e daí? Estava com sorte. Então, desenhei:

- Uma roda de hamster — com uma base, para não cair.

Pensei se poderia usar o círculo como o centro de um desenho maior, e neste caso poderia desenhar todo tipo de flores.

Este teste é uma variação de um antigo exercício de sala de aula que uso frequentemente. Podemos chamá-lo de Pensando Fora do Tijolo. Pergunto: "Quantos usos pode-se dar a um tijolo?" De cara, recebo as respostas óbvias. Pode-se usá-lo para construir uma parede. Pode-se jogá-lo numa vidraça. Em geral, os alunos levam um tempo (com a ajuda de uma ou duas dicas da minha parte) para entender que podem mudar a forma do tijolo. Pode-se moê-lo e usá-lo como pigmento ou pintura. Pode-se cortá-lo em cubos, pintar bolotas nos cubos e jogar dados.

O truque para descobrir novos usos para o tijolo é não ficar preso à sua identidade de tijolo. O truque é recriá-lo como um não tijolo.

Acho que os que pensam de baixo para cima e primeiro nos detalhes, como eu, apresentam mais probabilidades de ter rompantes criativos simplesmente porque não sabemos o que estamos fazendo. Acumulamos detalhes sem saber o que significam e sem necessariamente agregar-lhes significado emocional. Vemos conexões sem saber aonde nos levam. Esperamos que as associações nos levem à visão do todo — a floresta —, mas não sabemos onde estaremos até chegar lá. *Esperamos* surpresas.

Mencionei neste capítulo que em geral os autistas tendem a ver detalhes melhor que os neurotípicos, e depois disse: "Vamos começar por aí e ver aonde isso nos leva." Isto nos trouxe aqui: a um salto criativo sobre saltos criativos — especificamente, que o cérebro autista pode ter mais probabilidades, em média, de dar saltos criativos. A atenção aos detalhes, a memória formidável e a capacidade de fazer associações podem funcionar juntas para tornar o improvável salto criativo ainda mais provável.

Em seu livro *Be Different: Adventures of a Free-Range Aspergian*,[19] John Elder Robison descreve esta progressão da criatividade — que ele aplicou na sua carreira de criador de efeitos sonoros, instrumentos musicais, shows de laser e videogames. Ele escreveu que primeiro se interessou pela música quando era adolescente porque ficava fascinado com os padrões criados pelas ondas musicais no osciloscópio, instrumento que exibe sinais elétricos, linhas e formas numa pequena tela. "Cada sinal tinha uma forma singular", escreveu. Estes sinais eram os *detalhes de baixo para cima*.

Ele passava de oito a dez horas por dia "absorvendo a música e desemaranhando a aparência das ondas e o funcionamento dos sinais elétricos", escreveu. "Eu via e escutava e via novamente até meus olhos e ouvidos se tornarem intercambiáveis." Em outras palavras, ele estava armazenando *dados*.

"Na época, eu podia olhar um padrão no osciloscópio e saber como ele soava, e podia olhar um som e identificar sua forma." Com base nesta memória dos detalhes, ele aprendeu a fazer as *associações* necessárias.

Então ele ficou pronto para o salto criativo:

Quando eu ajustava o osciloscópio para que se movesse lentamente, o ritmo da música dominava a tela. Os trechos em volume alto apareciam como riscos largos, ao passo que os trechos calmos ficavam finos como um tracinho. Uma velocidade um pouco maior me mostrava as ondas sonoras grandes e pesadas da base do baixo e a bateria rápida aparecia como traços largos. A maior parte da energia estava contida naquelas notas baixas. Mais alto, com um ajuste mais rápido, eu encontrava os vocais. No topo de tudo estavam as ondas rápidas e dentadas dos pratos.

Cada instrumento tinha um padrão diferente, mesmo quando tocavam a mesma melodia. Com a prática, aprendi a distinguir um trecho tocado no órgão da mesma música tocada no violão. Mas não fiquei nisso. Enquanto ouvia os instrumentos, percebi que cada um tinha uma voz: *"Você está doido", diziam meus amigos, mas eu estava certo. Cada músico tem um modo de tocar, mas os instrumentos também eram únicos.*

Os grifos são meus. A resposta neurotípica a esta percepção seria descartá-la. Mas Robison escutava o que outros não conseguiam escutar.

Na verdade, ele conseguia *ver* aquilo: "Eu via tudo como um grande quebra-cabeça mental — acrescentava ondas de diferentes instrumentos na minha mente e descobria qual seria o resultado." Ele aprendeu que estava trabalhando numa espécie de matemática das formas das ondas, embora não pensasse no seu trabalho como matemático.

Enxergar as ondas, acrescentá-las à sua cabeça — aquilo soava como pensamento visual, como "pensar por imagens". É o meu tipo de pensamento. Mas de modo algum vejo as coisas como Robison as descreve. Vejo exemplos concretos do meu passado, e não abstrações. Ele e eu usamos nossos cérebros autistas para sermos criativos, e a criatividade é visual, mas seu tipo de criatividade não era como o meu.

Ao tentar descobrir como tirar o máximo dos pontos fortes dos cérebros autistas, aparentemente eu ainda precisava dar um último salto criativo.

7 Repensar por imagens

O livro é grande parte [sic] bom, completo. Contudo, a dra. Grandin faz algumas generalizações evidentes, e às vezes parece supor que todas as pessoas com autismo são como ela. Embora admita que não é assim, no parágrafo seguinte ela diz coisas como "porque todas as pessoas autistas são visuais...", quando, na verdade, alguns autistas têm sérias dificuldades de processamento visual e não são nada visuais. Embora, como autista, eu consiga entender a maior parte do que ela diz, sei que muitos não conseguem.

COMO MUITOS AUTORES, li resenhas dos meus livros na Amazon.com. Esta resenha, de 1998, foi uma das primeiras sobre meu livro *Thinking in Pictures*, e devo admitir que doeu muito. Não a interpretei exatamente como uma manifestação de ódio. Não achei que alguém estivesse tentando me magoar, mas tampouco levei a coisa na brincadeira. Alguns autistas "não são nada visuais"? Seria verdade?

Escrevi *Thinking in Pictures* porque havia percebido que o modo como eu enxergava o mundo não era igual ao modo como outras pessoas o enxergavam. Mesmo depois de saber que era autista, não achei que o autismo afetava o modo como eu via o mundo. Quando comecei a projetar instalações para manejo de gado, nos anos 1970, não entendia por que outros projetistas não enxergavam erros óbvios — erros que eu via de relance. Pensava que eles eram burros. Claro, hoje entendo que eles simplesmente enxergavam o mundo com pares de olhos totalmente distintos — ou, devo dizer, com cérebros muito diferentes. Então, eu estava errada. Nem todos pensam por imagens? Está bem. Mas as pessoas com autismo pensam.

Eu tinha bons motivos para achar que todos os autistas eram pensadores visuais e apenas isso. Em 1982, quando escrevia um artigo[1] que mais tarde foi publicado no *Journal of Orthomolecular Psychiatry*, encontrei vários artigos que apoiavam essa suposição. Um estudo informava que crianças com autismo pontuavam normalmente nos testes de Wechsler de desenho de blocos e montagem de objetos. Outro estudo dizia que crianças com autismo pareciam "ter resultados ruins em testes que exigem aptidões verbais e sequenciais, mesmo em testes que não empregam a palavra falada". Com base nesta pesquisa e no modo como eu via o mundo, sentia-me confortável com minha conclusão: "Estudos de vários pesquisadores com crianças autistas apontam a natureza visual e espacial da mente autista."

Bem, eu estava certa. É o que aqueles estudos indicavam. Mas e aquele resenhista da Amazon — e outros resenhistas do site que ecoaram sua queixa?

Desde a primeira resenha, pensei muito no tema das diferentes formas de pensar. Podemos conceber o cérebro autista como um depósito de alguns pontos fortes — a capacidade de perceber detalhes, de armazenar um grande número de informações no banco de dados, de fazer associações. Mas, claro, nem todos os cérebros autistas enxergam o mundo do mesmo modo — apesar do que eu pensava. Os cérebros autistas tendem a possuir estes pontos fortes em comum, mas a maneira como cada indivíduo os usa varia. Que tipo de detalhes? Que tipo de informação? Que tipo de associações? As respostas a essas perguntas dependem do tipo de pensador, porque um cérebro focado nas palavras não vai chegar às mesmas conclusões que o cérebro focado nas imagens.

Na verdade, minha busca me levou a propor uma nova categoria de pensador além dos tradicionais verbal e visual. Neste momento, esta terceira categoria é apenas uma hipótese.[2] Mas ela transformou o modo como vejo os pontos fortes dos autistas. E até recebi certo apoio científico para ela.

Há muitos anos eu vinha dando palestras e havia feito uma suposição sem pensar muito: penso por imagens; sou autista; portanto, todas as pessoas autistas pensam por imagens. Para mim, aquilo fazia sentido. Se você disser a palavra *trem*, automaticamente vejo um trem de metrô em Nova York; o trem que atravessa o campus da universidade onde leciono; o trem que carrega carvão em Fort Morgan, perto da minha casa; o trem em que andei na Inglaterra onde só podia ficar de pé, abarrotado de torcedores de futebol que ocuparam todos os assentos e não deixaram ninguém sentar durante toda a infeliz viagem de quatro horas; o trem na Dinamarca onde crianças me importunaram até que a dona de uma banca de jornais as mandou embora.

No entanto, eu queria descobrir se as pessoas com autismo na plateia pensavam do mesmo jeito que eu. Então, comecei a perguntar aos ouvintes que se aproximaram de mim depois da palestra. "Qual era — ou qual é, se estivesse falando com uma criança — sua matéria preferida na escola?" Em geral, a resposta não era aula de artes, como se esperaria de um pensador visual. Muitas vezes, era história.

História?, pensei. *A história é cheia de fatos e os fatos estão cheios de palavras, e não de imagens.*

Tudo bem. Os autistas podem pensar em termos visuais ou verbais, como os neurotípicos. O resenhista da Amazon tinha razão.

Contudo, certo dia no início de 2001, recebi pelo correio as provas do livro *Exiting Nirvana: A Daughter's Life with Autism* [Saindo do Nirvana: a vida de uma filha com autismo],[3] de Clara Clairborne Park. O editor queria que eu escrevesse uma sinopse para ele — uma recomendação para sair na quarta capa. Eu já sabia sobre Clara e sua filha, Jessica, ou Jessy. Ela nasceu uns dez anos depois de mim, quando o consenso médico sobre o autismo tinha mudado para a busca psicanalítica das feridas psíquicas. Como Jessy era mais jovem que eu, Clara Park teve uma luta constante contra as autoridades médicas para fazer as pessoas entenderem que a fonte do comportamento da sua filha não estava na sua mente. E sim no seu cérebro.

Eu tinha escrito um pouco sobre Jessy em *Thinking in Pictures*; mencionei um artigo científico de 1974 que examinou o elaborado sistema de símbolos e números criado por Jessy para conduzir sua vida. As coisas que ela considerava muito boas, como o rock, ganhavam quatro portas e nenhuma nuvem. Coisas que considerava boas, como música clássica, ganhavam duas portas e duas nuvens. A palavra escrita não tinha nenhuma porta mas tinha quatro nuvens — a pior pontuação.

Quando recebi as provas de *Exiting Nirvana,* fiquei curiosa para ler o livro. Contudo fiquei chocada com o que encontrei.

Eu sabia que Jessy era uma artista, mas nada tinha me alertado para o que vi naquele livro. Sua arte era diferente de tudo o que eu já vira. Era repleta de cores psicodélicas — laranja e rosa e turquesa, verdes-claros e tangerinas e ameixas vibrantes, quase em tons de néon. E ela as aplicava em objetos que nunca teriam essas cores. Os cabos de uma ponte. As janelas de um prédio comercial. A lateral de uma casa.

A que categoria pertencia aquele tipo de mente? Visual ou verbal? Visual, obviamente. Mas a história não podia terminar ali, porque sou uma pensadora visual e certamente eu não pensava *daquele jeito*.

Ela pintava os objetos do seu desenho em detalhes fotorrealistas a partir da memória, então estava claro que podia pensar por imagens, assim como eu. Mas sua arte não era como meus desenhos; as figuras que ela via mentalmente não eram o tipo de figuras que eu via. Quando Jessy desenhava um prédio, a ênfase estava na cor e nos padrões. Quando eu desenhava uma estrutura, a ênfase estava nos detalhes das diferentes superfícies — tubos redondos, canaletas de cimento, cercas metálicas. Jessy devia ter arquivos repletos de imagens na mente, como eu, mas ela manipulava as imagens de modos que eu não conseguia imaginar. (Ver imagem 7 do encarte.)

Então, qual era seu tipo de mente? Meu sistema de dividir o mundo do autismo em pensadores por imagens e pensadores por palavras/fatos merecia uma pontuação de nenhuma porta e quatro nuvens?

Parei de olhar os desenhos e comecei a ler. Concentrei-me fixamente em qualquer coisa que me desse uma pista de como Jessy pensava. Na página 71, li que ela gostava de buscar regularidades nas palavras. "Ela pensava nelas, falava delas, as escrevia. *Elf, elves; self, selves; shelf, shelves; half, halves* etc. À margem do texto neste parágrafo eu escrevi *padrões vocabulares.*

Na página seguinte, a mãe de Jessy, Clara, conta sobre um livro que Jessy escreveu pouco depois de completar 14 anos. Era "uma comemoração das transformações das palavras. O livro era uma coisa bela, um tema e suas variações, quatro palavras em três cores: *SING, SANG, SUNG,* e *SONG*".

No pé da página escrevi *padrões vocabulares.*

"Os relógios tornaram-se fascinantes", escreveu Clara sobre Jessy no capítulo seguinte,

quando ela aprendeu que os franceses não contavam o tempo em 12, mas em 24 horas. Ela desenhou um relógio de dez horas, outro de 12 horas, um relógio de 14 horas, 16, 18, 24 e de 36 horas. Converteu as horas em minutos, os minutos em segundos; as folhas que restaram registram que 3.600 segundos = 60 minutos = 1 hora. Ela desenhou cuidadosamente cada segundo. Agora, o tempo era algo com que brincar. As conversões fracionadas eram tão rápidas que pareciam intuitivas: 49 horas = $2^{1/24}$ dias. Logo ela estava mapeando o espaço e o tempo: 7 ½ polegadas = 5/8 pés.

Encontrar todos os padrões, rabisquei na margem.

Espere.

Padrões.

Por três vezes eu havia usado esta palavra em apenas algumas páginas.

Lembrei do teste de Matrizes Progressivas de Raven. O indivíduo olha uma matriz ou padrão em que falta uma peça e precisa escolher a que completa o quebra-cabeça. Sei, pelo *Exciting Nirvana*, que aos 23 anos Jessy tinha obtido percentual 95 naquele teste. Então ela fez o teste de Matrizes Progressivas *Avançado*. Mais uma vez, obteve percentual 95.

Pensei também num trabalho de origami — a arte japonesa que vem das palavras "dobrar" e "papel" — que um garoto me deu ao final de uma palestra. Era diferente de todos os origamis que eu tinha visto. Eu já havia feito figuras de origami, mas usava uma folha de papel para cada uma e seguia instruções simples que produziam os desenhos mais comuns, como o grou. Mas o origami daquele menino estava repleto de cores, cada uma de uma folha diferente, e o desenho era na forma de estrela. Fiquei tão impressionada que ao voltar para casa coloquei a estrela de origami num lugar de honra no parapeito da janela para vê-la todos os dias. Às vezes eu a pegava para estudá-la.

A estrela tinha aproximadamente $7 \times 7 \times 7$ centímetros. Tinha oito pontas. Cada ponta com três cores, mas, devido à minha memória operacional ruim, tive de escrever isso para ter certeza de que tinha contado direito. Rosa, roxo, vermelho, verde-claro, verde-escuro, azul, amarelo, laranja. Oito cores, oito folhas de papel. As folhas estavam interligadas e a base de cada ponta triangular fazia interseção com a base das outras pontas triangulares.

O menino correu para longe depois de me dar o presente, mas reparei que seus pais estavam ali. Perguntei-lhes pelo filho, e disseram que era superdotado em matemática. Fazia sentido. Era preciso uma mente matemática para bolar uma estrutura tão complicada.

Mas aquela obra de arte tão bela e sutil não seria também fruto de uma mente visual? *Talvez*, pensei um dia enquanto colocava o origami de volta no parapeito da janela, *quem seja bom em matemática pense por padrões*.

Quando percebi que pensar por padrões poderia ser uma terceira categoria, junto com pensar por imagens e pensar por palavras, comecei a ver exemplos disso por todo lado.

Depois de dar uma palestra numa empresa de alta tecnologia no Vale do Silício, perguntei às pessoas como escreviam códigos. Elas responderam que visualizavam a árvore da programação inteira e depois mentalmente escreviam o código em cada ramo. Pensei: *pensadores por padrões*.

Lembrei da minha amiga autista Sara R. S. Miller, programadora de computador, que me dizia que conseguia perceber irregularidades no padrão de código. Então liguei para minha amiga Jennifer McIlwee Myers,[4] outra programadora autista. Perguntei-lhe se via os ramos da programação. Não, respondeu, ela não era visual daquele modo; quando começou a estudar ciência da computação, tirou C em desenho gráfico. Ela disse que quando alguém fazia uma descrição verbal, ela não conseguia "ver" a coisa. Ao ler os livros de Harry Potter, não conseguiu entender os torneios de quadribol; só entendeu o que acontecia ao assistir aos filmes. Contudo, ela disse que pensava por padrões. "Escrever códigos é como fazer palavras cruzadas, ou sudoku", disse.

As palavras cruzadas envolvem palavras, claro, ao passo que o sudoku usa números. Mas o que eles têm em comum é o pensamento por padrões. No documentário *Wordplay*, de 2006, um filme sobre palavras cruzadas, as pessoas que criavam os melhores jogos eram matemáticos e músicos. Para melhorar sua capacidade de solucionar o sudoku, é necessária uma percepção cada vez maior dos padrões no jogo.

Então, li um artigo sobre origami na revista *Discovery* que me deixou maravilhada. Aprendi que há centenas de anos os padrões mais complexos do origami só precisavam de vinte passos e que, recentemente, os competidores do origami radical usam programas de computador para desenhar padrões que exigem cem passos. E li esta passagem extraordinária:

> O campeão dos origamis intrincados é um autista *savant* japonês de 23 anos chamado Satoshi Kamiya. Sem ajuda de software, ele produziu recentemente o que foi considerado o ápice neste campo, um dragão oriental de 20 cm de altura com olhos, dentes, língua torcida, bigodes sinuosos, rabo com espinhos e mil escamas sobrepostas. A dobradura levou 40 horas ao longo de vários meses.[5]

Como ele conseguiu esse feito? "Eu o vejo concluído", disse ele. "Depois eu o desdobro em minha mente. Uma peça de cada vez." *Padrões.*

Em 2004, Daniel Temmet chamou minha atenção, e a de muita gente, ao bater o recorde europeu recitando o maior número de dígitos de pi: 22.514. Ele fez isso em cinco horas. Dá uma média de 75 dígitos por minuto — mais de um por segundo. Depois, exibiu outras aptidões: tornou-se fluente em islandês em apenas uma semana; sabia dizer em que dia da semana cairia uma data distante; em entrevistas, disse que tinha sido diagnosticado com síndrome de Asperger. Quando publicou seu livro, *Born on a Blue Day* [Nascido num dia azul], naturalmente fiquei ansiosa para lê-lo.[6]

Ele explicou o título na página 1: nasceu em 31 de janeiro de 1979, uma quarta-feira — e, na sua mente, as quartas-feiras são sempre azuis. À medida que lia, aprendi que ele achava os números singulares, cada um com sua própria personalidade. Disse que tinha uma resposta emocional para cada número até 10.000. Contou que via os números como formas, cores, texturas e movimentos. Explicou que conseguia multiplicar instantaneamente dois números grandes — 53 × 131, por exemplo — sem fazer matemática, mas "vendo" as formas dos números se fundirem noutra forma, que ele reconhecia como o número 6.943.

Padrões.

Quis saber mais sobre como ele pensava e encontrei uma entrevista em que explicou como aprendia línguas.[7] Ao aprender alemão por conta própria, por exemplo, percebeu que "coisas pequenas e redondas muitas vezes começavam com 'Kn'" — *Knoblauch* (alho), *Knopf* (botão) e *Knospe* (broto). Coisas longas e finas muitas vezes começavam com "Str", como *Strand* (praia), *Strasse* (rua) e *Strahlen* (raios). Ele disse que estava em busca de padrões.

Bem, certamente não sou a primeira pessoa a perceber que os padrões fazem parte do modo como os humanos pensam. Os matemáticos, por exemplo, estudam os padrões na música há milhares de anos.[8] Eles descobriram que a geometria é capaz de descrever cordas, ritmos, escala, mudanças de oitavas e outras características musicais. Em estudos recentes, pesquisadores descobriram que ao mapear as relações entre estas características os diagramas resultantes têm uma forma semelhante à da fita de Moebius. (Ver imagem 8 do encarte.)

Claro, os compositores não pensam nas suas composições nestes termos. Eles não pensam na matemática. Mas de algum modo caminham em direção a um padrão matematicamente sólido, que é outro modo de dizer que é universal. A matemática nem precisa existir. Quando estudiosos se debruçam sobre a música clássica,[9] descobrem que um compositor como Chopin escreveu músicas que incorporavam formas da geometria de alta dimensão que ainda não tinha sido descoberta. O mesmo vale para as artes visuais. As últimas pinturas de Van Gogh tinham todo tipo de padrões de remoinhos e agitação no céu — nuvens e estrelas que ele pintou como se fossem redemoinhos de ar e luz. E descobriu-se que eram isso mesmo! Em 2006, físicos compararam os padrões de turbulência de Van Gogh à fórmula matemática para a turbulência dos líquidos.[10] As pinturas são da década de 1880. A fórmula matemática é da década de 1930. No entanto, a turbulência de Van Gogh no céu quadrava de modo quase idêntico à turbulência nos líquidos. "Esperávamos alguma semelhança com a turbulência real", disse um dos pesquisadores, "mas ficamos surpresos ao encontrar uma relação tão próxima".[11] (Ver imagem 9 do encarte.)

Até os salpicos aparentemente ao acaso que Jackson Pollock despejava em suas telas mostram que ele tinha um sentido intuitivo dos padrões na natureza.[12] Nos anos 1990, um físico australiano, Richard Taylor, descobriu que as pinturas seguiam a matemática da geometria fractal — uma série de padrões idênticos em distintas escalas, como nas matrioskas russas. As pinturas são das décadas de 1940 e 1950. A geometria fractal é dos anos 1970. Este mesmo físico descobriu que conseguia distinguir um Pollock genuíno de uma falsificação examinando os padrões fractais na obra.

"Às vezes a arte precede a análise científica", disse um dos pesquisadores dos Van Goghs. Chopin escreveu a música que escreveu, e Van Gogh e Pollock pintaram os quadros que pintaram porque algo parecia ficar bem assim. E parecia bem porque, de certo modo, *estava* certo. De alguma maneira profunda e intuitiva estes gênios apreenderam os padrões da natureza.

A relação entre arte e ciência também pode andar no sentido inverso; os cientistas podem usar a arte para compreender a matemática. O físico Richard Feynman revolucionou seu campo na década de 1940 ao criar uma maneira simples de diagramar os efeitos quânticos: uma linha reta sólida representava partículas de matéria ou antimatéria viajando pelo espaço e o tempo. Linhas onduladas ou em traços representavam partículas que carregavam força. Quando um elétron movendo-se em linha reta emitia um fóton numa linha curva, a linha reta recuava para a direita. De repente, equações que levavam meses para serem calculadas podiam ser entendidas, mediante diagramas, em questão de horas. (Ver imagem 10 do encarte.)

Em 2011, jogadores de um videogame online chamado Foldit[13] solucionaram o mistério da estrutura de cristal de uma protease retroviral monomérica específica. A configuração da enzima há muito tempo iludia os cientistas, e a solução era tão importante que foi publicada num periódico científico. O que era particularmente notável no feito, porém, era que os jogadores não eram bioquímicos. Mas certamente pensavam por padrões. (Ver imagem 11 do encarte.)

Os matemáticos distinguem os pensadores em algébricos e geométricos. Os pensadores algébricos enxergam o mundo em termos de números e variáveis. Os geométricos o veem em termos de formas. Sabe o teorema de Pitágoras? É assim: a soma dos quadrados dos catetos é igual ao quadrado da hipotenusa.* Se for um pensador algébrico, você verá $a^2 + b^2 = c^2$. Mas, se for um pensador geométrico, verá:

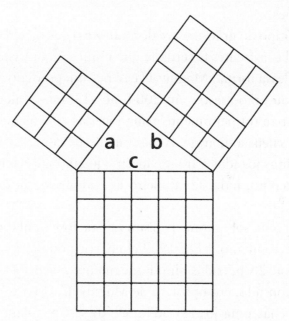

© *Houghton Mifflin Harcourt/Academy Artworks*

---

* Por falar nisso, não dê ouvidos ao Espantalho de *O mágico de Oz* depois que ele recebe um cérebro. O que ele aparentemente tenta recitar é o teorema de Pitágoras. Mas o que realmente diz é: "A soma das raízes quadradas de dois lados quaisquer de um triângulo isósceles é igual à raiz quadrada do lado que resta" — o que é uma bobagem. Pobre Espantalho.

E tem o xadrez. Sempre tem o xadrez. Há um século o xadrez é a placa de Petri dos cientistas cognitivos — pesquisadores que pensam sobre o pensamento. É fácil mensurar a aptidão no xadrez, e por isso as classificações são tão precisas e ele pode ser observado em ambientes controlados como laboratórios — a sala do torneio.

O que faz de um mestre do xadrez um mestre? Definitivamente não são as palavras. Mas tampouco as imagens, que é o que se poderia pensar. Quando uma mestra do xadrez olha o tabuleiro, ela não vê todas as partidas que já jogou para encontrar uma jogada equiparável à que fez há 3, 4 ou 20 anos. (Que é provavelmente o que eu tentaria fazer.) Uma mestra do xadrez não "vê" o tabuleiro de uma partida do século XIX que estudou atentamente.

Então, o que ela vê, se não são figuras? Você já deve ter imaginado: padrões.

O estereótipo do grão-mestre de xadrez é o de alguém que pensa várias jogadas à frente. É verdade que muitos enxadristas armam estratégias dessa forma. Magnus Carlsen,[14] um prodígio norueguês que se tornou grão-mestre em 2004, aos 13 anos, calcula 20 jogadas adiante e rotineiramente arma jogadas com as quais outros grão-mestres nem sonharam. A maioria dos grão-mestres consegue calcular muitas jogadas à frente, mesmo jogando dezenas de jogos ao mesmo tempo, indo de tabuleiro em tabuleiro num espaço de exibição.

Mas uma pista sobre como pensam vem de José Raúl Capablanca, o grão-mestre cubano.[15] Em 1909 ele participou de uma exibição em que jogou 28 partidas simultaneamente e venceu todas. Sua estratégia, contudo, era oposta à de Magnus Carlsen.

"Vejo apenas uma jogada adiante", disse Capablanca, "mas é sempre a correta".

Para os cientistas cognitivos não há contradição entre as duas abordagens. Se o enxadrista imediatamente vê uma jogada que só poderá acontecer vinte jogadas à frente ou se a vê no contexto da jogada seguinte, a questão é que ele a vê imediatamente.

Os grão-mestres a veem de imediato não por terem melhor memória que os enxadristas comuns. Segundo estudos que testaram suas memórias, eles não possuem memórias notáveis. Tampouco os mestres e grão-mestres veem a próxima jogada de imediato porque suas memórias oferecem mais possibilidades de onde escolher. Suas memórias *realmente* carregam mais possibilidades, mas isso ocorre porque os melhores enxadristas do mundo jogaram mais que os demais. O que eles coletam na memória não são *mais* possibilidades, mas possibilidades *melhores*. Não é só a quantidade que cresce com o tempo. É a qualidade.

Contudo, mesmo que tenham acesso a jogadas de melhor qualidade, isso não explica por que os melhores jogadores conseguem ver imediatamente as próximas jogadas. A razão é que eles são melhores em reconhecer e reter padrões — o que os cientistas cognitivos denominam *chunks*.

Um *chunk* é um conjunto de informações inter-relacionadas. A letra *b* é um *chunk*, assim como a letra *e*, e a letra *d*. A ordem das letras em palavras ou frases também são *chunks*. A memória média de curto prazo de uma pessoa consegue reter apenas de quatro a seis *chunks*. Quando enxadristas superiores e iniciantes foram apresentados a peças de tabuleiros sem sentido e depois lhes pediram que recriassem as posições das peças de memória, membros dos dois grupos conseguiram recordar a localização de quatro a seis peças. Ao serem apresentados a peças em tabuleiros de xadrez verdadeiros, contudo, os melhores enxadristas conseguiram recordar as posições das peças no tabuleiro, ao passo que os iniciantes permaneceram no nível das quatro a seis peças. Os tabuleiros de verdade continham padrões familiares de peças e, para um grande jogador, cada padrão representava um *chunk*. Para a olhada rápida de um especialista, um tabuleiro com 25 peças poderia ter quatro ou seis *chunks* — e o mestre ou o grão-mestre conhece mais de 50 mil *chunks*, o que quer dizer mais de 50 mil padrões.

Michael Shermer, psicólogo, historiador da ciência e cético profissional (fundador da revista *Skeptic*), denomina esta propriedade da mente humana *"padronicidade"*. Ele a definiu como "a tendência a encontrar padrões de sentido em dados com sentido e sem sentido". Por que precisamos encontrar padrões mesmo quando não existem? "Não podemos evitar",[16] escreveu ele em *The Believing Brain* [O cérebro crente]. "O nosso cérebro evoluiu para ligar pontos do nosso mundo formando padrões de sentido que expliquem por que as coisas acontecem."

Na verdade, podemos tomar decisões ruins porque nossos cérebros nos fornecem informações ruins. Nosso cérebro "quer" ver padrões e, como resultado, pode identificar padrões inexistentes. Em um experimento, por exemplo, pesquisadores observaram que, ao verem linhas que apontavam aleatoriamente numa tela de computador e serem perguntados em que direção, na média, as linhas apontavam, os indivíduos tendiam sempre a ver uma direção mais vertical ou mais horizontal que o real. Os pesquisadores formularam a hipótese de que nosso cérebro "quer" enxergar horizontal ou vertical porque é o que precisamos ver na natureza. O horizonte nos indica aonde vamos; o vertical nos indica que há uma pessoa ereta vindo na nossa direção.

Mesmo que a capacidade de identificar padrões na natureza não seja infalível, ela *é* finamente calibrada, e sem ela não estaríamos aqui. É parte fundamental do nosso pensar por imagens e palavras. Os padrões parecem fazer parte de quem somos.

Pense na razão áurea: pegue uma linha e divida-a em dois segmentos desiguais. Se a razão do comprimento total da linha com relação ao segmento mais longo for igual à razão do comprimento do segmento mais longo com relação ao segmento mais curto, diz-se que ambos os segmentos têm a razão áurea. Arredondado, este número é 1.618 e, há milhares de anos, os matemáticos conjeturaram sobre sua "ubiquidade e apelo",[17] como escreveu o astrofísico Mario Livio em seu livro *Razão áurea*. "Biólogos, artistas, músicos, historiadores, arquitetos, psicólogos" o estudaram, escreveu. "De fato, talvez seja correto dizer que a razão áurea inspirou pensadores de todas as

disciplinas como nenhum outro número na história da matemática."
(Ver imagem 12 do encarte.)

Há mais ou menos uma década, Jason Padgett, que tinha abandonado a faculdade,[18] sobreviveu a um ataque do lado de fora de um bar de karaokê em Tacoma, Washington. Foi golpeado na cabeça logo acima do córtex visual primário e sofreu uma concussão. Um ou dois dias depois, ele começou a enxergar o mundo como uma fórmula matemática. "Vejo fragmentos e traços do teorema pitagórico por toda parte", disse ele. "Toda curva, toda pequena espiral, tudo é parte daquela equação." Ele se viu impelido a desenhar repetidamente o que via, ano após ano. O trabalho artístico resultante eram fractais matematicamente precisos — embora ele não tivesse nenhum treinamento matemático nem talento artístico anterior. Foi como se os fractais estivessem no seu cérebro à espera de serem libertados. (Ver imagem 13 do encarte.)

Talvez estivessem. Em 1983 eu tinha recortado um artigo da *New Scientist* que considerava esta possibilidade.[19] (Acho que o assunto dos padrões já me interessava, embora não o tenha percebido por quase duas décadas.) O artigo se referia à pesquisa de Jack Cowan, um matemático do Instituto de Tecnologia da Universidade da Califórnia, sobre alucinações visuais induzidas por drogas, enxaquecas, luzes piscantes, experiências de quase morte ou qualquer outro catalisador.

Em 1926, o psicólogo alemão Heinrich Klüver observou que as alucinações se encaixavam em uma ou mais de quatro categorias básicas: quadrículas, como tabuleiros de xadrez e triângulos; túneis e funis; espirais; e teias de aranha. (Ver imagem 14 do encarte.) "As pessoas têm informado sobre isto... desde que a história é registrada, e até antes",[20] disse Cowan em entrevista. "Você vê isso em pinturas rupestres e na arte rupestre; todos parecem ver o mesmo tipo de imagens e elas parecem ser muito geométricas."

Cowan formulou a hipótese de que, como as alucinações ocorriam independentemente dos olhos, a fonte das imagens não estava na retina, mas no próprio córtex visual. "O que isso me indica", disse ele, "é que quando você vê padrões geométricos, a arquitetura do seu cérebro deve refletir esses padrões e, portanto, deve ser geométrica".

Cowan e outros pesquisadores continuaram trabalhando nessa ideia nas últimas três décadas, e hoje aceitam, como afirma uma resenha de 2010 na *Frontiers of Psychology*, "a prevalência dos fractais em todos os níveis do sistema nervoso".[21]

Pode-se dizer que todo o universo é fractal. Observe a estrutura em rede nas células neurais no cérebro, a rede que transmite sinais elétricos e químicos. Depois observe a estrutura em grande escala do universo, os grupos e supergrupos de galáxias que formam o que os astrônomos denominam rede cósmica. Entrecerrando os olhos é impossível distingui-las. Talvez não seja surpresa que os cosmologistas do Instituto Johns Hopkins de Ciência e Engenharia Intensiva de Dados tentem compreender a complexidade da evolução da rede cósmica aplicando os princípios do origami.[22]

Ainda assim, me perguntei: existiria um *pensador por padrões* de verdade? O pensamento por padrões merece uma *categoria própria*? Será tão distinto do pensamento verbal e do pensamento visual como estes diferem entre si? Apesar de todas as evidências ao longo dos séculos sobre o pensamento por padrões e apesar de pesquisas recentes sobre o pensamento por padrões, as pessoas não falavam sobre isso. Ou sim?

Numa noite de sábado, fiz um "safári virtual". É como eu chamo quando faço uma pesquisa grande e longa na internet. Posso começar com um objetivo em mente, mas depois simplesmente sigo a trilha na floresta, de um trecho de pesquisa a outro. Naquela ocasião, meu objetivo era encontrar artigos científicos sobre um terceiro tipo de pensamento. Logo de cara, claro, encontrei muitos artigos sobre pensadores por imagens e por palavras. Durante quase uma hora, foi tudo o que achei. Mas então — lá estava ele, num belo preto e branco: "Evidence for Two Types of Visualizers" [Evidências de dois tipos de visualizadores], dizia parte do título do artigo.[23] Não de dois tipos de pensadores, o verbal e o visual, mas de dois tipos de *visualizadores*. Dois tipos de pensamento visual. E quais eram eles? O título de outro artigo da mesma autora trazia a resposta: "Spacial Versus Object Visualizers" [Visualizadores espaciais *vs*. visualizadores de objetos].[24]

Comecei a procurar rapidamente mais artigos desta autora e encontrei uns poucos. Mas quando fui ao índice de citações — a lista de outros artigos que citavam estes artigos —, a trilha se extinguiu. Aquele pequeno conjunto de artigos era *tudo*: um novo ramo de pesquisa estava encontrando evidências empíricas que apoiavam minha intuição.

Esses artigos e eu usávamos termos distintos. O que eu chamava de *pensador por imagens*, os artigos denominavam *visualizador de objetos*, e o que eu chamava de *pensador por padrões*, eles chamavam de *visualizadores espaciais*. Mas estávamos dizendo a mesma coisa: o modo antigo de agrupar os pensadores visuais numa só categoria estava errado.

Esta categorização nunca tinha passado de uma suposição. Ela era sensível à sua maneira, mas não estava baseada em evidências. Era simplista: *pensadores visuais são pessoas cujos pensamentos dependem de imagens*. Bem, eles são assim. Jessy Park e eu vemos o mundo mediante imagens. Daniel Tammet e eu vemos o mundo mediante imagens. Mas certamente não vemos o mundo do mesmo modo.

Telefonei para a autora cujo nome figurava (ao lado de diversos colaboradores) em todos aqueles artigos. Maria Kozhevnikov era professora visitante de radiologia na Faculdade de Medicina de Harvard quando falei com ela. A conversa, pensei, me daria alguns *insights* sobre o pensamento científico por trás da necessidade de uma terceira categoria de pensamento. Não me decepcionei.

Kozhevnikov disse que quando era candidata ao doutorado na Universidade da Califórnia em Santa Barbara, no final dos anos 1990, tinha estudado dados de testes espaciais — testes que pedem para manipular imagens no espaço, mais do que simplesmente olhá-las — quando notou um artefato estranho.[25] Os indivíduos que se identificavam como pensadores principalmente verbais e aqueles que se identificavam principalmente como pensadores visuais pontuavam, na média, praticamente a mesma coisa nos testes espaciais. Aquilo era estranho. Era de se esperar que quem pensa por imagens fosse melhor na manipulação de imagens do que quem não pensa deste modo.

Ela foi um pouco mais fundo nos dados. Observou que enquanto a média nos testes espaciais do grupo dos pensadores visuais era semelhante à média do grupo de pensadores por palavras, a pontuação *individual* dos pensadores visuais divergia segundo dois extremos. Alguns pontuavam muito bem. Outros, muito mal. Eram todos pensadores visuais, mas alguns conseguiam manipular facilmente os objetos no espaço, e outros, não.

"Era claramente uma distribuição bimodal", disse ela. "*Claramente.* Nos dados estatísticos era óbvio que havia dois tipos de pessoas que se declaram altamente visuais. Um grupo tinha grande percepção espacial, o outro, muito pouca. E tive a ideia: talvez os dois grupos sejam simplesmente diferentes."

Então, usando técnicas de neuroimagem, pesquisadores tinham começado a estabelecer a existência de dois caminhos visuais no cérebro. Um é o caminho dorsal (ou superior), que processa informações sobre a aparência visual dos objetos, como cor e detalhes. O outro é o caminho ventral (ou inferior), que processa informações sobre como os objetos se relacionam espacialmente. Esta visão da divisão de trabalho no cérebro logo se converteu em ortodoxia. Em 2004, por exemplo, pesquisadores do centro de neuroimagem[26] da Université de Caen e da Université René Descartes, na França, compilaram os resultados de diversos estudos PET feitos em seus laboratórios e viram que a maior ativação no caminho dorsal parecia corresponder à visualização de objetos, e a maior ativação no caminho ventral parecia corresponder à visualização espacial.

Obviamente, as pessoas usam os dois caminhos, e dependem mais de um ou do outro segundo a tarefa. O desafio de Kozhevnikov era determinar se algumas pessoas usam mais um caminho que o outro de modo consistente, independentemente da tarefa. Umas seriam pensadoras dorsais — imagens —, e outras, ventrais, — espaciais? À medida que eu considerava esta possibilidade e quanto mais Kozhevnikov pensava a respeito, mais ela fazia sentido. "Intuitivamente, isto seria de esperar", disse ela, "porque a arte visual difere tanto da ciência" — duas vocações que dependem do pensamento visual.

Kozhevnikov contou-me que seu artigo original que apresentava a hipótese[27] havia sido rejeitado por oito ou nove periódicos pedagógicos. Os editores diziam que talvez os pensadores visuais com baixa pontuação nos testes espaciais não tivessem avaliado adequadamente as próprias aptidões, talvez tivessem aptidões que não reconheciam, ou talvez ela não estivesse levando em conta diferenças de gênero etc. Então, ela enviou o artigo a publicações de psicologia, que foi aceito.

Em 2005 ela publicou um artigo com dados comportamentais em que defendeu a existência de dois tipos de pensadores visuais — objetal e espacial.[28] Ela e seus colaboradores desenvolveram um SRQ (questionário de autorrelato)[29] para distinguir os dois tipos de pensadores. Contudo ela sabia que os psicólogos não ficariam satisfeitos apenas com estudos comportamentais ou com autorrelatos. Eles exigiriam evidências por meio de neuroimagens — e, em 2008, ela e sua equipe produziram um estudo de RMNf mostrando que os visualizadores espaciais e objetais de fato empregavam os caminhos dorsal e ventral em proporções distintas.[30]

Agora, o trabalho de Kozhevnikov[31] é amplamente aceito em seu campo;[32] ela recebe "toneladas" de convites para palestras sobre o tema, e os testes projetados por ela e seus colaboradores ao longo dos anos são muito usados nos Estados Unidos, especialmente em seleção de pessoal e avaliações.

Perguntei-lhe se poderia fazer um teste, para compreender melhor meu próprio pensamento e o pensamento em geral, e ela, generosamente, consentiu.

O primeiro teste se chamava QVVI: Quociente de Vividez da Visualização de Imagens. Como o nome sugere, ele pretende identificar até que ponto o indivíduo vê imagens em termos puramente visuais (em oposição ao espacial). Ele é dividido em quatro partes, e para cada uma eu tinha de imaginar uma figura diferente. Uma parte me fazia imaginar um parente ou um amigo, outra, um sol nascente, a terceira, uma loja que eu frequentasse, e a quarta, uma cena campestre que envolvesse árvores, uma montanha e um lago. Cada parte consistia em quatro aspectos da imagem ("Aparece um arco-íris", por exemplo, ou "A cor e a forma das árvores") que eu devia imaginar e avaliar numa escala de 1 a 5 — de "Não há imagem" (você apenas 'sabe' que está pensando num objeto) a "Perfeitamente claro e vívido como na visão normal".

Suponho que não foi surpresa que eu tenha avaliado em 5 quase todas as minhas imagens mentais. Quando li "Aparece um arco-íris", imediatamente imaginei um arco-íris que tinha visto num hotel de Chicago alguns anos antes; eu tinha saído do hotel para apreciá-lo melhor. Quando li "A fachada de uma loja que você frequenta", vi o mercado King Scoopers; eu o vi de frente, vi quando entrava nele e vi exatamente onde ficavam as cestinhas de compras.

Só não dei 5 a três das quatro imagens envolvendo amigos. Uma me instruía a ver o "contorno *exato* do rosto, cabeça, ombros e corpo" (grifo meu) e, puxa, eu os vi. E os vi porque me pediram detalhes específicos. Dei 5 à imagem. Mas nas três imagens seguintes o teste pedia para ver aspectos mais gerais — um deles era "As diferentes cores de *algumas* roupas familiares" (grifo meu) —, e aí tive problemas. Dei nota 2 às imagens que vi naquelas três questões — "Vago e tênue".

Entretanto, ao somar os 13 cincos e os 3 dois, meu QVVI foi de 71, num total de 80. Kozhevnikov escreveu que este total era "MUITO alto, no nível dos artistas visuais", cuja média era 70,19.

Depois, fiz o teste de resolução de grão. "Grão é densidade", explicaram os instrutores, "definida aproximadamente como: 'número de pontos' por área (ou volume)." Por exemplo, pode-se falar na granulosidade das bolinhas da framboesa ou das pintas da onça. A framboesa tem mais calombos que as pintas por unidade de área da onça. Pense na sua pele arrepiada e depois pense numa colher cheia de grãos de café. Qual tem o maior grau de granulosidade? Se tiver respondido que a pele arrepiada tem mais granulosidade que os grãos de café, maiores e soltos, acertou. E o queijo cottage e o algodão-doce? Se pensar nos aglomerados no queijo cottage e nos grãos de açúcar do algodão-doce, saberá que o último é mais granulado.

O segredo é *ver*. O questionário sobre grãos, como o QVVI, é um teste de visualização objetal, e não espacial. Então, para mim foi moleza. Se você me perguntar qual dos dois é mais granulado, os briquetes numa pilha de carvão ou os buracos numa cesta de basquete, eu *vejo* o carvão atravessando o buraco da cesta de basquete. Se me perguntar qual dos dois é mais granulado, uma raquete de tênis ou um cacho de uvas, vejo que não dá para fazer uma uva de tamanho médio passar pelas cordas da raquete de tênis sem esmigalhá-la.

O teste consistia em vinte pares como estes, e acertei 17 num total de 20 — embora tenha anotado uma reclamação sobre uma resposta "incorreta". Pavimento ou esponja? A resposta chave era pavimento. Eu disse esponja, mas porque não sabia a que tipo de material de pavimento o questionário se referia! Diga-me o que quer dizer com pavimento e eu lhe direi se é mais granulado que uma esponja. Asfalto ou concreto? Quando se aplica o asfalto pode-se ver o material — a base composta de partículas de várias substâncias. Elas podem ser bastante grandes, maiores que os furos na esponja. Mesmo no concreto a mistura aparece na superfície quando fica gasta. Pode apostar que, dias depois de fazer o teste, fui observar o pavimento. Olhei todo tipo de pavimentos. Três passos diante do meu prédio? É de concreto queimado — do tipo em que as partículas finas flutuam na superfície. Está bem, naquele caso a resposta do gabarito estava correta; o concreto queimado é mais granuloso que a esponja. Mas e no estacionamento? Eu tinha razão. Parada no sinal vermelho na Prospect Avenue, abri a porta do carro e olhei para baixo. Sabe de uma coisa? Vou aumentar minha pontuação para 18.

Onde errei? Na pele de galinha e na casca de abacate. Já vi muitos frangos crus em processadoras. O problema é que não cozinho, então não tenho muita experiência no manejo de abacates. E as fatias de abacate que como na salada do restaurante estão, claro, descascadas. Para ter certeza de que entendi mal a comparação, fui ao supermercado e olhei um frango cru e um abacate. Certamente a pele do frango é mais granulosa, o oposto do que eu tinha respondido.

Com isso, restam a espuma de barbear e o açúcar. Bem, há décadas eu não usava espuma de barbear, então não sabia a resposta. Achei que era a espuma, errado. (Novamente, só para ter certeza, comprei três tipos de espuma de barbear e fiz um experimento comparativo na cozinha. Não sei o que a funcionária do caixa pensou.)

Ainda assim, minha pontuação de 17 era "MUITO alta", disse Kozhevnikov. Entre os artistas visuais, a média é 11,75. Entre cientistas e arquitetos, acrescentou, a média é menor do que 9.

Bem, aquilo me pareceu muito interessante. Duas vezes pontuei no mesmo nível dos artistas visuais, e não no dos cientistas. Mas eu sou uma cientista. Contudo, tratava-se de testes de imagens objetais, e objetos — figuras — são minha primeira natureza. O que mostraria o teste das relações espaciais?

No primeiro teste que fiz, cada pergunta começava com uma série de ilustrações de uma folha de papel sendo dobrada. Digamos que a primeira ilustração fosse de um pedaço de papel quadrado, a seguinte, a folha de papel sendo dobrada pela metade de cima para baixo, a terceira, com a metade da folha sendo novamente dobrada ao meio, da esquerda para a direita. A ilustração final trazia um lápis fazendo um furo na metade da metade da folha. O desafio era imaginar a folha sendo aberta de volta ao tamanho natural e comparar a folha desdobrada na mente com as cinco ilustrações da página. Que ilustração de uma folha de papel com um furo ou furos era igual à que eu via mentalmente?

Desta vez pontuei abaixo da média — quatro num total de dez. Outra vez, porém, a pontuação se assemelhava à dos artistas visuais e era o oposto à de cientistas e arquitetos.

Depois, fiz o teste espacial. Ele trazia uma série de blocos tipo Lego em diversas formações tridimensionais com ângulos retos. Costumo me sair bem em testes de projetar blocos; acertei tudo recentemente ao participar de um estudo da Universidade de Utah. *Acertei tudo*. E na hora prevista. Mas naquele teste eu podia tocar e manipular os objetos. O desafio no teste de Kozhevnikov era girar *mentalmente* cada objeto e depois "ver" qual das cinco ilustrações que o acompanhavam lhe correspondia. Não consegui nem *fazer* o teste. Minha memória de curto prazo é quase inexistente, então, quando comecei a girar o objeto no espaço mental, esqueci sua forma original. (Ver imagem 15 do encarte.)

Já pensei muito sobre o teste de relações espaciais, escrevi a Kozhevnikov. *Saio-me bem em certos tipos de testes visuais-espaciais*. Expliquei que conseguia girar um objeto bidimensional — um desenho plano — mentalmente. Se você me mostrar o contorno do Texas de cabeça para baixo e me perguntar o que é, eu não hesito: "É o Texas." Mas no meu trabalho não preciso girar objetos. *Quando visualizo uma grande instalação de manejo de gado mentalmente, digitei no e-mail, os olhos de minha mente dão a volta nela toda.*

Kozhevnikov considerou a resposta, enviou outro teste e me pediu para fazê-lo. Era outro teste de percepção espacial, mas desta vez sem precisar girar objetos mentalmente. Em vez disso, eu tinha de mudar a perspectiva com relação a uma paisagem.

O teste utilizava o mesmo desenho várias vezes. Mostrava uma variedade de objetos posicionados de forma aleatória, como se vistos de cima — uma flor, uma casa, um sinal de pare etc. Eu tinha de (por exemplo) imaginar-me parada na flor, de frente para a casa, apontando para o sinal de trânsito — e depois desenhar o ângulo para onde apontava meu dedo num gráfico circular, colocando-me no centro. (Ver imagem 16 do encarte.) Sei que sou boa em discernir ângulos. Posso olhar uma rampa num estábulo e dizer: "Este é um ângulo de 20 graus", e estarei certa. Mas este teste exigia que me imaginasse pairando sobre a cena e vendo os ângulos da perspectiva de uma pessoa lá embaixo. Devo dizer que não é a mesma coisa estar no chão e olhar com os dois olhos. Ao menos consegui completar o teste. Não que isso importasse: tirei zero.

Os resultados não faziam nenhum sentido para mim. Quando aprendi a desenhar projetos, há muitos e muitos anos, dei a volta por toda a fábrica de carnes Swift para comparar cada linha da planta original do arquiteto com sua estrutura real correspondente. Por exemplo, um grande círculo na planta era a torre de água, e um pequeno quadrado era uma coluna de concreto que sustentava o telhado. Este exercício me ensinou a relacionar as linhas abstratas da planta às estruturas reais. Quando faço um trabalho de remodelamento e preciso descobrir como encaixar novos equipamentos num lugar existente onde algumas partes precisam ser demolidas, passo quinze ou vinte minutos apenas olhando o lugar, até sentir que fiz o download completo dos detalhes visuais na memória. Quando testo um equipamento mentalmente, me movo em torno da imagem. Voo por cima dele, atravesso-o e circulo em volta dele. Vejo todo o complexo do ponto de vista de um helicóptero e também do ponto de vista de um animal que caminha no solo.

Quando presto consultoria ou desenho um projeto inédito, perscruto a memória em busca de imagens similares. Para demonstrar como este processo funciona, pedi a Richard, meu colaborador neste livro, que sugerisse algo para eu desenhar mentalmente. Ele disse "uma cerca".

"Cerca?", respondi. "Que tipo de cerca? Para quê? Uma cerca de gado? Uma cerca ao longo de uma estrada? Uma cerca de uma casa? Cercas de arame farpado? De estacas? De tábuas de madeira? De ferro forjado? De postes para currais? Com laterais sólidas como numa instalação para gado?" Todas surgiam como imagens na minha mente. "Não existe *uma cerca*."

Não preciso dizer que Richard não é autista.

Ele tentou de novo. Disse que tinha visto na televisão o projeto de uma ponte entre Hong Kong e a China. Em Hong Kong os carros trafegam do lado esquerdo da rua (porque é uma ex-colônia inglesa) e no resto da China os carros trafegam pelo lado direito. Como eu desenharia esta ponte?

"Vejo pistas que se cruzam", disse eu. "Vejo as pistas do autorama do meu irmãozinho. Vejo uma cesta de palha pendurada com um vaso de flores dentro. Agora vejo rampas na autoestrada — especificamente rampas. Vejo estradas. Está bem", disse, pronta para dar a resposta, "teria de ter uma passagem por baixo, outra por cima, e as estradas se entrecruzam e mudam de lado".

Richard me disse para procurar no Google *ponte inversora*. A imagem que vi na tela do computador era a que tinha visto mentalmente. (Ver imagem 17 do encarte.)

Às vezes, quando dou consultorias, os executivos das empresas me levam a uma sala de reunião e mostram as especificações do projeto; sento-me ali e passo o "filme" mentalmente. Vejo exatamente como o projeto será feito e digo algo como: "Não vai funcionar. Vai fazer muita tração nas correntes e arrancá-las do teto."

Usei esta técnica em alguns exercícios de um artigo de Kozhevnikov e seus colaboradores. O tema do artigo era como distintos tipos de mentes lidavam com problemas da física. Um exercício (ver ilustração a seguir) pede para imaginar um disco de hóquei avançando em linha reta até ser direcionado por uma tacada para o ângulo direito. Para onde irá o disco? A resposta, que vi de imediato, era uma linha reta que partia do ângulo da tacada. Vi porque conseguia passar o filme.

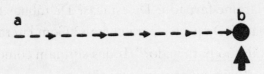

Um disco de hóquei avança em linha reta de A a B. Ao chegar, recebe uma forte tacada na direção da seta maior. Qual dos caminhos abaixo o disco seguirá? © *David Hestenes*

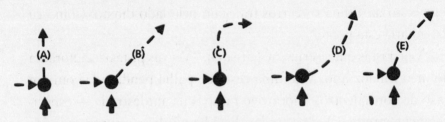

A resposta é (B) — uma linha reta que faz ângulo com a tacada. © *David Hestenes*

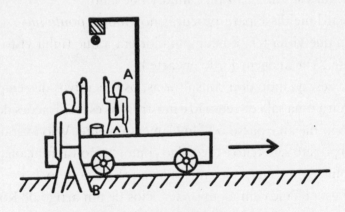

© *Maria Kozhevnikov*

O mesmo ocorre com o outro problema (ver ilustração anterior): há uma bola no alto de um poste num carrinho que vai em linha reta numa estrada. Se a bola cair do alto do poste no chão do carrinho, qual será sua trajetória da perspectiva de quem viaja no carrinho junto com a bola? Vai parecer que a bola se move de cima para baixo. Qual será a trajetória da perspectiva de quem observa o carrinho da lateral da estrada? Parecerá que a bola se move para a frente enquanto viaja junto com o carrinho. Como sei disso? Porque passei o filme mentalmente.

Quando imagino a bola caindo do poste no chão do carrinho e me imagino viajando nele junto com a bola, vejo imediatamente um lápis caindo do painel de um carro em movimento — e ele cai em linha reta. Então me vi de pé no carrinho vendo a bola cair em linha reta no chão do carrinho.

Escrevi para Kozhevnikov e confessei que estava confusa com o resultado do teste espacial. *Quando fotografo do solo*, disse-lhe, *posso determinar o melhor lugar para ficar parada num telhado para obter a melhor foto*. Já fiz isso com equipes profissionais de televisão e cinema. "Querem a melhor foto do gado?", eu perguntava. "Subam no canto daquele telhado e fiquem de frente para o curral de engorda." Como é possível que eu não seja uma pensadora espacial?

Kozhevnikov respondeu que, ao imaginar a cena no telhado, eu não estou manipulando um objeto no espaço. Estou manipulando a *mim mesma* no espaço. Estou visualizando um objeto de uma nova perspectiva, mas continuo visualizando um *objeto*. Continuo *pensando por imagens*. Quando faço uma planta, remodelo uma fábrica ou desenho um projeto, meu pensamento começa com a imagem de um objeto. Até meu cinema mental começa com uma imagem fixa.

Por isso tive essa pontuação nos testes. Nos testes de visualização de objetos, eu tinha pontuado tão alto quanto artistas visuais, e até mais. Nos testes de visualização espacial pontuei pouco — tanto quanto artistas visuais, e ainda menos. Sou uma pensadora visual, e nos dois conjuntos de testes meus pontos foram notavelmente semelhantes aos dos artistas visuais. Mas como explicar o fato de que sou cientista e que, onde pontuei alto, os cientistas pontuam baixo, e vice-versa?

Richard também fez os testes. Ele pontuou bem nos testes espaciais — a dobradura de papel, a rotação mental, o fique parado na flor e olhe a casa e aponte para o sinal de trânsito. Mas o teste de grão foi problemático; ele não conseguiu nem onze num total de vinte. Não estava mal, mas não na categoria de extrair imagens de dois objetos e compará-las, como eu faço. Como ele é escritor, ele se identifica como pensador por palavras. Os testes visuais demonstraram que ele possui capacidades visuais superiores, similares às de um cientista. Então, não é de espantar que, embora não seja um cientista, tenha se especializado em *escrever* sobre *ciência*.

A correlação entre como os testes preveem como ele pensaria e como ele realmente pensou era simples, direta e clara. Contudo os mesmos testes indicaram que eu era o tipo de pensadora que estava certa de não ser. Por quê?

A resposta era o autismo. Encontrei um exercício em um artigo de Kozhevnikov contendo duas pinturas abstratas. A primeira consistia em grandes manchas respingadas de cores; a impressão geral do quadro era dinâmica. A segunda trazia vários tipos de formas geométricas; a impressão era estática. Ao olhar a pintura dinâmica com os respingos, vi de imediato um caça-bombardeiro que tinha visto num livro que estava lendo. Ao olhar a pintura estática, imediatamente vi a cesta de costura da minha mãe.

"Que tipo de sentimentos isto desperta em você?", perguntou-me Richard quando discutimos aquelas pinturas.

"Sentimentos?"

"Que tipo de resposta emocional você experimenta ao ver a cesta de costura da sua mãe?"

"Nenhuma", respondi. "Vejo a cesta de costura da minha mãe ao olhar aquela pintura porque ela me parece igual à cesta da minha mãe. Vejo também uma salada que comi na semana passada no restaurante onde gosto de almoçar às vezes. Eles põem cereais nas saladas em vez de *croutons*. Gosto daquela pintura, nela vejo mentalmente a cesta de costura da minha mãe e vejo outra pintura, com cereais na salada."

Porém eu entendia o que Richard queria dizer. Outra pessoa poderia ter uma ligação emocional com a cesta de costura da mãe, objeto da infância pleno de recordações carinhosas. Na verdade, a pesquisa de Kozhevnikov mostrou que, ao descrever as duas pinturas, os artistas empregavam termos *emocionais* — *choque, rompimento, tensão extrema*.

Entendi que vejo como uma artista, mas não *sinto* como uma artista.

Em vez disso, minhas emoções funcionam como as de um cientista. Quando cientistas descrevem as pinturas, usam palavras *não emocionais* — *quadrados, manchas, cristais, pontas afiadas* e *cartela de cores*. Não quero dizer que cientistas e engenheiros não sintam emoções; tenho certeza de que a maioria dos cientistas e engenheiros teriam algum tipo de sentimento pelas cestas de costura das suas mães. Mas neste estudo eles não viam as cestas de costura das mães nem qualquer outro objeto. Viam formas geométricas. Viam o que estava *literalmente* ali, e o que havia ali não era o tipo de imagem que desperta respostas emocionais. Por outro lado, os artistas viam o que estava *figurativamente* ali, e o que estava ali figurativamente era, de fato, o tipo de imagem que provocava alguma resposta emocional. Eu também vi o que estava ali figurativamente — só que as imagens *não* provocaram em mim uma resposta emocional.

Como Michelle Dawson, que descrevera os traços autistas não como positivos ou negativos, mas como precisos, não atribuo uma resposta emocional a objetos concretos. Por isso sou capaz de manejá-los com objetividade — literalmente como *objetos*, e apenas isso. Não consigo manipulá-los no espaço. Não consigo submetê-los ao raciocínio espacial. Mas decerto consigo desenhar um brete que funcione.

Por isso eu nunca cometeria certos erros de projeto, embora isso aconteça com alguns engenheiros ao usarem o pensamento visual espacial, mas eu uso o pensamento visual objetal, então sou capaz de *ver* uma catástrofe antes que ela ocorra. Os airbags nos carros mataram muitas crianças porque os engenheiros seguiram cegamente uma especificação falha — a de que, num acidente, a bolsa deve proteger um homem adulto sem cinto de segurança. Se eu tivesse assistido aos vídeos dos testes de colisão teria visto facilmente que os bebês não sobreviveriam ao impacto do airbag. Durante a catástrofe japonesa do tsunami de 2011, a central nuclear de Fukushima derreteu porque a onda que passou por cima do paredão de proteção inundou não só o gerador principal mas também os de emergência. E onde estavam os de emergência? No subsolo — o subsolo de uma usina nuclear localizada junto ao mar. À medida que lia descrições do acidente, eu *via* os geradores de emergência desaparecendo sob a água. (Isto é parte do que faço como consultora: vejo os acidentes antes que ocorram.)

Então, no final os resultados dos meus testes eram compatíveis. A correlação entre como eles prediziam o que eu iria pensar e como eu realmente penso era simples, direta e clara — sempre que eu fatorasse o autismo na equação: alta visualização objetal mais autismo é igual a mente científica, pelo menos no meu caso.

Agora que estava convencida de que a hipótese dos três tipos de mente fazia sentido, eu tinha de perguntar: isso pode ajudar o cérebro autista?

8 Das margens ao centro

LEMBRA DO JACK? O garoto que depois de três aulas esquiava melhor do que eu conseguiria fazer depois de três anos, porque eu tinha o cerebelo 20% menor que o normal? Mas sabe o que eu *conseguia* fazer? Desenhar, projetar.

Às vezes, enquanto Jack praticava esqui com desenvoltura, eu ficava no alto da pista e me punha a trabalhar — o meu tipo de trabalho. Restaurei a plataforma do teleférico, instalei tábuas de pinho e as envernizei; acrescentei uma borda branca; fiz uma linda placa com o escudo da minha escola. Peguei uma cabana feia de compensado e, porque sou quem eu sou, transformei-a em algo gracioso — graça que, também por ser quem sou, nos meus movimentos físicos eu nunca poderia imitar.

Essa experiência foi uma primeira lição de como aplicar meus pontos fortes. Naquela época eu não me via como uma pensadora visual, claro. Mas sabia que desenhar era algo que podia fazer e o que fazia melhor. Então, era o que fazia. Usei o que a natureza me deu e explorei ao máximo.

A relação entre *nature* e *nurture* (natureza e criação dos pais, ou ambiente) tem recebido muita atenção na imprensa popular. A regra das 10 mil horas, em particular, parece ter alimentado a imaginação do público. Malcolm Gladwell, colunista da *New Yorker*, não criou a regra, mas popularizou-a em seu best-seller *Fora de* série — *Outliers*.[1] Na verdade, o princípio vem de um estudo de 1993,[2] embora em parte seus autores a tenham denominado a regra dos dez anos. Independentemente do nome, basicamente a regra diz que, para ser especialista em qualquer campo, é preciso trabalhar por pelo menos x tempo.

Não entendo o motivo da celeuma. Afinal, tem a velha piada, "Como se chega ao Carnegie Hall?" "Praticando, praticando e praticando", e não, "Nasça com talento e não faça nada". Mas acho que um número grande e redondo dá vida à equação e faz uma fórmula para o sucesso parecer científica de um jeito que só praticar não faria. De qualquer modo, esta interpretação da regra me parece razoável. Talento mais 10 mil horas de trabalho é igual a sucesso? Talento mais dez anos de trabalho é igual a sucesso? Claro!

Mas muitas vezes não é assim que a regra é interpretada. Consideremos um artigo sobre a regra das 10 mil horas na revista *Fortune*.[3] Foi publicado em 2006, mas ainda é muito divulgado na internet. O artigo começa com o exemplo de Warren Buffett, um dos homens mais ricos do mundo. "Como Buffett contou à *Fortune* há pouco tempo, 'desde que nasceu ele estava ligado na alocação de capital'... Bem, pessoal, não é tão simples assim. Em primeiro lugar, ninguém tem um dom natural para certo tipo de trabalho, porque não há dons naturais direcionados. (Sinto muito, Warren.)"

Talvez o problema aqui fosse a palavra *direcionados*. Será que Warren Buffett tinha nascido para ser *especificamente* um CEO? Teria nascido para dirigir um conglomerado colossal como o Berkshire Hathaway em vez de, digamos, trabalhar com compra e venda diária de ativos financeiros? Não. Mas ele nasceu com um cérebro para os negócios — um cérebro que se presta a cálculos e riscos, a identificar oportunidades e todas as demais competências necessárias para se tornar o principal investidor de sua geração? Eu diria que sim.

Certamente Buffett se dedicou às suas 10 mil horas ou dez anos de trabalho. Comprou suas primeiras ações aos 11 anos, montou um negócio bem-sucedido de máquinas de fliperama com um amigo aos 15 anos e, antes de terminar o ensino médio, já era rico o suficiente para comprar uma fazenda.

Mas esta não é a trajetória da carreira de alguém interessado em negócios que quer se dedicar por 10 mil horas. É a trajetória de alguém que vive para fazer negócios. Pode-se dizer que é o caminho de alguém que nasceu para fazer negócios. Pode-se até dizer que é o caminho de alguém ligado nos negócios desde que nasceu.

Ao colocar ênfase na prática, prática e mais prática *em detrimento* do talento natural, a interpretação da regra das 10 mil horas pela *Fortune* presta um tremendo desserviço aos naturalmente dotados.

Mas espere. A coisa ainda piora. Algumas interpretações da regra das 10 mil horas deixam o talento completamente fora da equação.

Segue-se uma descrição da regra das 10 mil horas num site chamado Squidoo (comunidade mundial que, como a Wikipedia, permite que os usuários criem verbetes curtos sobre assuntos populares): "Se quiser tornar-se um especialista na sua área — seja ela arte, esporte ou negócios —, você pode. Ao contrário da crença popular, nem sempre o gênio nato fará de você um sucesso; são as horas dedicadas ao assunto, o que significa que QUALQUER UM pode conseguir."

Bem, não é assim. Nem *todo mundo* consegue. Vamos ao exemplo de Bill Gates em Gladwell. No final dos anos 1960, quando Gates ainda estava no ensino médio, tinha acesso a um terminal de Teletype, e seu professor de matemática o dispensava das aulas para que ele escrevesse códigos. Os códigos se tornaram uma espécie de obsessão para Gates e, 10 mil horas depois... bem, você conhece a história.

Permita-me contar o outro lado da história. No final dos anos 1960, quando estudava no Franklin Pierce College, eu tinha acesso ao mesmo terminal que Gates — *exatamente* o mesmo terminal de Teletype. O sistema de computadores da faculdade estava conectado ao computador central da Universidade de New Hampshire. Eu tinha todo o acesso que quisesse, as possibilidades que quisesse, e tudo de graça. Você pode apostar que eu queria passar todo o tempo possível naquele computador. Amo essas coisas; adoro ver novas tecnologias em funcionamento. O computador chamava-se Rax, e quando eu o ligava saía uma mensagem impressa em papel: *Rax diz olá. Por favor, cadastre-se*. Eu me cadastrava, ansiosa.

Era só. Eu conseguia fazer aquilo — mas era tudo.

Eu era nula. Meu cérebro simplesmente não funciona para escrever códigos. Então, é uma loucura dizer que se eu passasse 10 mil horas falando com Rax eu seria uma programadora de computação de sucesso, porque *qualquer um* pode ser um programador bem-sucedido.

Eu diria:

Talento + 10 mil horas de trabalho = sucesso

Ou, dizendo de outro modo:

Natureza + criação = sucesso

O Squidoo diz:

10 mil horas de trabalho = sucesso

Ou, dizendo de outro modo:

Criação = sucesso

Dito assim, a interpretação da regra das 10 mil horas parece ridícula. Como na análise do sucesso de Warren Buffett pela *Fortune*, a interpretação do Squidoo é injusta para com os naturalmente dotados. Mas ela também presta um enorme desserviço aos naturalmente *não dotados*. Ela alça as expectativas a um nível irreal.

Nem todo o trabalho árduo do mundo supera um déficit cerebral (como um cerebelo 20% menor do que o normal).

Neuroanatomia não é destino. Tampouco a genética. Elas não definem quem você será. Mas definem o que você poderia ser. Definem quem você pode ser. Então, o que pretendo fazer aqui é concentrar-me em como o cérebro autista pode construir áreas de força real — como podemos realmente mudar o cérebro para ajudá-lo no que pode fazer de melhor.

A ideia da plasticidade do cérebro — de que nosso cérebro pode criar novas conexões ao longo de toda a vida, não só na infância — ainda é muito nova e, como muitas ideias novas sobre o cérebro, devemos seu conhecimento às neuroimagens. Até o final dos anos 1990, os cientistas tendiam a pensar que ao longo do tempo o cérebro permanecia basicamente o mesmo e que até se deteriorava. Uma descoberta particularmente convincente que ajudou a mudar esta visão foi um estudo de 2000 com taxistas londrinos.[4] Para obter uma licença, um taxista em Londres precisa adquirir o que se denomina o Conhecimento — a localização de cada beco da cidade e a forma mais rápida de chegar lá. Especificamente, ele precisa memorizar os nomes e a localização das 25 mil ruas que irradiam do centro de Londres, tarefa que uma pessoa comum leva de dois a quatro anos para aprender. O candidato a taxista precisa demonstrar esse conhecimento numa série de testes feitos ao longo de vários meses. Os testes consistem em entrevistas individuais com fiscais que indicam um ponto de partida e um ponto de chegada; o trabalho do candidato é descrever a viagem, ponto por ponto.

Um estudo de Eleanor Maguire, neurocientista britânica, analisou ressonâncias magnéticas funcionais dos hipocampos de 16 taxistas londrinos. Acredita-se que o hipocampo abrigue três tipos de células que nos ajudam a navegar: células de lugar, que reconhecem pontos de referência; células de direção, que dizem para que lado estamos olhando; e células de grade, que dizem onde estamos com relação a onde estávamos antes. Maguire descobriu que o hipocampo dos taxistas que tinham adquirido o Conhecimento era maior do que o dos indivíduos do grupo de controle. E mais, quanto mais tempo o taxista tinha de profissão, maior o hipocampo.

O que ocorre quando o taxista deixa o trabalho? Num estudo complementar, Maguire descobriu que o hipocampo voltava ao tamanho natural.

"O cérebro comporta-se como um músculo", disse Maguire. "Use regiões do cérebro e elas crescem."

Contudo, se você não usar uma região do cérebro, ela não necessariamente se atrofia. Os neurocientistas ficaram intrigados com um caso na Índia: um homem quase cego de nascença teve a visão recuperada. SK (como era conhecido) tinha afaquia congênita, condição em que o globo ocular se desenvolve sem o cristalino. Ele tinha uma visão 6/275 — isto é, conseguia ver a seis metros o que pessoas com visão normal viam a 275 metros. Para SK, o mundo era uma paisagem sombria. Quando tinha 29 anos, um médico lhe deu um par de óculos. Sua acuidade visual melhorou para 6/36, mas os médicos não sabiam se ele chegaria a definir o que via. Por exemplo, ele via manchas de preto e branco, mas se elas não se movessem, ele não percebia que eram as manchas de uma vaca. Inicialmente, sua percepção visual era rudimentar. Ele reconhecia alguns objetos bidimensionais e nada mais.

Por um tempo, a qualidade da sua visão permaneceu nesse ponto. A ausência de progresso não surpreendia, ao menos segundo a teoria neurológica de que o cérebro era uma janela de oportunidades onde a visão se desenvolvia. Perdê-la — o que para ele ocorreu muito cedo na vida — é fechá-la para sempre.

Contudo, uns 18 meses depois de receber os óculos, SK conseguia reconhecer alguns objetos complexos. Distinguia cores e níveis de brilho que antes não percebia. A vaca não precisava mais se mexer para que eu reconhecesse como tal.

Ele podia ver.

O que mudara não fora sua visão, mas o modo como o cérebro processava as imagens. Sua visão continuava sendo 6/36, mas agora ele interpretava as imagens de outro modo. Seu cérebro precisou de tempo para se adaptar.

Por causa de SK, os pesquisadores tiveram de descartar muitas ideias sobre como a visão se desenvolve no cérebro. Agora, tentam ajudar crianças cegas com mais de 8 anos de idade — o limite padrão anterior. Eles terão de ver o que as neuroimagens revelam. Como disse um cientista maravilhado: "As pessoas podem aprender a usar a visão que possuem."

Não só áreas adormecidas do cérebro "adquirem vida" e fazem o que sempre deveriam ter feito, como estas áreas podem adquirir novos propósitos e fazer o que supostamente *não* fariam.

Pesquisadores do Hospital de Olhos e Ouvidos de Massachusetts desenvolveram um método[5] para pesquisar a atividade cerebral de pessoas cegas de nascença. Funciona como um videogame. Os jogadores navegam por um prédio em busca de diamantes. Mas o jogo não usa imagens. Ele usa sons.

Os jogadores imaginam onde estão e onde espreita o perigo ao *ouvir* sobre o ambiente em som 3-D, em vez de olhá-lo. Os passos ecoam. Uma batida indica a localização de uma porta. O som "ping" indica que o jogador esbarrou num móvel. Os diamantes tilintam cada vez mais forte à medida que o jogador se aproxima deles.

A planta do labirinto na verdade corresponde a um prédio de escritórios localizado junto ao laboratório de pesquisa — lugar que os jogadores não visitaram. Porém, quando eles acabam o jogo e entram no prédio, imediatamente sabem como mover-se por lá. Quando um experimento similar foi realizado com crianças cegas e crianças dotadas de visão em Santiago, no Chile (onde a pesquisa começou), os jogadores com visão nem perceberam que supostamente deveriam estar "dentro" dos corredores de um prédio.

Ao longo dos anos, os cientistas têm usado tomografias, RMNf e máquinas de RMN para estudar o córtex visual (que cobre de

30 a 40% da superfície cortical do cérebro) de indivíduos cegos de nascença. Eles descobriram que embora o córtex visual dos cegos nunca tenha recebido estímulos visuais, estava em uso. Ele fora reorientado para realizar tarefas equivalentes às tarefas visuais, como leitura (braille), localização de sons, interpretação de linguagem corporal etc.

Estes resultados condiziam com o que os pesquisadores de Massachusetts encontraram ao observar a atividade cerebral dos jogadores cegos de nascença do videogame. Eles também viram que um indivíduo dotado de visão usava o hipocampo, o centro de memória do cérebro, na hora de tomar decisões estratégicas. Já os cegos usavam o córtex *visual*.

Testemunhei habilidades notáveis no comportamento da minha colega de quarto, que era cega, no ensino médio. Eu a chamava de "mestra da bengala". Ela não queria um cão guia. Queria aprender a se guiar sozinha. E, puxa vida, ela o fazia. Só era preciso guiá-la num novo ambiente uma vez, e logo aprendia o caminho. Do lado de fora do dormitório havia um cruzamento movimentado; ela se movia por ali como qualquer pessoa com visão. Agora vejo retrospectivamente o que ela fazia e ao menos tenho uma pequena ideia de como o fazia. De certo modo realmente *via* o ambiente à sua volta. Talvez não usasse imagens reais, mas seu córtex visual lhe permitia construir um mundo vívido, conhecível e navegável.

Uma mudança em uma parte do cérebro aparentemente pode levar a mudanças em outras partes. Ajudei uma aluna universitária disléxica a superar certos problemas visuais com o uso de óculos de lentes coloridas. Deu certo — sua visão melhorou e ela foi clareando o tom das lentes até não precisar mais delas. Mas a correção da visão ajudou a corrigir outros problemas que aparentemente não tinham relação com isso. A organização da sua escrita melhorou. De repente, passou a se expressar no papel com mais facilidade e clareza.

Não sei como meu próprio cérebro mudou ao longo dos anos, mas sei que, à medida que minha carreira mudava, minhas habilidades também mudavam. Há mais de dez anos não desenho, em parte devido a mudanças na indústria. A máquina de fax foi a ruína dos bons desenhos arquitetônicos. Os clientes me diziam: "Ah, manda por fax", e depois usavam o fax como planta. Perdi a motivação para fazer desenhos caprichados. Porém, ao mesmo tempo, minhas prioridades profissionais estavam mudando. Eu me dedicava muito mais a dar palestras e várias pessoas me disseram que meu jeito de falar estava ficando cada vez mais natural. Aquilo era trabalho pesado. Eu sabia que precisava treinar para ser alguém que não era natural, e o que é treinar uma nova habilidade senão "religar" o cérebro?

A geração de hoje tem sorte num aspecto importante. É a geração do tablet — a geração do *touchscreen* que cria qualquer coisa. Já falei de como esses aparelhos são um aperfeiçoamento dos computadores anteriores porque o teclado fica na tela; os autistas não precisam mover os olhos para ver o que digitam. Mas os tablets trazem outras vantagens para a pessoa autista.

Em primeiro lugar, são legais. Um tablet não é algo que nos rotula como deficientes em relação ao resto do mundo. É uma coisa que as pessoas normais carregam por aí.

Em segundo, são relativamente baratos. São mais baratos até que os tradicionais aparelhos de comunicação pessoal usados nas aulas dos autistas.

E o número de aplicativos parece ilimitado. Em vez de um aparelho com apenas algumas funções, o tablet abre um mundo de oportunidades educativas. Claro que é preciso ter cautela. Vi um aplicativo educativo que era visualmente lindo — ele usava os personagens do dr. Seuss — mas com uma abordagem inconsistente. Quando se tocava na imagem de uma bola, o tablet dizia "bola". Mas, se fosse a de uma bicicleta, ele dizia "brincar" e, se tocasse numa parede, dizia "casa". Estas palavras são abstratas demais. Ele precisava dizer "bicicleta" e "parede". Mas os melhores programas e aplicativos cumprem o que prometem, e podem ser de grande valia para ajudar os não verbais a se comunicarem.

Hoje pode-se obter toda a educação online. Surgiram diversos sites e ferramentas de alta tecnologia que oferecem oportunidades incríveis. Os nomes e objetivos destes sites certamente mudarão ao longo do tempo, mas a seguir apresento alguns dos meus acessórios educativos favoritos, perfeitos para alguns cérebros autistas:

- Vídeos gratuitos. A Khan Academy oferece centenas ou milhares de vídeos educativos e gráficos interativos em dezenas de categorias. Você é um pensador por padrões e quer saber mais sobre programação de computador? Tente a categoria software para animação. É um pensador visual? Navegue nas centenas de vídeos de história da arte que cobrem movimentos históricos, especialidades geográficas, artistas e obras.
- Cursos de um semestre. O Coursera oferece cursos gratuitos de mais de trinta universidades. E eles mudam o tempo todo. Seu filho é fanático por ciência e interessado no universo? Você tem sorte. Um professor da Universidade de Duke dá um curso de Introdução à Astronomia de nove semanas, com três horas de vídeo semanais. Você é um pensador por palavras/fatos que deseja escrever poesia? Aprenda com os mestres em Poesia Americana Moderna e Contemporânea, num curso de dez semanas de um professor da Universidade da Pensilvânia. O Udacity é outro portal para cursos gratuitos, neste caso com ênfase na matemática.
- Dê uma olhada nas próprias universidades.[6] Acabo de escrever *Stanford* e *cursos gratuitos* no meu site de buscas e apareceu uma lista de dezesseis cursos disponíveis, inclusive Criptografia e um Curso Intensivo de Criatividade. Em 2012, Harvard, o MIT e a Universidade da Califórnia em Berkeley criaram uma parceria sem fins lucrativos para cursos gratuitos chamada edX.
- Software para desenhos em 3-D. Os programas são grátis, fáceis de baixar e têm variados graus de complexidade. Meu favorito é o SketchUp.

- Impressoras em 3-D. Os programas são gratuitos, como o SketchUp, e o preço das impressoras está baixando. Sim, elas são caras agora, quando escrevo isso — cerca de 2.500 dólares o modelo mais barato, mas que funciona perfeitamente. Porém, com a velocidade com que a tecnologia muda, provavelmente ele já baixou para 2.400 dólares enquanto escrevo *esta* frase.

Certamente não quero dizer que devemos deixar de lado a necessidade de trabalhar os déficits. Mas, como vimos, o foco nos déficits é tão intenso e automático que as pessoas perdem de vista seus pontos fortes. Ontem conversei com a diretora de uma escola para crianças autistas e ela mencionou que a escola tenta empregar os pontos fortes dos alunos em estágios e oportunidades de emprego na vizinhança. Mas quando lhe perguntei como ela identificava estes pontos fortes, ela imediatamente começou a falar de como eles ajudavam os alunos a superar seus déficits sociais. Se nem mesmo os especialistas conseguem parar de pensar sobre o que *está errado*, em vez de o que *poderia estar melhor*, como se pode esperar que as famílias que lidam com o autismo diariamente pensem de outro modo?

Fico preocupada quando crianças de 10 anos vêm até mim e só querem falar sobre "a minha síndrome de Asperger" ou "o meu autismo". Preferia ouvir sobre "meu projeto de ciências" ou "meu livro de história" ou "o que quero ser quando crescer". Quero conhecer seus interesses, seus pontos fortes, suas esperanças. Quero que elas tenham as mesmas vantagens e oportunidades educacionais e no mercado de trabalho que eu tive.

Encontro nos pais a mesma incapacidade de pensar nos pontos fortes das crianças e digo: "Do que seu filho gosta?", "Em que ele é bom?", e posso ver a perplexidade nos seus rostos. *Gostar? Ser bom em algo? O meu Timmy?*

Nestes casos, sigo uma rotina. Qual é o assunto favorito do seu filho? Ele tem algum passatempo? Há alguma coisa que ela tenha feito — trabalho artístico, artesanato, *qualquer coisa* — que ela possa me mostrar? Às vezes leva um tempo para os pais perceberem que, na verdade, seu filho tem um talento ou um interesse. Um casal me procurou recentemente e estava preocupado porque sabia que o filho não seria capaz de gerir o negócio familiar, uma fazenda. O que seria dele, já que aquele era o único mundo que ele conhecia? Bem, pode ser o único mundo que ele conhece, mas o garoto não era não verbal. Ele era funcional. Então, que parte daquele mundo lhe interessava? Quinze minutos depois, por fim eles disseram que o filho gostava de pescar.

"Então talvez ele possa ser um guia de pesca", respondi.

Eu quase podia ver as lâmpadas se acendendo acima das suas cabeças. Agora os dois tinham como repensar o problema. Em vez de pensar só em acomodar as deficiências do filho, podiam pensar em seus interesses, suas habilidades, seus pontos fortes.

Para mim, o autismo é secundário. Minha primeira identidade é especialista em gado — professora, consultora, cientista. Para manter intacta esta parte da minha identidade, separo regularmente trechos do calendário como "tempo do gado". O mês de junho? É tempo do gado. A primeira parte de janeiro? Tempo do gado. Não me comprometo com palestras nesses períodos. Certamente o autismo é parte do que sou, mas não deixo que ele me defina.

O mesmo ocorre com todos os casos não diagnosticados de síndrome de Asperger no Vale do Silício. Estar no espectro não é o que os define. É o trabalho. (Por isso eu os chamo de "Happy Aspies", os *aspies* felizes.)

Claro, algumas pessoas nunca terão essa oportunidade. Suas dificuldades são graves demais para que consigam viver sem cuidados constantes, mesmo que se esforcem muito.

Mas e os que conseguem? E os que não conseguem, mas podem ter vidas mais produtivas se conseguirmos identificar e cultivar seus pontos fortes? Como usar a plasticidade do cérebro a nosso favor?

Certo, um passo de cada vez. Começar do começo: como identificar os pontos fortes?

Um modo é aplicar o modelo dos três modos de pensamento que discuti antes: visual, por padrões, por palavras/fatos. Penso que este modelo pode ser de grande ajuda para a mudança da educação e das oportunidades de emprego para pessoas com autismo.

Educação

Quando dou palestras no Vale do Silício, vejo muitas pessoas solidamente localizadas no espectro autista e depois viajo pelo país e falo em escolas e vejo muitos garotos semelhantes que nunca terão a oportunidade de trabalhar no Vale do Silício. Por quê? Porque suas escolas tentam tratar estas crianças como se fossem todas iguais.

É um erro colocar crianças do espectro na mesma sala de aula com não autistas e tratá-las todas do mesmo modo. Para crianças do ensino fundamental, estar na mesma sala de aula com colegas normais é bom para a socialização. O professor pode propor tarefas de alto nível em temas em que a criança se sobressai. Mas se a escola tratar todos do mesmo modo, adivinhe: quem não for igual vai ficar isolado. Essa pessoa será discriminada em sala de aula. Quando isso acontece, não demora para que o aluno seja discriminado para sempre — enviado para uma sala de aula à parte e até para uma escola à parte. E de repente o portador da síndrome de Asperger pode parar no mesmo programa das crianças não verbais.

Se você tiver lido algum outro livro meu ou assistiu ao filme da HBO sobre minha vida, saberá a enorme dívida que tenho para com o sr. Carlock, meu professor de ciências no ensino médio. Ele mudou minha vida de várias maneiras ao identificar meus pontos fortes — mecânica e engenharia — e me ajudar a explorá-los. Ele tinha um clube de modelagem de foguetes que eu amava. Ele despertou meu interesse por todo tipo de experimentos eletrônicos.

Contudo, num aspecto crucial, seu pensamento provavelmente me bloqueou.

Quando o sr. Carlock disse que eu não conseguiria aprender álgebra — simplesmente não conseguiria —, ele redobrou os esforços para fazer-me aprendê-la. Não entendeu que meu cérebro não funciona do modo abstrato e simbólico necessário para resolver o *x*. Ele não gostava de desistir de um aluno, e tenho certeza de que pensava que estava me ajudando ao se esforçar tanto comigo na álgebra. Em vez disso, podia ter reconhecido tanto minha limitação nesta área e empregado minhas habilidades em outro campo.

Meu talento para a engenharia devia ter sido a pista. A engenharia não é abstrata, mas concreta. Ela trata de formas. Ângulos. Tem a ver com *geometria*.

Mas não. O currículo padrão do ensino médio diz que álgebra vem antes de geometria, e geometria antes da trigonometria, e trigonometria antes do cálculo, e é assim. Não importa que você não precise saber álgebra para estudar geometria. Como muitos educadores, o sr. Carlock estava preso a um currículo e não se dava conta disso.

Quando comento a respeito em palestras, pergunto se alguém teria uma experiência parecida. Sempre quatro ou cinco mãos se erguem. Se um autista de 14 anos não consegue aprender álgebra porque é abstrata demais, você não diz: "Estude álgebra de qualquer modo." Você tenta conduzi-lo para a geometria! Se outra criança não consegue aprender álgebra, geometria ou qualquer tipo de matemática, você não diz: "Você precisa aprender matemática antes de aprender o resto." Em vez disso, deixe-a à vontade no laboratório! Se uma criança não consegue escrever à mão, deixe-a usar o teclado. Quando uma criança como eu inventa algo parecido com a máquina do abraço, você não diz: "Esta criança deveria ser como os outros alunos" e destrói a máquina; você diz: "Esta criança não é como as outras; isto é um fato." O trabalho do educador — o papel da educação na sociedade — é perguntar: "Bem, como ela *é*?" Em vez de ignorar as deficiências, é preciso se ajustar a elas.

Há pouco tempo ouvi uma mãe se queixar de que, como a filha não suportava o barulho no refeitório, o diretor permitia que ela almoçasse na sala dos professores. A mãe estava chateada porque o diretor tinha segregado a filha. Mas eu disse a ela que aquela era uma solução perfeita para o problema da filha. O diretor fora suficientemente sensível para perceber o que a filha dela podia e não podia suportar e encontrara uma saída criativa para sua deficiência.

Mas para realmente preparar crianças para participar no curso da vida, é preciso fazer mais do que ajustar suas deficiências. É preciso encontrar formas de explorar os pontos fortes delas.

Como fazer isso? Como reconhecer os pontos fortes? Aqui, as três formas de pensamento — por imagens, padrões e palavras/fatos — são úteis.

Recentemente conversei com um pai cujo filho, aluno do ensino fundamental, era excepcional em arte, mas a escola queria desestimulá-lo porque sua extrema dedicação ao desenho "não era normal". *Ele é um pensador por imagens!*, pensei. *Trabalhe nisto.* Não tente transformá-lo no que ele não é ou, pior ainda, no que não pode ser. O que se deve fazer é estimular sua arte — mas ampliar sua abrangência. Se ele desenha figuras de carros de corrida o tempo todo, peça-lhe para desenhar também a pista. Depois, peça-lhe para desenhar as ruas e prédios ao redor da pista. Se ele conseguir fazer isso, sua fraqueza (pensamento obsessivo em um objeto) se transformará em força (um modo de entender a relação entre algo simples como um carro de corrida e o resto da sociedade).

A menos que a criança seja um verdadeiro prodígio, não se pode saber que tipo de pensadora ela é aos 2 anos. Na minha experiência, as evidências de predisposição ao pensamento por imagens, padrões ou palavras/fatos só se apresentam no 2º, 3º ou 4º ano do ensino fundamental.

As crianças que *pensam por imagens* são as que se dedicam a atividades manuais. Gostam de construir com Lego, pintar, cozinhar, marcenaria, costura. Podem não ser boas em álgebra e outras formas de matemática, mas não tem problema. Pode-se trabalhar a matemática nas atividades manuais. Se a criança estiver cozinhando, por exemplo, podem-se usar frações na aula — meia xícara disto, um quarto de xícara daquilo. Podem-se ensinar formas geométricas com o origami. Eu teria aprendido trigonometria construindo modelos de pontes e testando-as pela destruição — experimentando com dimensões de comprimentos diferentes, colocando-as em ângulos distintos e vendo o peso necessário para romper a ponte. (Lembre-se, o concreto é um papel cartão adulto.)

Infelizmente, o sistema educacional atual está deixando as crianças na mão. Está eliminando aos poucos as aulas de artes manuais, como os ateliês — justamente o tipo de aula em que as crianças obsessivas sentem-se à vontade e soltam sua imaginação. Há pouco tempo estive numa fábrica de processamento para assistir a uma demonstração de robôs que fazem algumas tarefas perigosas e difíceis. Perguntei quem programava os robôs, e soube que isto era feito por cinco pessoas na China e na Índia. Perguntei por que não usavam gente dos Estados Unidos. Disseram-me que era porque nosso sistema educacional não produz mentes brilhantes com a combinação ideal de engenharia elétrica e engenharia computacional.

É como se os que pensam por palavras/fatos tenham se apossado do sistema educacional. Sei que a economia pode estar difícil e o dinheiro é sempre curto, mas estamos falando do futuro de uma geração — ou mais.

Assim como quem pensa por imagens, os que *pensam por padrões* tendem a adorar o Lego e outros brinquedos construtivos, mas de outro jeito. Quem pensa por imagens quer criar objetos que se equiparem aos que veem mentalmente, ao passo que quem pensa por padrões pensa em como as partes dos objetos se encaixam.

Eu era péssima para entender os problemas de física por escrito. Não conseguia nem entender como armar os problemas, porque eles exigiam demais da minha memória de trabalho. Contudo, se tivesse de resolver um problema de física hoje, eu saberia o que fazer.

Conseguiria cinco livros escolares, sentaria com um tutor e uma planilha, identificaria cinco exemplos específicos de problemas que usem uma fórmula e exemplos específicos de problemas que usem outra fórmula e no final identificaria os padrões nos problemas.

No entanto um pensador por padrão veria os padrões muito antes. É o que os torna bons em matemática e em música: eles *captam* a forma por trás da função.

Muitos pensadores por padrão, mas não todos, gravitam ao redor da música. Para eles, ler é um desafio, mas estão quilômetros à frente dos colegas de sala em álgebra, geometria e trigonometria. É importante que as escolas os deixem trabalhar em matemática nos seus próprios ritmos. Se estiverem prontos para um texto de matemática dois níveis adiante, devem obtê-lo. Jacob Barnett, na época um pré-adolescente de um subúrbio de Indianápolis, estava tão entediado com as aulas de matemática que começou a odiar a matéria. Por fim, frustrado, sentou-se com um monte de livros e em duas semanas aprendeu sozinho todo o currículo de matemática da escola. Então, foi para a faculdade — aos 12 anos.

Também é importante que as escolas permitam aos gênios matemáticos estudar a matéria do seu jeito. Se conseguem fazê-lo mentalmente, não se deve dizer: "Você precisa demonstrar o que fez." Que o façam mentalmente. (Embora seja preciso assegurar que não colem. Um simples teste na sala de aula vazia, sem aparelhos eletrônicos, responde a questão.)

Sabe-se quem são os que *pensam por palavras/fatos* porque eles o dizem. Recitam todos os diálogos de um filme. Disparam estatísticas infindáveis do beisebol. Lembram facilmente de todas as datas importantes na história da península Ibérica. Suas habilidades matemáticas serão médias, eles não se dedicarão ao Lego e aos blocos de construir nem terão o menor interesse em desenhar. Na verdade, pode nem fazer sentido forçá-los a participar da aula de artes.

Uma maneira de ajudar este tipo de pensador a se envolver com o mundo é estimulá-lo a escrever. Dar-lhe tarefas. Estimulá-lo a postar na internet. (Em minha experiência, quem pensa por palavras/ fatos tende a ter opiniões fortes, então convém monitorar seu uso da internet por questão de segurança — o que é um bom conselho na supervisão de qualquer criança.)

Emprego

Todos os anos, só nos Estados Unidos, cerca de 50 mil pessoas[7] diagnosticadas com TEA completam 18 anos. É um pouco tarde para pensar na idade adulta. Sempre digo aos pais que quando seus filhos com TEA estão com 11 ou 12 anos, eles devem começar a pensar no que os filhos farão quando crescer. Não é preciso tomar uma decisão, mas os pais devem começar a considerar as possibilidades para terem tempo de preparar a criança.

Como disse antes, mas nunca o suficiente: pais e cuidadores precisam colocar as crianças no mundo, porque elas não vão se interessar por coisas com as quais não têm contato. Isto pode parecer óbvio, mas toda hora conheço pessoas com síndrome de Asperger ou autistas de alto funcionamento que terminam o ensino médio e a faculdade sem emprego. Seus pais os deixaram cair numa rotina que nunca varia e não traz experiências novas. Eu só me interessei por gado quando fui à fazenda de minha tia. Uma aula de psicologia experimental[1] no ensino médio com um monte de ilusões óticas fascinantes estimulou meu interesse pela psicologia e pelo comportamento do gado. O mundo está cheio de coisas fascinantes que podem alterar nossa vida, mas as crianças não irão adotá-las se não as conhecerem. (Até os autistas com problemas graves precisam ver o mundo. Ver o capítulo 4 para dicas de dessensibilização.)

Claro, uma criança com TEA não precisa visitar uma tia em outro estado para se inspirar. Também serve estar perto de casa. Não *em* casa, mas perto de casa. É essencial que a criança saia de casa e *se* responsabilize por tarefas que outros querem que sejam feitas — e que devem ser feitas na programação *deles*. Porque é assim que o *trabalho* funciona no mundo real.

Levar o cachorro para passear. Ser voluntário numa instituição de caridade. Limpar calçadas, cortar grama, vender cartões de felicitações. Quando eu tinha 13 anos, minha mãe conseguiu para mim um trabalho de costureira, duas tardes por semana, na casa de uma modista que trabalhava em casa. Eu gostava de me sentir útil. E gostava de ganhar dinheiro. Foi a primeira vez que ganhei dinheiro trabalhando e comprei umas blusas malucas e suéteres de listras. (Infelizmente, mamãe as "perdeu" na lavanderia.) Quando estava no ensino médio, trabalhava na fazenda da minha tia nos verões. Embora eu falasse sem parar de assuntos que deixavam as pessoas entediadas, todos adoravam os arreios para cavalo que eu fazia.

Na verdade, as obsessões podem ser grandes motivadoras. Um pai ou professor criativo pode canalizar as obsessões para habilidades relevantes para uma carreira. Se a criança gosta de trens, leia um livro sobre o assunto e ensine matemática com trens. Meu professor de ciências usou minha obsessão com a máquina do abraço para motivar o estudo científico. Ele me disse que se eu queria provar que a pressão física era relaxante, teria de aprender a ler artigos nos periódicos científicos para apoiar minha tese.

Nem todas as obsessões são iguais, claro. Vejo crianças tão viciadas em videogames que não se consegue interessá-las em nada mais — ainda que conheça uma mãe que estimulou o desenvolvimento de habilidades artísticas no filho fazendo-o desenhar personagens de videogames. Se não for possível transformar o videogame numa oportunidade de aprendizado, ao menos ele pode ser limitado a uma hora por dia (embora habilidades importantes para uma carreira, como programar games, possam ser realizadas por períodos mais longos).

Mantenha os olhos abertos para as oportunidades e não tenha medo de ser criativo. Outro dia, na mercearia, vi uma revista sobre frangos. Comecei a folheá-la e li um artigo sobre como criar galinhas no quintal. *Isto é uma grande oportunidade para os pais,* pensei. Você compra um casal de frangos, e de repente a criança tem um "trabalho" — ou, ao menos, a oportunidade de aprender todo tipo de habilidades que serão úteis pelo resto da vida. Podem ler sobre frangos juntos, aprender a cuidar deles, alimentá-los, limpar a área onde estão. A criança pode até começar um negócio — recolher o ovos, vendê-los aos vizinhos, recolher os pagamentos.

Claro, é sempre melhor quando se encontra uma oportunidade que encaixe com o modo de pensar da criança e a prepare para, mais tarde, entrar no mercado de trabalho fazendo o que sabe de melhor. O ideal é a criança ser preparada para um emprego que não só seja produtivo como também fonte de energia e alegria (ver sugestões no final deste capítulo).[8]

Por exemplo, *pensadores por palavras/fatos* se sairiam bem em tarefas em que possam escrever. Podem contribuir para o boletim da igreja. Podem começar um blog sobre a vizinhança. Ou mesmo escrever para o jornal local. Afinal, *alguém* tem de informar quantos cães de rua foram recolhidos pela carrocinha naquela semana.

Infelizmente, muitos empregos ideais para quem pensa por palavras/fatos estão desaparecendo. Preencher, arquivar são tarefas cada vez mais feitas pelos computadores. O truque, então, é deixar que o computador seja amigo dos que pensam por palavras/fatos. Muitos deles seriam ótimos fazendo pesquisas complicadas na internet e organizando os resultados.

Para os que pensam por palavras/fatos seria proveitoso aprender a ser o que chamo de social-comercial. Eles podem falar, mas precisam aprender quando e como, seja saindo para o mundo e aprendendo mediante inúmeros exemplos ou segundo treinamento no trabalho. Televendas, por exemplo, seria um bom emprego depois de aprenderem o roteiro. Não é por coincidência que Donald Triplett, o primeiro paciente de Leo Kanner, tenha se tornado caixa de banco ao ficar adulto.

Um *pensador por imagens* pode produzir arte e vendê-la. Recentemente, depois de uma palestra, conheci uma adolescente que desenha joias. Entendo de joias, então posso dizer com confiança: ela tem talento e é profissional. Disse a ela que as vendesse online, e depois orientei a mãe dela a como calcular preços justos: 20 dólares por hora de trabalho, além do custo dos materiais. Por 125 dólares, o bracelete que vi seria uma pechincha.

O *pensador por padrões* que é bom em matemática pode consertar computadores ou ensinar as crianças da vizinhança. Um pensador por padrões dotado em música pode tocar numa banda ou participar de um coro — tecnicamente estes não são empregos remunerados, mas são trabalhos, no sentido de que exigem cooperação com outros músicos e um compromisso regular de tempo.

Em resumo, qualquer ofício que ensine às crianças autistas sobre responsabilidade as ajudará a se preparar para a idade adulta.

Mas as habilidades para o trabalho são só a metade da luta. A pessoa com autismo também precisa de habilidades sociais. Essas aulas também devem começar desde cedo. Aprender a dizer "por favor" e "obrigado" é básico. O mesmo com relação a aprender a esperar sua vez; jogos de tabuleiro e de cartas são bons métodos para ensinar isto. Bons modos à mesa também. Comportar-se numa loja ou restaurante. Ser pontual.

Mais uma vez, ponham estas crianças no mundo! Outro dia conversei com uma mãe que disse que sua filha adulta nunca tinha feito compras na mercearia. Como ela estará preparada para a vida adulta, especialmente se tiver de viver sozinha, se não consegue ir a uma loja? A mãe tinha poucos recursos, então lhe expliquei que não ia pedir que gastasse mais dinheiro que o necessário. "De qualquer modo, você vai comprar alimentos", disse eu. "Mande sua filha fazer isso. Entregue-lhe a lista de compras, algum dinheiro ou um cartão de crédito e mande-a à loja. Você pode ficar esperando no estacionamento."

Minha mãe me obrigava a cumprir algumas tarefas sociais de que eu não gostava. Lembro de ter medo de ir à madeireira porque temia falar com os funcionários. Mas mamãe insistiu. Então eu fui, e voltei para casa chorando. Mas consegui a madeira que queria — além de uma nova habilidade social. Da próxima vez eu iria à madeireira com menos temores e mais confiança.

O básico é só o começo — as habilidades sociais são um dado para qualquer um que entra no mercado de trabalho. Contudo os autistas muitas vezes precisam dominar habilidades sociais mais especializadas.

Lembro de dois colegas de colégio que, hoje, seriam rotulados com síndrome de Asperger. Um deles tem um Ph.D. e um bom emprego na área de psicologia. O outro se firmou no setor de vendas no varejo e é um membro importante da equipe, pois é capaz de conversar com os clientes sobre todos os produtos da loja. Na indústria de carnes trabalhei com muitos indivíduos bem-sucedidos que, tenho certeza, têm síndrome de Asperger não diagnosticada. Numa fábrica que visitei, os *aspies* não diagnosticados nunca entravam no refeitório; em vez disso, comiam do lado de fora, numa mesa de piquenique. Certa vez visitei um laboratório de pesquisa de piscicultura. Percebi que todos os equipamentos tinham sido feitos a partir de materiais disponíveis na Home Depot, a loja varejista da construção — filtros d'água feitos de tela de mosquiteiro, por exemplo. O laboratório era incrivelmente criativo, então claro que perguntei quem era o responsável por todas aquelas inovações. Era um *aspie* não diagnosticado, que trabalhava na manutenção quando criou aqueles inventos — e tinha ascendido ao posto de diretor do laboratório.

Todas essas pessoas tiveram a sorte de encontrar trabalhos onde puderam se desenvolver. Algumas, como o diretor do laboratório de piscicultura, tinham entrado pela porta dos fundos. Mas ao menos ele soube o que fazer depois de entrar.

Não sei se hoje isso seria possível. Tenho conversado com muitos jovens com síndrome de Asperger que foram demitidos. No entanto sua condição não era mais ou menos grave do que a das crianças que conheci na escola, a dos *aspies* que se reuniam para almoçar, a do diretor de pesquisa do laboratório, ou a de qualquer pessoa no espectro que conheço que conseguiu manter o emprego por décadas. Acho que é uma coisa de geração. A geração mais jovem não sabe se comportar. Talvez as famílias e cuidadores das crianças que tiveram diagnósticos oficiais desde o acréscimo do TEA ao *DSM*, em 1980, tenham se fixado tanto no rótulo — e nas deficiências — que acharam que não precisavam dar atenção às habilidades sociais necessárias para progredir na sociedade. Não quero soar como uma tia velha que sempre fala de como tudo era melhor antigamente. Mas quando pergunto a essas pessoas por que foram demitidas, descubro que não sabem realizar tarefas simples como ser pontuais, ou que faziam bobagens que aprendi a não fazer aos 9 anos.

A seguir, meus conselhos — que dou a quem me pergunta sobre como preparar alguém que está no espectro para um emprego.

- *Não arranje desculpas*

Outro dia um aluno do ensino médio queixou-se comigo de que tinha fracassado na aula de inglês devido a uma dificuldade de aprendizagem, e mencionou que tinha ido bem na aula de filosofia. "Espere um pouco", respondi. "Escrever um artigo em inglês e escrever um artigo de filosofia exigem as mesmas habilidades. Não me diga que você tem dificuldade de aprendizagem em inglês." Ele insistiu que sim. Continuei a pressioná-lo e, claro, por fim confessou que não se interessava por inglês, mas gostava de filosofia.

Em primeiro lugar, "Não me interessa" não é desculpa para não realizar uma tarefa necessária da melhor maneira possível; só significa que é preciso se esforçar mais do que se ela fosse prazerosa. Mas "tenho dificuldade de aprendizagem" é uma desculpa ainda pior se não for o verdadeiro motivo.

- *Seja legal com os outros*

Conheço uma mulher que vive discutindo — com o motorista de ônibus, a funcionária dos correios, com qualquer um. Diariamente. Claro, a culpa nunca é dela. Sempre o outro agiu mal. Ela me disse isso e eu pensei: *Como você consegue brigar com um motorista de ônibus todos os dias? A maioria das pessoas nem conversa com os motoristas!* Ouço frequentemente pessoas com síndrome de Asperger dizerem coisas como: "Tenho problemas de autoridade com minha chefe." Quero dizer a essas pessoas que há uma razão para uma chefe ser chamada de chefe. É porque ela é *a chefe*.

Aprendi esta lição do modo mais difícil. Durante a faculdade, fiz um estágio de verão num hospital que tinha um programa para crianças com autismo e outros problemas, e meu chefe fez algo com uma criança de que não gostei. Não recordo o que era, mas lembro que pulei no pescoço dele. Queixei-me com o departamento de psicologia, que era outro departamento. O chefe não me demitiu, mas deixou claro que ficou aborrecido. Ele me explicou a hierarquia do hospital, disse que eu trabalhava no departamento de assistência à criança e que, se tivesse uma reclamação, eu devia apresentá-la a ele em primeiro lugar. Ele tinha razão. Nunca cometi o mesmo erro outra vez.

Ser legal com os outros, porém, não é só evitar confrontos. Também é aprender a tentar agradar. Mamãe me motivou assegurando-se de que eu obtivesse reconhecimento quando fazia um bom trabalho — como quando ela emoldurou uma aquarela da praia que eu tinha pintado. Outra vez, fui autorizada a cantar um solo num concerto de adultos. Fiquei eufórica. Sabia que era um privilégio especial, e quando a plateia reagiu com aplausos e gritos, senti um orgulho imenso. No ensino médio pintei letreiros para muita gente. Aprendi que quando eu fazia um letreiro para o cabeleireiro, por exemplo, tinha de fazer o que o cliente queria. Foram experiências que mais tarde usei para começar minha carreira de projetista. Eu queria fazer trabalhos que as pessoas apreciassem de verdade.

- *Controle suas emoções*

Como se faz? Aprendendo a chorar. E como se *aprende* a chorar? Permitindo-se. (Se estiver numa situação em que possa dar esta permissão a outra pessoa, faça-o.) Não é preciso chorar em público. Não é preciso chorar diante dos colegas. Mas se a alternativa for pegar ou largar, então sim, você precisa chorar. Quando pais me contam que seu filho adolescente chora quando se frustra, eu digo: "Ótimo!" Garotos que choram podem trabalhar para o Google. Garotos que quebram computadores não. Certa vez eu estava numa conferência científica e vi um cientista da NASA que acabara de descobrir que seu projeto tinha sido cancelado — projeto em que ele trabalhara por anos. Devia ter uns 65 anos, e sabe de uma coisa? Ele estava chorando. Eu pensei: *é bom para ele*. Por isso conseguiu chegar à idade da aposentadoria num trabalho de que gostava.

Do ponto de vista da neurociência, controlar as emoções depende do controle de cima para baixo pelo córtex frontal. Se você não controla suas emoções, precisa *mudá-las*. Se quiser manter o emprego, precisa aprender a transformar a raiva em frustração. Li num artigo de revista que Steve Jobs chorava de frustração. Por isso ele ainda tinha um emprego. Podia ser verbalmente grosseiro com os funcionários, mas, pelo que sei, não saía atirando coisas neles nem agredindo-os.

Aprendi a lição no ensino médio. Briguei com alguém que estava me provocando e fiquei sem andar a cavalo por duas semanas. Foi a última briga em que me envolvi. Quando entrei para o negócio do gado, muitas vezes senti raiva, mas sabia que não devia demonstrá-la. Em vez disso, me escondia no alto da passarela do curral. Eu ficava à vista de todos, mas sabia que estava tão longe do chão que ninguém podia me ver chorar. Ou me enfiava debaixo de uma escada, ou sentava no meu carro no estacionamento. Às vezes entrava na sala da eletricidade, porque aquele adorável aviso na porta dizia a todos: NÃO ENTRE. Mas nunca me escondi no banheiro, porque ali nunca se sabe quando alguém pode entrar.

- *Tenha bons modos*

Quando eu tinha uns 8 anos, aprendi que não se devia chamar ninguém de balofo. Conheci muitos autistas de alto funcionamento e gente com síndrome de Asperger que foram demitidos porque tinham feito comentários indelicados sobre a aparência de colegas e clientes. Mesmo que você tenha chegado à idade adulta sem saber o que é grosseiro e como se relacionar com as pessoas em público, nunca é tarde para aprender.

Conheci alguém que me disse que o conselho do seu terapeuta para aprender a socializar era praticar dizer "olá". Respondi que este conselho não era suficientemente específico. Disse-lhe para não fazer todas as compras do supermercado de uma vez só, para ser obrigado a ir lá diariamente, mesmo que fosse para comprar uma lata de sopa. Quando chegasse ao caixa, devia iniciar uma conversa simples.

- *Venda seu trabalho, não a si mesmo*

Se puder evitar a entrevista na porta de casa, faça-o. Os departamentos de recursos humanos costumam ser gerenciados por pessoas sociáveis que tendem a premiar a camaradagem e o trabalho em equipe, então eles podem pensar que uma pessoa com autismo não é adequada para o trabalho. Eles podem não enxergar os talentos individuais por trás do embaraço social. Uma estratégia melhor para obter um emprego seria entrar em contato com o responsável pelo departamento em que você quer trabalhar (o departamento de engenharia, o departamento de desenho gráfico etc.).

As pessoas me achavam esquisita, mas ficavam impressionadas quando viam meu portfólio com desenhos e fotos dos projetos concluídos. Eu usava folhetos e portfólios atraentes para vender meus serviços. Hoje os dispositivos eletrônicos podem eliminar grande parte do constrangimento de mostrar seu trabalho e até ser entrevistado para um emprego. Você pode anexar seu trabalho a um e-mail depois de fazer contato com o possível empregador (mas não antes — ninguém vai abrir o anexo de e-mail de um desconhecido). Você pode guardá-lo no smartphone, porque nunca se sabe quando alguém vai querer vê-lo. O portfólio de textos de um pensador verbal, a arte ou o artesanato de um pensador por imagens, as gravações de um músico, até os códigos de um gênio matemático — tudo isso é portátil hoje em dia.

- *Use mentores*

Quando estava no ensino médio, eu era uma aluna desmotivada que raramente estudava. Não via razão para estudar até o sr. Carlock instilar em mim o objetivo de me tornar uma cientista. Conversei com vários profissionais bem-sucedidos, diagnosticados ou não com síndrome de Asperger, que me disseram que só tiveram êxito porque contaram com o apoio do pai, mãe ou um professor para instruí-los e, talvez, inspirá-los. Por exemplo, jovens com síndrome de Asperger ou autistas altamente funcionais podem brincar com computadores, mas precisarão de um mentor para ajudá-los a se concentrar e aprender programação.

Tudo bem, digamos que a criança autista teve uma educação que identificou e desenvolveu seus pontos fortes. Digamos que esta criança cresceu e entrou num mercado de trabalho que aprecia suas competências particulares. Isso é ótimo para ela. Mas sabe o que mais? Também é ótimo para a sociedade.

Não só é possível ter diferentes tipos de pensadores fazendo o que melhor sabem fazer como eles podem executá-lo junto com outros tipos de pensadores que fazem o que *eles* melhor sabem.

Quando recordo as colaborações de que participei, percebo que diferentes tipos de pensadores trabalharam em conjunto para criar um produto que era maior do que a soma das suas partes. Penso no trabalho que fiz com uma aluna (não autista) que era boa em tudo aquilo em que eu era ruim. Bridget era excelente em estatística, muito organizada e uma incrível coletora de dados e arquivista — alguém em quem eu podia confiar para fazer bem o experimento. Um experimento que fizemos juntas correlacionava a excitabilidade do gado no brete e seu ganho de peso. Usamos dois observadores, e eles classificavam o comportamento do rebanho numa escala de 1 a 4, sendo 1 para calmo e 4 para furioso. Um dia, Bridget me disse: "Dra. Grandin, acho que não estamos conseguindo resultados útcis." Então repassei mentalmente o "filme" do experimento e vi que os observadores pareciam ter dois padrões distintos do que era o comportamento furioso. Bridget e eu descobrimos que um deles tinha uma porcentagem muito mais alta de avaliações do tipo 4. Posso projetar experimentos e detectar falhas na metodologia porque meu pensamento visual me permite ver o que quero do experimento e onde ele falhou. Mas preciso de alguém que pense por padrões, como Bridget, para fazer a análise estatística e registrar o experimento meticulosamente.

Penso na construção para o rebanho. O pensador por padrões — o engenheiro formado — não projeta a fábrica. O pensador visual — desenhista —, sim. O engenheiro só começa a trabalhar quando o desenhista termina de projetar o piso da empacotadora e do matadouro, então ele calcula a cumeeira, especifica a concretagem, calcula os vergalhões. A parte da fábrica que uma desenhista que conheço — eu mesma — não desenha é a refrigeração. Por quê? Porque exige demasiado pensamento por padrões e não sei desenhá-la corretamente — matemática e engenharia abstratas demais. Sei o suficiente de refrigeração para ficar longe dela.

Penso em Mick Jackson, diretor do filme da HBO *Temple Grandin*. Se você assistir a um filme anterior dele, a comédia com Steve Martin, *Viver e amar em Los Angeles*, verá que ele não tem muita estrutura. Isso é porque Mick é um pensador visual, e não por padrões. Quando estava trabalhando no meu filme, ele conhecia seus pontos fortes e em que precisava de ajuda, então, toda vez que ele queria mudar algo no texto, consultava um dos roteiristas, Christopher Monger. Este era um pensador por palavras, claro, mas também pensava por padrões e conseguia perceber o efeito de cada pequena mudança na estrutura geral. O filme ganhou muito por ter sido criado por três tipos de pensamento.

No capítulo anterior comentei que, ao apreender o pensamento por padrão, comecei a vê-lo por toda parte. O mesmo ocorre com exemplos de como os três tipos de pensamento operam em conjunto. Agora os vejo não só na minha experiência, mas por onde olhe.

Ao ler uma entrevista de Steve Jobs,[9] encontrei esta citação: "O que eu gosto na Pixar é que é exatamente como o LaserWriter." O *quê?* O mais bem-sucedido estúdio de animação na memória recente é "exatamente como" uma peça de tecnologia de 1985?

Ele explicou que quando viu a primeira página impressa no LaserWriter da Apple — a primeira impressora a laser que existiu —, ele pensou: *Esta caixa tem uma incrível quantidade de tecnologia.* Ele sabia qual era a tecnologia, e também do trabalho usado na sua criação, e sabia como era inovadora. Mas ele sabia que o público não ia ligar para o conteúdo da caixa. Só o produto iria importar — as belas fontes que ele assegurou que fariam parte da estética da Apple. Esta é a lição que ele aplicou à Pixar: você pode usar todo tipo de novos softwares para criar um novo tipo de animação, mas o público não vai ligar para nada que não seja o que vê na tela.

Ele tinha razão — obviamente. Embora não usasse os termos *pensador por padrão* ou *pensador por imagens*, era nisso que estava pensando. Naquele momento, em 1985, ele compreendeu que são necessários pensadores por padrões para criar os milagres dentro da caixa e os pensadores por imagens para tornar belo o que sai da caixa.

Não consigo olhar um iPod ou um iPhone sem lembrar daquela entrevista. Agora entendo que quando a Apple faz algo errado é porque não conseguiu o equilíbrio perfeito dos dois tipos de pensamento. O conhecido problema da antena no iPhone 4? Arte demais, pouca engenharia.

Compare esta filosofia com o Google; garanto que as mentes por trás do Google pensam por padrões. Até hoje o Google prefere a engenharia à arte.

Estes exemplos demonstram que, na sociedade, os três tipos de mentes naturalmente se complementam. A sociedade os junta sem que ninguém pense nisso. Mas, e se pensarmos? E se reconhecermos essas categorias de modo consciente e tentarmos fazer as diferentes combinações trabalharem a nosso favor? E se cada um de nós pudesse dizer: *Ah, este é meu ponto forte, este é meu ponto fraco — o que posso fazer por você, ou o que você pode fazer por mim?*

Quando Richard e eu começamos a colaborar para este livro, vimos que trabalhávamos bem em conjunto. Mas ao desenvolver a ideia dos cérebros ligados em distintas formas de pensar, entendemos *por que* trabalhávamos bem juntos. Richard é um pensador por padrões e por palavras, e eu, uma pensadora por imagens. Como percebemos que complementamos os pontos fortes um do outro, temos conseguido explorá-los muito mais do que se tivéssemos feito de outro jeito.

Sempre digo a Richard: "Você é o cara da estrutura" — sua capacidade de organizar os conceitos no livro compensa minha debilidade nessa área. Quando leio os artigos que escrevi na década de 1990, fico constrangida ao constatar que estão organizados ao acaso. Os conceitos não se sucedem numa forma lógica. Simplesmente se agrupam de modo aleatório — um pouco à medida que vinham à minha mente enquanto escrevia. Com o tempo melhorei na estrutura, mas sei que nunca serei igual a Richard. Quando ele me diz que um conceito que estivemos trabalhando pertence ao capítulo 6, eu digo: "Ok."

Bom. É bom para nós. Mesmo que eu não fosse autista, faríamos uma boa equipe, pois nossas mentes se complementam. Mas o fato é que sou autista, e os pontos fortes que trago para a colaboração são forças pertinentes ao meu tipo de cérebro autista — a associação rápida, a memória de longo prazo, o foco nos detalhes.

Apliquemos este mesmo princípio ao mercado de trabalho. Se as pessoas reconhecerem conscientemente os pontos fortes e fracos no seu modo de pensar, podem procurar o tipo certo de mentes pelas razões corretas. Se fizerem isso, reconhecerão que às vezes a mente certa só pode pertencer a um cérebro autista.

Discutimos como os cérebros autistas parecem ser melhores na observação de detalhes que os cérebros normais. Se considerarmos esta característica não como um subproduto mas simplesmente como o produto da má conexão — o tipo de argumentação que Michelle Dawson faz no capítulo 6 —, poderemos ver que ele traz uma vantagem possível em algumas circunstâncias. Se percebermos que enxergar as árvores antes de enxergar a floresta pode fazer alguém ser melhor para visualizar certos tipos de padrões, então nos perguntaremos em que esta habilidade pode ser útil. E quando vemos que os escâneres de segurança dos aeroportos precisam captar detalhes rapidamente, aí está: um emprego.

Ao cultivar a mente autista cérebro por cérebro, ponto forte por ponto forte, podemos repensar os adolescentes e adultos autistas em empregos e estágios sem um esquema caritativo, como gente valiosa e até essencial que contribui para a sociedade.

Alguns empreendedores já deram este salto. A Aspiritech,[10] no subúrbio de Highland Park, em Chicago, e a Specialisterne, em Copenhague, empregam principalmente autistas de alto funcionamento e indivíduos com síndrome de Asperger para testar software. Seus cérebros — programados para suportar a repetição, focar atentamente e recordar detalhes — são exatamente o que o trabalho requer. O filho do fundador da Aspiritech foi diagnosticado com Asperger aos 14 anos, e já adulto foi demitido do emprego de empacotador de supermercado. Mas quando se trata de testar software, ele é o cara.

Em 2007, a rede Walgreens abriu um centro de distribuição em Anderson, na Carolina do Sul, com uma força de trabalho com 40% de pessoas com deficiências, incluídas as do espectro autista. A ideia foi de Randy Lewis, vice-presidente da rede de varejo que era pai de uma criança autista. Graças a telas *touchscreen* e estações de trabalho flexíveis, os funcionários com deficiência trabalham lado a lado com os colegas "normais". Quando a Walgreen percebeu que este centro era 20% mais eficiente que os demais centros da empresa, expandiu a filosofia para outro centro de distribuição em Windsor, em Connecticut, em 2009.[11]

Mas não é preciso que uma grande empresa com políticas de emprego esclarecidas construa uma filial perto de você. Os pais podem levar os filhos autistas a uma loja ou restaurante das redondezas. Conversar com o dono ou o gerente e ver se têm um trabalho adequado ao nível de aptidão do jovem. Se uma porta se fechar, depois outra e mais outra, "continue batendo".[12]

Esse conselho é uma cortesia de Savino Nuccio D'Argento — conhecido como Nuccio. Ele (com um sócio) é dono do Vince's, um restaurante italiano no subúrbio de Harwood Height, em Chicago. Nuccio tem um filho autista, Enzo, e por meio de seus contatos na Easter Seals de Chicago, uma ONG voltada para as necessidades de pessoas com deficiência, emprega regularmente adultos com autismo. Ele também abre as portas para programas de treinamento de crianças em idade escolar; eles aprendem a aspirar, pôr a mesa, encher saleiros — o tipo de tarefas que ajudam a preparar alguns deles para entrar no mundo adulto.

"Para outras pessoas seria, 'Ah, odeio este emprego'", diz Nuccio. Mas não para gente com autismo. "Eles adoram, porque todo dia fazem a mesma coisa."

Os problemas com que ele se deparou, na verdade, não provêm dos funcionários e trainees autistas. Surgem entre os funcionários "normais" que resistem a mudanças no ambiente de trabalho.

"Ainda vai levar um tempo para as pessoas se acostumarem", diz ele. "Ainda tem gente que olha isso e diz: 'Que saco, tenho de lidar com isso.' É lamentável. No começo fiquei triste porque não achei que meus funcionários pensassem assim. Mas é preciso deixar que eles superem o obstáculo e percebam que está tudo bem." Talvez as primeiras semanas sejam difíceis para os outros funcionários, diz, e ele os entende. "Eles precisam lidar com aquela pessoa que fica perguntando a mesma coisa o tempo todo." No final, contudo, os funcionários se adaptam — principalmente, conta, quando têm uma epifania: "Estamos ajudando essas pessoas, claro, mas no final elas vão nos ajudar, porque fazem muito bem seu trabalho."

Quando preciso, a Easter Seals tenta recolocar os trainees em empregos pagos em outra parte. Uma delas atende o telefone na própria Easter Seals. Outra trabalha 40 horas por semana numa loja de produtos alimentícios local. Nuccio espera que o filho, agora com 14 anos, um dia tenha o mesmo bom resultado — bom para ambos. Como disse Randy Lewis, o executivo da Walgreen, à NBC News, a inspiração para a inovação na política de empregos foi a velha pergunta que assombra tantos pais de crianças com deficiência: *o que será do meu filho quando eu morrer?* Ao que a mãe de um adulto com Asperger que trabalha no centro de distribuição respondeu: "Já não me preocupo com isso."

E quanto aos próprios funcionários — os autistas que tiveram a sorte de bater na porta certa? A seguir, um caso inspirador que conheci há algum tempo.

No outono de 2009, John Fienberg,[13] um autista de alto funcionamento, conseguiu um trabalho temporário em Nova York como bibliotecário digital numa agência de propaganda — um grande feito para um pensador por palavras como ele. O trabalho devia durar uma semana, mas as aptidões de John — precisão, rapidez e disposição de realizar tarefas repetitivas que irritam os cérebros normais — fizeram dele uma aquisição valiosa para a agência. Ele continuou trabalhando temporariamente outros seis meses, até a agência encontrar dinheiro no orçamento para contratá-lo em tempo integral. Hoje, ele cataloga, arquiva e gerencia as fotografias de produtos, os pilotos das propagandas e o estoque de imagens da biblioteca digital da agência.

"Sou naturalmente inclinado a me fixar em detalhes de um modo que torna a catalogação algo fácil para mim", relatou ele num e-mail. O fato de se comunicar por e-mail era um reflexo das suas habilidades sociais. Quando lhe enviamos um e-mail (um amigo de Richard contara sobre ele), ele concordou em ser entrevistado, mas preferia não falar por telefone. Disse também que nos encontrar pessoalmente seria um problema; ele sabe que deixa as pessoas exaustas com seu falatório.

"O meu chefe sabe das minhas deficiências e faz o que pode para trabalhar comigo", prosseguiu John, "e trato de retribuir produzindo resultados que façam valer a pena me aguentar quando não entendo algo exatamente do jeito que ele gostaria. Os demais colegas não interagem comigo, exceto por telefone e e-mail." No entanto, disse, "pelo que sei todos gostam de mim e valorizam a minha contribuição. Eu até recebi um elogio de um deles mês passado que foi mencionado numa reunião de trabalho".

John agora tem 29 anos e ficou noivo recentemente. Ele e a noiva pretendem trocar Nova York por "algum lugar onde o meu salário renda mais". Porém não se preocupe com ele precisar encontrar outro trabalho tão bom. "Tenho permissão para trabalhar à distância permanentemente."

Estamos muito distantes do tempo em que os médicos diziam aos pais de crianças autistas que não havia saída e a única opção humana era a condenação de passar a vida numa instituição.

Ainda há um logo caminho a percorrer, claro. A ignorância e as interpretações incorretas sempre são difíceis de superar quando passam a fazer parte do sistema de crenças de uma sociedade. Por exemplo, quando o filme *A rede social* foi lançado, em 2010, o colunista David Brooks do *New York Times* escreveu esta avaliação sobre o personagem Mark Zuckerberg, fundador do Facebook: "Não é que ele seja má pessoa. Ele apenas não recebeu educação em casa." A "educação" do personagem fictício, porém, teria tido que se adaptar a um cérebro que não processa dados faciais e gestuais que a maioria das pessoas assimila e que se realiza não na efervescência de criar uma relação pessoal, mas na lógica clique-claque da escrita de códigos.

Quando algo está "totalmente na sua mente", as pessoas tendem a pensar que isto é voluntário, que é algo que você poderia controlar caso se esforçasse mais ou tivesse sido educado de outro modo. Espero que a recente certeza de que o autismo está no cérebro e nos genes influencie as atitudes das pessoas.

Como vimos, isso já está afetando as pesquisas, levando os cientistas a redobrarem esforços para encontrar a causa e a cura. E já está afetando as atitudes terapêuticas, mudando a ênfase do foco nas deficiências para uma maior valorização dos pontos fortes.

Quando faço uma retrospectiva sobre o autismo de sessenta anos atrás, quando meu cérebro causava muita ansiedade em minha mãe, curiosidade nos médicos e desafiava minha babá e os professores, sei que tentar imaginar onde ele estará daqui a sessenta anos é uma tarefa idiota. Mas tenho certeza de que qualquer que seja o pensamento sobre o autismo, ele vai incorporar a necessidade de considerá-lo isoladamente, cérebro por cérebro, filamento por filamento do DNA, característica por característica, ponto forte por ponto forte e, talvez o mais importante, indivíduo por indivíduo.

Profissões para quem pensa por imagens

- Desenhista de arquitetura e engenharia
- Fotógrafo
- Adestrador de animais
- Artista gráfico
- Joalheiro/artesão
- Web designer
- Técnico em veterinária
- Mecânico de automóveis
- Técnico em manutenção de máquinas
- Técnico em computadores
- Diretor de iluminação teatral
- Projetista de automação industrial
- Paisagista
- Professor de biologia
- Analista de mapas de satélite
- Bombeiro hidráulico
- Técnico em calefação, ar-condicionado e ventilação
- Técnico em fotocopiadora
- Técnico em equipamentos audiovisuais
- Soldador
- Engenheiro industrial
- Técnico em radiologia
- Técnico em equipamentos médicos
- Desenhista industrial
- Animador digital

Profissões para quem pensa por palavras/fatos

- Jornalista
- Tradutor
- Bibliotecário
- Analista de mercado

- Editor de texto
- Contador
- Analista de orçamento
- Escriturário
- Professor de educação especial
- Indexador de livros
- Fonoaudiólogo
- Especialista em controle de inventários
- Pesquisador jurídico
- Especialista em contratos em concessionárias de automóveis
- Historiador
- Escritor técnico
- Caixa de banco
- Guia de turismo
- Atendente de balcões de informação

Profissões para quem pensa por padrões

- Programador de computador
- Engenheiro
- Físico
- Músico/compositor
- Estatístico
- Professor de matemática
- Químico
- Técnico em eletrônica
- Professor de análise de dados
- Pesquisador científico
- Analista de mineração de dados
- Analista de mercado e de investimento financeiro
- Atuário
- Eletricista

Apêndice: O teste de QA

O PSICÓLOGO SIMON BARON-COHEN e seus colegas do Centro de Pesquisa em Autismo da Universidade de Cambridge criaram o Quociente do Espectro do Autismo, ou QA, para medir a extensão dos traços autistas em adultos. No primeiro experimento do teste, a pontuação média do grupo de controle foi 16,4. Dentre os diagnosticados com autismo ou transtornos relacionados, 80% pontuaram 32 ou mais. Todavia o teste não é um meio de fazer um diagnóstico, e muitos que pontuam mais de 32 e até cumprem os critérios diagnósticos de autismo moderado ou síndrome de Asperger não apresentam dificuldades no seu cotidiano.

	Concordo plenamente	Concordo em parte	Discordo em parte	Discordo plenamente
1. Prefiro fazer coisas com outros do que sozinho.				

	Concordo plenamente	Concordo em parte	Discordo em parte	Discordo plenamente
2. Prefiro fazer as coisas sempre do mesmo modo.				
3. Quando tento imaginar algo, acho muito fácil criar uma imagem mental.				
4. Às vezes fico tão concentrado em algo que perco de vista outras coisas.				
5. Consigo escutar pequenos sons que outros não percebem.				
6. Costumo observar placas de carros ou sequências similares de informação.				

	Concordo plenamente	**Concordo em parte**	**Discordo em parte**	**Discordo plenamente**
7. As pessoas costumam me advertir que fui grosseiro, mesmo quando acho que estou sendo educado.				
8. Quando leio uma história, consigo imaginar com facilidade a aparência dos personagens.				
9. Datas me fascinam.				
10. Num grupo social, consigo acompanhar as conversas de várias pessoas diferentes.				
11. Acho fácil me relacionar socialmente.				

	Concordo plenamente	Concordo em parte	Discordo em parte	Discordo plenamente
12. Percebo detalhes que os outros não notam.				
13. Prefiro ir a uma biblioteca do que ir a uma festa.				
14. Tenho facilidade de inventar histórias.				
15. Sinto-me mais atraído por pessoas do que por coisas.				
16. Tenho muitos interesses e fico chateado quando não posso me dedicar a eles.				

	Concordo plenamente	Concordo em parte	Discordo em parte	Discordo plenamente
17. Gosto de bate-papos sociais.				
18. Quando falo, nem sempre é fácil para os outros entenderem o que digo.				
19. Os números me fascinam.				
20. Quando leio uma história, é difícil compreender as intenções dos personagens.				
21. Não gosto muito de ler ficção				

	Concordo plenamente	Concordo em parte	Discordo em parte	Discordo plenamente
22. Tenho dificuldades de fazer novos amigos.				
23. Percebo padrões nas coisas o tempo todo.				
24. Prefiro ir ao teatro que ao museu.				
25. Não me incomodo quando minha rotina diária é perturbada.				
26. Frequentemente percebo que não sei manter uma conversa.				

	Concordo plenamente	Concordo em parte	Discordo em parte	Discordo plenamente
27. Acho fácil "ler nas entrelinhas" quando alguém fala comigo.				
28. Normalmente me concentro mais no todo do que em pequenos detalhes.				
29. Não sou muito bom para lembrar de números de telefone.				
30. Não costumo perceber pequenas mudanças numa situação ou na aparência das pessoas.				
31. Percebo quando alguém fica entediado quando me ouve.				

	Concordo plenamente	Concordo em parte	Discordo em parte	Discordo plenamente
32. Acho fácil fazer mais de uma coisa ao mesmo tempo.				
33. Quando falo ao telefone, não sei quando é minha vez de falar.				
34. Gosto de fazer as coisas espontaneamente.				
35. Em geral sou o último a entender uma piada.				
36. Acho fácil entender o que alguém pensa ou sente só de olhar seu rosto.				

	Concordo plenamente	Concordo em parte	Discordo em parte	Discordo plenamente
37. Quando sou interrompido, volto rapidamente ao que estava fazendo.				
38. Sou bom de papo.				
39. As pessoas costumam dizer que insisto sempre no mesmo assunto.				
40. Quando era criança, eu gostava de brincar de faz de conta.				
41. Gosto de reunir informações sobre categorias de coisas (p. ex., tipos de carros, aves, trens, plantas).				

	Concordo plenamente	Concordo em parte	Discordo em parte	Discordo plenamente
42. Acho difícil imaginar como seria ser outra pessoa.				
43. Gosto de planejar atentamente as atividades de que participo.				
44. Gosto de eventos sociais.				
45. Acho difícil perceber as intenções das pessoas.				
46. Situações novas me deixam ansioso.				

	Concordo plenamente	Concordo em parte	Discordo em parte	Discordo plenamente
47. Gosto de conhecer pessoas novas.				
48. Sou muito diplomático.				
49. Não sou muito bom para lembrar os aniversários das pessoas.				
50. Acho muito fácil brincar de faz de conta com crianças.				

© *Simon Baron-Cohen*

A pontuação: as respostas "concordo plenamente" ou "concordo em parte" às perguntas 2, 4, 5, 6, 7, 9, 12, 13, 16, 18, 19, 20, 21, 22, 23, 26, 33, 35, 39, 41, 42, 43, 45 e 46 valem 1 ponto. As respostas "discordo plenamente" ou "discordo em parte" às perguntas 1, 3, 8, 10, 11, 14, 15, 17, 24, 25, 27, 28, 29, 30, 31, 32, 34, 36, 37, 38, 40, 44, 47, 48, 49 e 50 valem 1 ponto.

Notas

1. Os significados do autismo

1. John Donvan e Caren Zucker, "Autism's First Child", *Atlantic*, outubro de 2010.
2. Leo Kanner, "Autistic Disturbances of Affective Contact", *Nervous Child* 2 (1943): 217-50.
3. Leo Kanner, "Problems of Nosology and Psychodynamics in Early Childhood Autism", *American Journal of Ortopsychiatry* 19, n° 3 (1949): 416-26.
4. "Medicine: The Child is Father", *Time*, 25 de julho de 1960, http://autisme-dsp5310s20f10.pbworks.com/f/Time-The+Child+is+Father.pdf.
5. Disponível em: http://www.autism-help.org/points-refrigerator-mothers.htm.
6. Eustacia Cutler, *Thorn in My Pocket: Temple Grandin's Mother Tells the Family Story* (Arlington, TX: Future Horizons, 2004).
7. Richard Pollak, *The Creation of Dr. B: A Biography of Bruno Bettelheim* (Nova York: Simon & Schuster, 1997).
8. Temple Grandin, "My Experiences as an Autistic Child and Review of Selected Literature", *Journal of Orthomolecular Psychiatry* 13, n° 3 (1984): 144-74.
9. Roy Richard Grinker, *Unstrange Minds: Remapping the World of Autism* (Nova York: Basic Books, 2007).
10. D. L. Rosehan, "On Being Sane in Insane Places", *Science* 179, n° 4070 (19 de janeiro de 1973): 250-58.
11. Lynn Waterhouse et al., "Diagnosis and Classification in Autism", *Journal of Autism and Developmental Disorders* 26, n° 1 (1966): 59-68.
12. Lorna Wing, "Asperger's Syndrome: A Clinical Account", *Psychological Medicine* 11 (1981): 115-30.
13. Marissa King e Peter Bearman, "Diagnostic Change and the Increased Prevalence of Autism", *International Journal of Epidemiology* 38, n° 5 (outubro de 2009): 1224-34.
14. Ka-Yuet Liu, Marissa King e Peter Bearman, "Social Influence and the Autism Epidemic", *American Journal of Sociology* 115, n° 5 (março de 2010): 1387-1434.
15. Grinker, *Unstrange Minds*.

16. Disponível em: http://www.cdc.gov/ncbddd/autism/addm.html.
17. Entrevista de Jeffrey S. Anderson.

2. Uma luz no cérebro autista

1. Eric Courchesne et al., "Cerebellar Hypoplasia and Hyperplasia in Infantile Austim", *Lancet* 343, nº 8888 (1º de janeiro de 1994): 63-64.
2. N. Shinoura et al., "Impairment of Longitudinal Fasciculous Plays a Role in Visual Memory Disturbance", *Neurocase* 13, nº 2 (abril de 2007): 127-30.
3. Disponível em: http://newsroom.ucla.edu/portal/ucla/ucla-scientists-boost-memory-by-228557.aspx.
4. Sarah DeWeerdt, "Study Links Brain Size to Regressive Autism", Simons Foundation Autism Research Initiative, 12 de dezembro de 2011, http://sfari.org/news-and-opinion/news/2001/study-links-brains-size-to-regressive-autism.
5. Nancy J. Minshew e Timothy A. Keller, "The Nature of Brain Dysfunction in Autism: Functional Brain Imaging Studies", *Current Opinion in Neurology* 23, nº 2 (abril de 2010): 124-30.
6. Entrevista de Joy Hirsch.
7. Liz Zsabo, "Autismo Science is Moving 'Stunningly Fast'", *USA Today*, 30 de abril de 2012, htpp://usatoday30.usatoday.com/news/health/story/2012-04-08/Autims-science-research-moving-faster/54134028/1.
8. Naomi B. Pitskel et al., "Brain Mechanisms for Processing Direct and Averted Gaze in Individuals with Autism", *Journal of Autism and Developmental Disorders* 41, nº 12 (dezembro de 2011): 1686-93.
9. Marcel Adam Just et al., "Cortical Activation and Synchronization During Sentence Comprehension in High-Functioning Autism: Evidence of Underconnectivity", *Brain* 127, nº 8 (agosto de 2004): 1811-21.
10. M. E. Vissers et al., "Brain Connectivity and High Functioning Autism: A Promising Path of Research that Needs Refined Models, Methodological Convergence and Stronger Behavioral Links", *Neuroscience and Biobehavioral Reviews* 36, nº 1 (janeiro de 2012): 604-25.
11. H. C. Hazlett et al., "Teasing Apart the Heterogeneity of Autism: Same Behavior, Different Brains in Toddlers with Fragile X Syndrome and Autism", *Journal of Neurodevelopmental Disorders* 1, nº 1 (março de 2009): 81-90.
12. Grace Lai et al., "Speech Stimulation During Functional MR Imaging as a Potential Indicator of Autism", *Radiology* 260, nº 2 (agosto de 2011): 521-30.
13. Jeffrey S. Anderson et al., "Functional Connectivity Magnetic Resonance Imaging Classification of Autism", *Brain* 134 (dezembro de 2011): 3742-54.
14. A. Elnakib et al., "Autism Diagnostics by Centerline-Based Shape Analysis of the Corpus Callosum", *IEEE International Symposium on Biomedical Imaging: From Nano to Macro* (30 de março de 2011) 1843-46.

15. Lucina Q. Uddin et al., "Multivariate Searchlight Classification of Structural Magnetic Resonance Imaging in Children and Adolescents with Autism", *Biological Psychiatry* 70, nº 9 (novembro de 2011): 833-41.
16. Jason J. Wolff et al., "Differences in White Matter Fiber Tract Development Present from 6 to 24 Months in Infants with Autism", *American Journal of Psychiatry* 169, nº 6 (junho de 2012): 589-600.
17. Entrevista com Walter Schneider.
18. S. S. Shin et al., "High-Definition Fiber Tacking for Assessment of Neurological Deficit in a Case of Traumatic Brain Injury: Finding, Visualizing and Interpreting Small Sites of Damage", *Journal of Neurosurgery* 116, nº 5 (maio de 2012): 1062-69.
19. Temple Grandin e Margaret M. Scariano, *Emergence* (Nova York: Warner Books, 1996).
20. Virginia Hughes, "Movement During Brain Scans May Lead to Spurious Patterns", Simons Foundation Autism Research Initiative, 16 de janeiro de 2012, http://sfari.org/news-and-opinion/news/2012/movement-during-brain-scans-may-lead-to-spurious-patterns.
21. Greg Miller, "Growing Pains for fMRI", *Science* 320 (13 de junho de 2008): 1412-14.

3. O sequenciamento do cérebro autista

1. Gina Kolata. "Study Discovers Road Map of DNA", *New York Times*, 6 de setembro de 2012.
2. Amartya Sanyal et al., "The Long-Range Interaction Landscape of Gene Promoters", *Nature* 489 (6 de setembro de 2012): 109-13.
3. S. Folstein e M. Rutter, "Infantile Autism: A Genetic Study of 21 Twin Pairs", *Journal of Child Psychology and Psychiatry* 18, nº 4 (setembro de 1977): 297-321.
4. A. Bailey et al., "Autism as a Strongly Genetic Disorder: Evidence from a British Twin Study", *Psychological Medicine* 25, nº 1 (janeiro de 1995): 63-77.
5. Disponível em: http://autismspeaks.org/science/initiatives/autism-genome-project/first-findings.
6. Disponível em: http://www.autismspeaks.org/about-us/press-releases/autism-speaks-and-worlds-leading-autism-experts-announce-publication-autism.
7. Peter Szatmari et al., "Mapping Autism Risk Loci Using Genetic Linkage and Chomosomal Rearrangements", *Nature Genetics* 39, nº 3 (março de 2007): 319-28.
8. Jonathan Sebat et al., "Strong Association of De Novo Copy Number Mutations with Autism", *Science* 316, nº 5823 (20 de abril de 2007): 445-49.
9. Disponível em: http://www.autismspeaks.org/about-us/press-releases/new-autism-genes-discovered-autism-speaks-and-worlds-leading-autism-experts.

10. Disponível em: http://geschwindlab.neurology.ucla.edu/index.php/in-the-news/16news/88-dna-scan-for-familial-autism-finds-variants-that-disrupt-gene-activity-in-autistic-kids.
11. Mathew W. State e Nenad Šestan, "The Emerging Biology of Autism Spectrum Disorders", *Science* 337 (setembro de 2012): 1301-3.
12. Entrevista com G. Bradley Schaefer.
13. Stephen Sanders et al., "De Novo Mutations Revealed by Whole-Exome Sequencing Are Strongly Associated with Autism", *Nature* 485 (10 de maio de 2012): 237-41.
14. Brian J. O'Roak et al., "Sporadic Autism Exomes Reveal a Highly Interconnected Protein Network of De Novo Mutations", *Nature* 485 (10 de maio de 2012): 246-50.
15. Benjamin M. Neale et al., "Patterns and Rates of Exonic De Novo Mutations in Autism Spectrum Disorders", *Nature* 485 (10 de maio de 2012): 242-45.
16. Augustine Kong et al., "Rate of De Novo Mutations and the Importance of Father's Age to Disease Risk", *Nature* 488 (agosto de 2012): 471-75.
17. Deborah Rudacille, "Family Sequencing Study Boosts Two-Hit Model of Autism", Simons Foundation Autism Research Initiative, 15 de maio de 2011, http://sfari.org/news-and-opinion/news/2011/family-sequencing-study-boosts-two-hit-model-of-autism.
18. Claire S. Leblond et al., "Genetic and Functional Analyses of SHANK2 Mutations Suggest a Multiple Hit Model of Autism Spectrum Disorders", *PLoS Genetics* 8, n° 2 (fevereiro de 2012): e1002521, doi:10.1371/journal.pgen.1002521.
19. Virginia Hughes, "SHANK2 Study Bolsters 'Multi-Hit' Gene Model of Autism", Simons Foundation Autism Research Initiative, 13 de fevereiro de 2012, http:/sfari.org/news-and-opinion/news/2012/shank2-study-bolsters-multi-hit-model-of-autism.
20. Disponível em: http://universityofcalifornia.edu/news/article/25624.
21. Disponível em: http://universityofcalifornia.edu/news/article/24693.
22. Entrevista com Irva Hertz-Picciotto.
23. R. J. Schmidt et al., "Prenatal Vitamins, One-Carbon Metabolism Gene Variants and Risk for Autism", *Epidemiology* 22, n° 4 (julho de 2011): 476-85.
24. H. E. Volk et al., "Residential Proximity to Freeways and Autism in CHARGE Study", *Environmental Health Perspectives* 119, n° 6 (junho de 2011): 873-77.
25. P. Krakowiak et al., "Maternal Metabolical Conditins and Risk for Autism and Other Neurodevelopmental Disorders", *Pediatrics* 129, n° 5 (maio de 2012): 1121-28.
26. J. F. Shelton et al., "Tipping the Balance os Autism Risk: Potential Mechanisms Linking Pesticides and Autism", *Environmental Health Perspectives* 120, n° 7 (abril de 2012): 944-51.

27. Philip J. Landrigan et al., "A Research Strategy to Discover the Environmental Cases of Autism and Neurodevelopmental Disabilities", *Environmental Health Perspectives* 120, n° / (julho de 2012): a 258-a260.
28. Disponível em: http://www.fda.gov/Safety/MedWatch/SafetyInformation/SafetyAlertsforHumanMedical Products/ucm261610.htm.
29. Miriam E. Tucker, "Valproate Exposure Associated with Autism, Lower IQ", Internal Medicine News Digital Network, 5 de dezembro de 2011: http://www.internalmedicinenews.com/specialty-focus/women-s-health/single-article-page/valproate-exposure-associated-with-autism-lower-iq.
30. Simons Foundation Autism Research Initiative, 5 de junho de 2012, https://sfari.org/news-and-opinion/blog/2012/valproate-fate.
31. Lisa A. Croen et al., "Antidepressant Use During Pregnancy and Childhood Autism Spectrum Disorders", *Archives of General Psychiatry* 68, n° 11 (novembro de 2011): 1104-12.
32. A. J. Wakefield et al., "Ileal-Lymphoid-Nodular Hyperplasia, Non-Specific Colitis and Pervasive Developmental Disorder in Children", *Lancet* 351, n° 9103 (28 de fevereiro de 1998): 637-41.
33. Editores da *Lancet*, "Retractation — 'Ileal-Lymphoid-Nodular Hyperplasia, Non-Specific Colitis and Pervasive Developmental Disorder in Children'", *Lancet* 375, n° 9713 (6 de fevereiro de 2010): 445.
34. David Dobbs, "The Orchid Children", *New Scientist*, 28 de janeiro de 2012.
35. Disponível em: http://www.utexas.edu/research/asrec/dopamine.html.
36. Kenneth D. Gadow et al., "Parent-Child DRD4 Genotype as a Potential Biomarker for Oppositional, Anxiety and Repetitive Behaviors in Children with Autism Spectrum Disorder", *Progress in Neuro-Psychopharmacology and Biological Psychiatry* 34, n° 7 (1° de outubro de 2010): 1208-14.
37. J. Belsky et al., "Vulnerability Genes or Plasticity Genes?" *Molecular Psychiatry* 14, n° 8 (agosto de 2009): 746-54.
38. W. Thomas Boyce e Bruce J. Ellis, "Biological Sensitivity to Context: I. An Evolutionary-Developmental Theory of the Origins and Functions of Stress Reactivity", *Development and Psychopathology* 17, n° 2 (1° de junho de 2005): 271-301.
39. Sigmund Freud, "On Narcisism: An Introduction", em *The Standard Edition of the Complete Psychological Works of Sigmund Freud*, vol. 14 (Londres: Hogarth Press, 1957).
40. Sigmund Freud, "Beyond the Pleasure Principle", em *The Standard Edition of the Complete Psychological Works of Sigmund Freud*, vol. 18 (Londres: Hogarth Press, 1955).

4. Esconde-esconde

1. Elysa Jill Marco et al., "Sensory Processing in Autism: A Review of Neurophysical Findings", *Pediatric Research* 69, nº 5, pt. 2 (maio de 2011): 48R-54R.
2. Laura Crane et al., "Sensory Processing in Adults with Autism Spectrum Disorders", *Autism* 13, nº 3 (maio de 2009): 215-18.
3. Lisa D. Wiggins et al., "Brief Report: Sensory Abnormalities as Distinguishing Symptoms in Autism Spectrum Disorders in Young Children", *Journal of Autism and Developmental Disorders* 39 (2009): 1087-91.
4. David Amaral at al., orgs., *Autism Spectrum Disorders* (Nova York: Oxford University Press, 2011).
5. Disponível: http://www.autismsouthafrica.org/virtual library/htm. "Asperger adults describe their experience of sensory overload."
6. B. A. Corbett et al., "Cortisol Circadian Rhythms and Response to Stress In Children with Autism", *Psychoneuroendocrinology* 31, nº 1 (janeiro de 2006): 59-68.
7. A. E. Lane et al., "Sensory Processing Subtypes in Autism: Association with Adaptive Behavior", *Journal of Autism Developmental Disorders* 40, nº 1 (janeiro de 2010): 122-22.
8. Ananja N. Bhat, "Current Perspectives on Motor Functioning in Infants, Children and Adults with Autism Spectrum Disorders", *Physical Therapy* 91, nº 7 (julho de 2011): 1116-29.
9. Tito Rajarshi Mukhopadhyay, *How Can I Talk If My Lips Don't Move: Inside My Autistic Mind* (Nova York: Arcade Publishing, 2008).
10. Arthur Fleischmann e Carly Fleischmann, *Carly's Voice: Breaking Through Autism* (Nova York: Touchstone, 2012).
11. Henry Markram, "The Intense World Syndrome — an Alternative Hypothesis for Autism", *Frontiers of Neuroscience* 1, nº 1 (2007): 77-96.
12. B. Gepner e F. Féron, "Autism: A World Changing Too Fast for a Mis-Wired Brian?", *Neuroscience and Biobehavioral Reviews* 33, nº 8 (setembro de 2009): 1227-42.
13. Temple Grandin, "Visual Abilities and Sensory Differences in a Person with Autism", *Biological Psychiatry* 65 (2009): 15-16.
14. Donna Williams, *Autism: An Inside-Out Approach* (Londres: Jessica Kingsley Publishers, 1996).
15. "Visão de Picasso": http://www.autismathomeseries.com/library/2009/08/inside-the-mind-of-sensory-overload/.
16. Disponível em: http://www.wrongplanet.net/postp4758182.html&highlight=.
17. Disponível em: http://thewildeman2.hubpages.com/hub/Autistic-sensory-Overload.

18. Nathalie Boddaert et al., "Perception of Complex Sounds: Abnormal Pattern of Cortical Activation in Autism", *American Journal of Psychiatry* 160, n° 11 (2003): 2057-60.
19. F. Tecchio et al., "Auditory Sensory Processing in Autism: A Magnetoencephalografic Study", *Biological Psychiatry* 54, n° 6 (setembro de 2003): 647-54.
20. Sandra Sánchez, "Functional Connectivity of Sensory Systems in Autism Spectrum Disorders: An fcMRI Study of Audio-Visual Processing" (tese de Ph.D., Universidade Estadual de San Diego, 2011).
21. Ver, por exemplo, I. Molnar-Szakacs e P. Heaton, "Music: A Unique Window into the World of Autism", *Annals of the New York Academy of Sciences* 1252 (abril de 2012): 318-24.
22. Grace Lai et al., "Neural Systems for Speech and Song in Autism", *Brain* 135 n° 3 (março de 2012): 961-75.N
23. R. S. Kaplan e A. L. Steele, "An Analysis of Music Therapy Program Goals and Outcomes for Clients with Diagnoses on the Autism Spectrum", *Journal of Music Therapy* 42, n° 1 (primavera de 2005): 2-19.
24. Catherine Y. Wan e Gottfried Schlaug, "Neural Pathways for Language in Autism: The Potential for Music-Based Treatments", *Future Neurology* 5, n° 6 (2010): 797-805.
25. Catherine Y. Wan et al., "Auditory-Motor Mapping Training as Intervention to Facilitate Speech Output in Non-Verbal Children with Autism: A Proof of Concept Study", *PLoS ONE* 6, n° 9 (2011): e25505, doi:10.1371/journal.pone.0025505.

5. Olhar para além dos rótulos

1. Lizzie Buchen, "Scientists and Autism: When Geeks Meet", *Nature* 479 (novembro de 2011): 25-27.
2. Simon Baron-Cohen et al., "The Autism-Spectrum Quotient (AQ): Evidence from Asperger Syndrome/High-Functioning Autism, Males and Females, Scientists and Mathematicians", *Journal of Autism and Developmental Disorders* 31 (2011): 5-17.
3. T. Buie et al., "Evaluation, Diagnosis, and Treatment of Gastrointestinal Disorders in Individuals with ASDs: A Consensus Report", *Pediatrics* 125, suplemento 1 (janeiro de 2010): S1-18.
4. David R. Simmons et al., "Vision in Autism Spectrum Disorders", *Vision Research* 49 (209): 2705-39.
5. Disponível em: http://iacs.hhs.gov/events/2010/slides_susan_swedo_043010.pdf.
6. Ver, por exemplo, K. K. Chadman, "Fluoxetine but Not Risperidone Increases Sociability in the BTBR Mouse Model of Autism", *Pharmacology, Biochemistry and Behavior* 97, n° 3 (janeiro de 2011): 586-94.

7. Laura Pina-Camacho et al., "Autism Spectrum Disorder: Does Neuroimaging Support the *DSM-5* Proposal for a Symptom Dyad? A Systematic Review of Functional Magnetic Resonance Imaging and Diffusion Tensor Imaging Studies", *Journal of Autism and Developmental Disorders* 42, n° 7 (julho de 2012): 1326-41.
8. Ver, por exemplo, Emil. F. Coccaro, "Intermittent Explosive Disorder as a Disorder of Impulsive Aggression for *DSM-5*", *American Journal of Psychiatry* 169 (junho de 2012): 577-88.
9. James C. McPartland et al., "Sensitivity and Specificity of Proposed *DSM-5* Diagnostic Criteria for Autism Spectrum Disorder", *Journal of the American Academy of Child and Adolescent Psychiatry* 51, n° 4 (abril de 2012): 368-83.
10. M. Huerta et al., "Application of *DSM-5* Criteria for Autism Spectrum Disorder to Three Samples of Children with *DSM-IV* Diagnosis of Pervasive Developmental Disorders", *American Journal of Psychiatry* 10 (outubro de 2012) 1056-64.
11. Judith S. Verhoeven et al., "Neuroimaging of Autism", *Neuroradiology* 52, n° 1 (2010): 3-14.
12. Matthew W. State e Nenad Šestan, "The Emerging Biology of Autism Spectrum Disorders", *Science* 337 (setembro de 2012): 1301-3.

6. Conhecer seus pontos fortes

1. Laurent Mottron, "Changing Perceptions: The Power of Autism", *Nature* 479 (novembro de 2011): 33-35.
2. Grant K. Plaisted e G. Davis, "Perception and Apperception in Autism: Rejecting the Inverse Assumption", *Philosophical Transactions of the Royal Society B: Biological Sciences* 364, n° 1522 (maio de 2009): 1391-98.
3. M. Dawson et al., "The Level and Nature of Autistic Intelligence", *Psychological Science* 18, n° 8 (agosto de 2007): 647-62.
4. David Wolman, "The Autie Advantage", *New Scientist* 206 (abril de 2010): 32-35.
5. Madhursree Mukerjee, "A Transparent Enigma", *Scientific American*, junho de 2004.
6. Virginia Hughes, "Autism Often Accompanied by 'Super Vision' Studies Find", Simons Foundation Autism Research Initiative, 12 de fevereiro de 2009, http://sfari.org/news-and-opinion/news/2009/autism-often-accompanied-by-super-vision-studies-find.
7. Tim Langdell, "Recognition of Faces: An Approach to the Study of Autism", *Journal of Child Psychology and Psychiatry and Allied Disciplines* 19, n° 3 (julho de 1978): 255-68.

8. Ver, por exemplo, O. Murphy et al., "Perception of Biological Motion in Individuals with Autism Spectrum Disorder", *Perception 37 ECVP Abstract Supplement* (2008): 113; Evelien Nackaerts, "Recognizing Biological Motion and Emotions from Point-Light Displays in Autism Spectrum Disorders", *PLoS ONE* 7, n° 9 (setembro de 2012): e44473, PMID 22970227, PMCIDPMC343510.
9. Ver, por exemplo, R. P. Hobson, "The Autistic Child's Appraisal of Expressions of Emotion", *Journal of Child Psychology and Psychiatry* 27 (1986): 321-42.
10. Ver, por exemplo, Michael S. Gaffrey et al., "Atypical Participation of Visual Cortex During Word Processing in Autism: An fMRI Study of Semantic Decision", *Neuropsychologia* 45, n° 8 (9 de abril de 2007): 1672-84; R. K. Kana et al., "Sentence Comprehension in Autism: Thinking in Pictures with Decreased Functional Connectivity", *Brain* 129, n° 9 (setembro de 2009): 2484-93.
11. B. Keehn et al., "Functional Brain Organization for Visual Search in ASD", *Journal of the International Neuropsychological Society* 14, n° 6 (2008): 990-1003.
12. Mottron, "Changing Perceptions".
13. Ver, por exemplo, Temple Grandin, "My Mind is a Web Browser: How People with Autism Think", *Cerebrum* 2, n° 1 (inverno de 2000): 14-22.
14. Lisa D. Wiggins et al., "Brief Report: Sensory Abnormalities as Distinguishing Symptoms in Autism Spectrum Disorders in Young Children", *Journal of Autism and Developmental Disorders* 39 (2009): 1087-91.
15. D. L. Williams et al., "The Profile of Memory Function in Children with Autism", *Neuropsychology* 20, n° 1 (janeiro de 2006): 21-29.
16. Motomi Toichi e Yoko Kamio, "Long-Term Memory and Levels-of-Processing Autism", *Neuropsychologia* 40 (2002): 964-69.
17. Liam S. Carroll e Michael J. Owen, "Genetic Overlap Between Autism, Schizophrenia and Bipolar Disorder", *Genome Medicine* 1 (2009): 102.1-102.7.
18. S. H. Carson, "Creativity and Psychopathology: A Shared Vulnerability Model", *Canadian Journal of Psychiatry* 56, n° 3 (março de 2011): 144-53.
19. John Elder Robison, *Be Different: Adventures of a Free-Range Aspergian* (Nova York: Crown, 2011).

7. Repensar por imagens

1. Temple Grandin, "My Experiences as an Autistic Child and Review of Selected Literature", *Journal of Orthomolecular Psychiatry* 13, n° 3 (1982): 144-74.
2. Ver, por exemplo, Temple Grandin, "How Does Visual Thinking Work in the Mind of a Person with Autism? A Personal Account", *Philosophical Transactions of the Royal Society* 364 (20009): 1437-42.

3. Clara Clairbone Park, *Exiting Nirvana: A Daughter's Life with Austism*. (New York: Little, Brown and Company, 2001).
4. Entrevista com Jennifer McIlwee Myers.
5. Jennifer Khan, "The Extreme Sport of Origami", *Discover*, julho de 2006.
6. Daniel Tammet, *Born on a Blue Day: Inside the Extraordinary Mind of an Autistic Savant* (Nova York: Free Press, 2007).
7. Philip Bethge, "Who Needs Berlitz? British Savant Learns German in a Week", *Der Spiegel*, 3 de maio de 2009.
8. Ver, por exemplo, Clifton Callender et al., "Generalized Voice-Leading Spaces" *Science* 320 (18 de abril de 2008):346-48.
9. Davide Castelvecchi, "The Shape of Beethoven's Ninth", *Science News* 173, n° 17 (24 de maio de 2008) 13.
10. J. L. Aragón et al., "Turbulent Luminance in Impassioned van Gogh's Paintings", *Journal of Mathematical Imaging and Vision* 30, n° 3 (março de 2008): 275-83.
11. http://plus.maths.org/content/troubled-minds-and-perfect-turbulence.
12. Jackson Pollock: Jennifer Ouellette, "Pollocks's Fractals", *Discover*, novembro de 2001.
13. Firas Khatib et al., "Crystal Structure of a Monomeric Retroviral Protease Solved by Protein Folding Game Players", *Nature Structural and Molecular Biology* 18 (2011): 1175-77.
14. D. T. Max, "The Prince's Gambit", *New Yorker*, 21 de março de 2011.
15. Philip E. Ross, "The Expert Mind", *Scientific American*, agosto de 2006.
16. Michael Shermer, *The Believing Brain: From Ghosts and Gods to Politics and Conspiracies — How We Construct Beliefs and Reinforce Them as Truths* (Nova York: Times Books, 2011).
17. Mario Livio, *The Golden Ratio: The Story of Phi, the World's Most Astonishing Number* (Nova York: Broadway Books, 2003).
18. Neal Barlinsky e Meredith Frost, "Real 'Beautiful Mind': College Dropout Became Mathematical Genius After Mugging", ABCNews.com, 27 de abril de 2012, http://abcnews.go.com/blogs/health/2012/04/27/real-beautiful-mind-accidental-genius-draws-complex-math-formulas-photos.
19. "The Mathematics of Hallucination", *New Scientist*, 10 de fevereiro de 1983.
20. http://thesciencenetwork.org/media/videos/52/Transcript.pdf.
21. Gerhard Werner, "Fractals in the Nervous System: Conceptual Implications for Theoretical Neuroscience", *Frontiers in Physiology* 1 (julho de 2010): 15, doi:10.3389/fphys.2010.00015.
22. http://release.jhu.edu/2012/10/04/jhu-cosmologists-receive-new-frontiers-award-for-work-on-origami-universe/.

23. Maria Kozhevnikov et al., "Revising the Visualizer-Verbalizer Dimension: Evidence of Two Types of Visualizers", *Cognition and Instruction* 20, n° 1 (2002): 44-47.
24. Maria Kozhevnikov et al., "Spatial versus Object Visualizers: A New Characterization of Visual Cognitive Style", *Memory and Cognition* 33, n° 4 (2005): 7190-26.
25. Entrevista com Maria Kozhevnikov.
26. Angélique Mazard et al., "A PET Meta-Analysis of Object and Spacial Mental Imagery", *European Journal of Educational Psychology* 91, n° 4 (1999): 684-89.
27. Mary Hegarty e Maria Kozhevnikov, "Types of Visual-Spatial Representations and Mathematical Problem Solving", *Journal of Educational Psychology* 91, n° 4 (1999): 684-69.
28. Kozhevnikov et al., "Spatial versus Object Visualizers".
29. O. Blajenkova et al., "Object-Spatial Imagery: A New Self-Report Questionnaire", *Applied Cognitive Psychology* 20 (2006): 239-63.
30. M. A. Motes et al., "Object-Processing Neural Efficiency Differentiates Object from Spatial Visualizers", *Neuro Report* 19, n° 17 (2008) 1727-31.
31. Ver, por exemplo, Maria Kozhevnikov, "Trade-Off in Object versus Spatial Visualization Abilities: Restriction in the Development of Visual-Processing Resources", *Psychonomic Bulletin and Review* 17, n° 1 (2010): 29-35.
32. G. Borst et al., "Understanding the Dorsal and Ventral Systems of the Human Cerebral Cortex: Beyond Dichotomies", *American Psychologist* 66, n° 7 (outubro de 2011): 624-32.

8. Das margens ao centro

1. Malcolm Gladwell, *Outliers: The Story of Success* (Boston: Little, Brown and Company, 2008).
2. K. Anders Eticsson et al., "The Role of Deliberate Practice in the Acquisition of Expert Performance", *Pychological Review* 100, n° 3 (1993): 363-406.
3. Geoffrey Colvin, "What it Takes to Be Great", *Fortune*, 19 de outubro de 2006.
4. Eleanor A. Maguire et al., "Navigation-Related Structural Change in the Hippocampi of Taxi Drivers", *Proceedings of the National Academy of Sciences* 97, n° 3 (abril de 2000); 4398-4400.
5. Sara Reardon, "Playing by Ear", *Science* 333 (setembro de 2011): 1816-18.
6. Disponível em: http://theweek.com/article/index/232522/virtual-princeton-a-guide-to-free-online-ivy-league-classes.
7. Gareth Cook, "The Autism Advantage", *New York Times*, 2 de dezembro de 2012.

8. Temple Grandin e Kate Duffy, *Developing Talents: Careers for Individuals with Asperger's Syndrome and High-Functioning Autism*, ed. revista e ampliada (Overland Park: Autism Asperger Publishing Company, 2008).
9. Brent Schlender, "Exclusive: New Wisdom from Steve Jobs on Technology, Hollywood and How 'Good Management is Like the Beatles'", *Fast Company*, maio de 2012.
10. Carla K. Johnson: "Startup Company Succeeds at Hiring Autistic Adults", Associated Press, 21 de setembro de 2011, http://news.yahoo.com/startup-company-succeds-hiring-autistic-adults-162558148.html.
11. Disponível em: http://walgreens.com/topic/sr/distribution_centers.jsp.
12. Entrevista com Savino Nuccio D'Argento.
13. Entrevista com John Fienberg.

Agradecimentos

Quero agradecer a todas as pessoas que tornaram este livro possível. Primeiro à minha editora, Andrea Schulz, e à minha agente, Betsy Lerner, que ajudaram a conceitualizar a estrutura do livro. Tem sido maravilhoso trabalhar com Richard Panek, meu coautor. É um excelente escritor que captou minha voz e armou a estrutura do livro. A capacidade de Richard de pensar por palavras e padrões complementou meu pensamento visual. Éramos dois tipos de mentes diferentes trabalhando em conjunto. Seu conhecimento científico foi valioso no processo. Quero também agradecer a Tracy Roe, a editora de texto, que foi além da sua tarefa. Ela é também médica, e sua contribuição para o manuscrito foi enorme. Por fim, quero agradecer aos cientistas Walter Schneider, Nancy Minshew, Marlene Berhmann da Carnegie Mellon, e Jason Cooperrider da Universidade de Utah, que fizeram o trabalho que possibilitou este livro.

Temple Grandin

Além das pessoas que Temple mencionou, gostaria de agradecer a Henry Dunow, meu agente, que me reuniu com Temple; a Virginia Hughes, cuja orientação em neuroimagens e genética foi incalculável; e à própria Temple, uma colaboradora que me inspirou. Sentirei saudades das nossas sessões semanais de *brainstorming*.

Richard Panek

Índice

A noite estrelada (pintura de Van Gogh), 155-156
A rede social (filme), 211
AAP, *ver* Associação Americana de Psiquiatria (AAP)
abordagem dos três tipos de mentes, 176. *Ver também* pensamento por padrões; pensamento por imagens; pensamento verbal (palavras/fatos); pensamento visual (imagens)
   educação e, 189-194
   emprego e, 193-211
abordagem psicanalítica do diagnóstico, 15-17
AGP, *ver* Projeto Genoma do Autismo (AGP)
alta responsividade a sensações, 82, 91-93
alucinações, 161-162
amígdala, 60
   autismo e, 37, 39
   cérebro TG e, 37
   emoções e, 37, 39, 43-44
AMMT, *ver* treinamento para mapeamento auditivo-motor (AMMT)
anatomia cerebral, 32-33. *Ver também* autismo, neuroanatomia do
   visualização objetal e visualização espacial e, 164-165
Anderson Jeffrey, 27, 45-46

anisotropia fracional (AF), 47
antidepressivos
   ansiedade e, 37, 44, 70-71
   relação entre autismo e, 70-71
arte
   pensamento por padrão e, 155-156
   visualização objetal e visualização espacial e, 173-175
Asperger, Hans, 22
Aspiritech (companhia), 207
Associação Americana de Psiquiatria (AAP), 17, 20, 117-118, 120. *Ver também* Manual de Diagnóstico de Transtornos Mentais (*DSM*)
atenção ao detalhe, 132-137
atividades manuais, 191-192
autismo atípico (categoria do *DSM*), 121
"autismo de alto funcionamento". *Ver* síndrome de Asperger
autismo, história do, 11-27, *ver também* transtorno do espectro autista (TEA)
   abordagem psicanalítica e, 15-17
   busca das causas biológicas e, 14, 123-124
   fases do, 123-124
   foco nos sintomas e, 20-26, 123-124
   mudança no diagnóstico psiquiátrico e, 17-27

autismo, neuroanatomia do. *Ver também* genética do autismo, neuroimagens: pontos fortes do cérebro autista
   anormalidades no desenvolvimento e, 34
   assimetria e, 36-39
   desafios à pesquisa e, 40-44
   diagnóstico e, 43-44
   heterogeneidade causal e, 43
   heterogeneidade comportamental e, 43
   homogeneidade estrutural e, 40-42
   rumos de pesquisa e, 43-53
   tamanho e, 36-39

balbucio, 51
Barnett, Jacob, 193
Baron-Cohen, Simon, 114-115, 215
barras de erros, 116
Bauman, Margaret, 39
Be Different: Adventures of a Free-Range Aspergian (Robison), 143
Bettelheim, Bruno, 16, 75
Brooks, David, 211
Buffett, Warren, 178, 180
Burns, sr. (professor de genética), 140-141

canto, efeitos terapêuticos do, 100-102
Capablanca, José Raúl, 158
capacidade de pensar de baixo para cima, 132-137
capacidade do pensamento criativo, 140-145
Carlock, sr. (professor), 189-190, 203
Carlsen, Magnus, 158
Carly's Voice: Breaking Through Autism (Fleischmann), 88-89
"cegueira do sentido", 98
cegueira e atividade cerebral, 182-184

Celera Genomics, 58, 62
Centro de Controle e Prevenção de Doenças, rede ADDM, 26
Centro de Estudos da Criança da Faculdade de Medicina da Universidade de Yale, 66
Centro de Excelência em Autismo (Faculdade de Medicina da UCLA), 34
Centro de Pesquisa de Autismo, Universidade de Cambridge, 114, 215. *Ver também* teste QA (Quociente de Autismo)
Centro Médico da Universidade de Columbia, 44, 99-100
cerebelo e coordenação motora, 34, 111, 114
certeza, sentimento de, 137
CHARGE, estudos do (UC Davis). *Ver* Riscos de Autismo Infantil Genético e Ambiental
Chopin, Frédéric, 155-156
choro, importância do, 201
chunks, 159
CNVs. *Ver* variações no número de cópias (CNVs)
"coerência central fraca", 132
colaboração e três tipos de pensamento, 203-207
comportamentos que buscam sensações, 83-84
conceito de "mãe geladeira", 15-16
conectividade
   cérebro autista e, 42
   desenvolvimento da, 51
   pesquisa HDFT e, 48-53, 138-139
   no cérebro de TG, 44, 51, 138
contato visual, evitação de, 24, 41, 92
Cooperrider, Jason, 39-40
corpo caloso, 113, 138
córtex frontal, 32, 201

córtex occipital, 32. *Ver também* córtex visual
córtex parietal, 32, 36, 38
córtex pré-frontal, 32
córtex temporal, 32
córtex visual
　alucinações e, 161-162
　anatomia cerebral e, 34
　danos ao, 34, 161
　estímulos auditivos e, 100
　indivíduos cegos e, 183-184
　plasticidade de, 183-184
　TG e, 35, 50-51
Coursera, 186
Cowan, Jack, 161
criação. *Ver também* genética do autismo
　ambientes negativos e, 15-17, 74-75
　identificação dos pontos fortes da criança e, 187-189
　mãe de TG e, 11-12, 16-17
　preparação para emprego e, 187-188
Crothers, Bronson, 11, 17

D'Argento, Savino Nuccio, 208-209
Daly, Mark J., 66
Dawson, Michelle, 129-130, 135, 137, 139-140, 175
Déficits de comunicação. *Ver também* transtornos da linguagem; pacientes autistas não verbais; transtornos da fala
　diagnóstico de autismo e, 117-119
　estudos de neuroimagens e, 46
déficits sociais
　antidepressivos e, 94
　diagnóstico de autismo e, 117-121
　emprego e, 197-203
　grosseria e, 15, 202
　problemas sensoriais e, 80-81, 94-95
　treinamento e, 113, 196-203

diagnóstico de autismo
　abordagem psicanalítica e, 15-17
　Kanner e, 13-17
　limitações dos rótulos e, 112-117
　mudança nos critérios, 7, 20-26, 60, 117-123
　para TG, 11-12, 17-19
　potencial dos biomarcadores e, 43-53
　precoce, importância de, 52
diagnóstico de trauma cerebral. *Ver* rastreamento de fibras em alta definição (HDTF)
diagnóstico infantil do autismo (síndrome de Kanner), 21
diferenças individuais
　foco nos sintomas e, 125-126
　"pensamento preso a rótulos" e, 113-114
　questões sensoriais e, 81
　tipos de pensamento e, 148
dislexia, 184
DNA lixo, 57-58
DNA. *Ver* genética do autismo
DRD4-7R, gene, 73-75
DSM. *Ver* Manual de Diagnóstico de Transtornos Mentais (*DSM*)

Easter Seals, 209-210
educação
　acessórios online úteis e, 185-187
　adequação aos déficits e, 189-190
　exploração dos pontos fortes e, 189-194
　modelo dos três modos de pensamento e, 189-194
　salas de aulas especiais e, 189
Eichler, Evan V., 66-67
emoções
　amígdala e, 37, 39, 43-44
　distância dos pais e, 14-17

manejo das, 201
sobrecarga sensorial e, 95
visualização objetal e espacial em, 173-175
emprego
   conselho sobre preparação para, 194-195, 197-203
   deficiências sociais e, 197-203
   outros empregos e, 206-210
   pensadores por imagens e, 197, 198, 212
   pensadores por padrões e, 197, 213
   pensadores por palavras/fatos e, 196, 212-213
   síndrome de Asperger e, 198-199, 207
   venda do trabalho e, 202-203
Enciclopédia dos Elementos do DNA (Encode), 58-59
Encode. *Ver* Enciclopédia dos Elementos do DNA (Encode)
Escala Wechsler de Inteligência para Crianças, 130-131
esclerose tuberosa, 62
esquizofrenia, 17, 19, 20-21
estudos de gêmeos, 60-61
estudos do "cérebro lesado", 33-34
estudos MMF. *Ver* estudos do campo discrepante (MMF)
"eu atuante", 86-91, 93-94
"eu pensante", 86-91, 93-94
Exiting Nirvana: A Daughter's Life with Autism (Clara Claiborne Park), 149-150, 152
exposição a pesticidas, 69-70

fascículo fronto-occipital inferior (FFOI), 35
fascículo longitudinal inferior (FLI), 35
fatores ambientais, 68-76, 25-26

fenótipo, 61
ferramentas de desenho 3D, 186
Feynman, Richard, 156
FFOI. *Ver* fascículo fronto-occipital inferior (FFOI)
Fienberg, John, 209-210
Fleischmann, Arthur, 88
Fleischmann, Carly, 88-92, 124, 131
FLI. Ver fascículo longitudinal inferior (FLI)
foco nos sintomas, 20-26, 123-125
Foldit (videogame), 157
fractais, 156, 161-162
Franklin Pierce College, 140-141, 179
Freud, Sigmund, 15, 75-76
Fried, Itzhak, 38
Frontiers of Neuroscience, 92, 162
funcionários do Vale do Silício, 115, 188-189

Galileu, 52
Gates, Bill, 179
gene responsivo, 75. *Ver também* fatores ambientais
gene liberal, 73
gene SHANK2, 67
genética do autismo, 60-76
   dados AGP e, 62-65
   DNA lixo e, 57-58
   estudos de gêmeos e, 60-61
   estudos de mutações e, 63-68
   gatilhos ambientais e, 68
   hipótese de múltiplas mutações e, 67-68
   mães e, 66, 69, 71, 74
   pais e, 66-67, 74
   predisposição e, 16, 68-75
   rumos de pesquisa em, 62
   tratamentos para indivíduos e, 126
genótipo, 61

Gladwell, Malcolm, 177, 179
Google, 206
Grandin, Temple
   assimetrias cerebrais e, 36-39
   desenhos arquitetônicos de, 19, 150-151
   diagnóstico de autismo e, 11-12, 17-19
   estudos de neuroimagens de, 29-30, 34-39, 48-52, 138-139
   pensamento associativo e, 137-140
   pensamento criativo e, 141-143
   pensamento de baixo para cima e, 135-137
   pensamento por imagens de, 18-19, 147-149, 166-176
   plasticidade cerebral e, 184-185
   problemas sensoriais e, 16, 77-78, 85
   projetos para manejo do gado e, 135-136, 147-148, 204
   tamanho do cerebelo, 34, 111, 114
   teste visual-espacial e, 166-176
grosseria, 15, 202

habilidades de pensamento associativo, 137-140
HDFT. *Ver* rastreamento de fibras em alta definição
Hertz-Piccicotto, Irva, 68-70
heterogeneidade no autismo, 43, 65. *Ver também* diferenças individuais
hiperdotados, 131-132, 152-155
hipocampo, 60, 181-182
Hirsch, Joy, 40, 44-45, 100
Hobson, R. Peter, 134
Hospital de Olhos e Ouvidos de Massachusetts, 183

ideias públicas sobre autismo, 23-24, 206-211

imagem de tensor de difusão (ITD), 35, 47-49 *Ver também* rastreamento de fibras em alta definição (HDFT)
impressoras 3D, 187
Insel, Thomas, 40
insensibilidade às sensações, 82, 91-93
Instituto de Pesquisa Médica em Transtornos do Desenvolvimento Neurológico (MIND), Universidade da Califórnia, Davis, 69
inteligência, 14, 130-131
interação pessoal, 12
interação sensorial, estudo sobre, 135-136
Irlen, Helen, 96-97
ITD. *Ver* imagem de tensor de difusão (ITD)

Jackson, Mick, 204
Jobs, Steve, 201, 205
Journal of Autism and Developmental Disorders, 119
Journal of Orthomolecular Psychiatry, 148
JTP. *Ver* junção temporoparietal (JTP)
junção temporoparietal (JTP), 41

Kanner, Leo, 13-17, 75, 117, 123, 196
Khan Academy, 186
Klúver, Heinrich, 161
Kozhevnikov, Maria, 163-166

Lancet, 72
Lane, Alison, 83-84
Langdell, Tim, 133
leitura. *Ver* problemas de processamento visual
Lemke, Leslie, 131
Lewis, Randy, 208
Livio, Mario, 160
Lord, Catherine, 27

Maguire, Eleanor, 181-182
Manual de Diagnóstico de Transtornos Mentais (*DSM*), 17-27, 117-123
   DSM-5, critérios e, 27
   DSM-III, critérios e, 21-23, 60, 117, 123
   DSM-IV, critérios e, 22-23, 25, 114, 117, 122
matemática
   pensamento algébrico e geométrico em, 157-158, 189-191
   pensamento por padrões na, 152-153, 154-158, 160-162, 192-194, 98-100
matéria branca, 33, 36-37, 47
matéria cinzenta. *Ver* córtex cerebral
matrizes progressivas de Raven, 130-131, 152
McKean, Thomas, 96
Meares, Olive, 97
medicação. *Ver* medicamentos
medicamentos
   foco nos efeitos e, 20
   gatilhos ambientais, 70-71
   resposta cognitiva e, 94
memória de curto prazo, 138-139, 159
memória de longo prazo, 139-140
memória espacial de curto prazo, 139
memória visual, 35, 37, 41
memória. *Ver também* memória de curto prazo; memória visual
   estruturas cerebrais e, 35, 38
   pensamento associativo e, 140
Mendel, Gregor, 140-141
mentalidade deficiente, 115, 198-199
mente, teoria da, 80, 95
mentores, a importância de, 203
Miller, Sara R. S., 153
modelo diádico, em *DSM-5*, 117-119
modelo triádico, no *DSM-IV*, 117-119

modos, 202
Monger, Christopher, 205
Mottron, Laurent, 129, 135, 137, 139
movimento biológico, 133-134
música, 155, 193
musicoterapia, 100-102
mutações *de novo*, 63-68
Myers, Jennifer McIlwee, 153

Nature, 58-59, 65-66
Nelson, Stanley, 64
neuroimagem. *Ver também* autismo, neuroanatomia do
   cérebro de TG e, 29-30, 34-39
   interpretação e, 55
   limitações da, 31, 52-55
   pesquisa sobre cérebro autista e, 39-55
   tipos de, 30
   visualização de imagens e espacial, 164-165
   visualização objetal e espacial e, 164-165
Neuroscience and Biobehavioral Reviews, 92
New Scientist, 142, 161
novas experiências, valor de, 194-195

obesidade materna, 69
obsessões, 195
odores, sensibilidade a. *Ver* sensibilidade olfativa
origami, 152-154, 162

pacientes autistas não verbais
   critérios de diagnóstico e, 118-119
   música e, 100-102
   pontos fortes e, 131
   relatos pessoais e, 85-92
   resposta e, 85-92, 100-102
   tecnologia e, 86, 87-88

testes de inteligência e, 130-131
transtornos sensoriais e, 79
Padgett, Jason, 161
padrão, 158-160
Palácio de Cristal, Feira Mundial de Londres (1851), 137-138
palavras cruzadas, 153
Parke, Jessica (Jessy), 150-152, 163
pensamento por imagens. *Ver também* pensamento por padrões; pensamento verbal (palavras/fatos); pensamento visual (imagens)
  educação e, 191-192
  emprego e, 88, 197, 205, 212
pensamento por padrões. *Ver também* pensamento por imagens; pensamento verbal (palavras/fatos); pensamento visual (imagens)
  como categoria, 148-153, 158-162
  educação e, 192-193
  emprego e, 197, 205, 213
  exemplos de, 153-162
  matemática e, 152-157, 160-162
  origami e, 152-154
  pesquisa e, 163-165
  visualização espacial e objetal e, 163-165, 173-176
  xadrez e, 158-159
pensamento por palavras/fatos. *Ver também* pensamento por padrões; pensamento por imagens; pensamento verbal (palavras/fatos); pensamento visual (imagens)
  educação e, 186, 193-194
  emprego e, 196, 212-213
"pensamento preso a rótulos", 111-127
  definição do autismo no *DSM* e, 117-127
  diferenças individuais e, 113-114
  efeitos negativos do, 115-117, 199
  estar no espectro e, 114-115
  valor dos rótulos e, 117
pensamento verbal (palavras/fatos). *Ver também* pensamento por padrões; pensamento por imagens; pensamento verbal (palavras/fatos); pensamento visual (imagens)
  autismo e, 148, 162
  como categoria, 148, 162
  educação e, 186, 193-194
  empregos que envolvem, 196, 212-213
  teste espacial e, 164, 174
  TG e, 19, 149
pensamento visual (imagens)
  pensamento por padrões como categoria e, 148-153, 158-162
  visualização espacial e objetal e, 162-165, 173-176
  TG e, 18-19, 147-149, 166-176
pensamento, tipos de. *Ver* pensamento por padrões; pontos fortes do cérebro autista; abordagem dos três tipos de mente; pensamento verbal (palavras/fatos); pensamento visual (imagens)
Pensando Fora do Tijolo, exercício, 143
Perfil Sensorial Curto (ferramenta de pesquisa), 83
pesquisa
  abordagem algorítmica e, 45
  critérios de diagnóstico do *DSM-5* e, 122-123
  foco nos sintomas e, 125-126
  HDFT e, 47-53
  indivíduos jovens e, 46-47
  pensamento preso a rótulos e, 116-117, 125-126
  sobre biomarcadores neuroanatômicos, 43-53
  sobre plasticidade cerebral, 183-184

sobre problema sensoriais, 79-85, 116-
   117
tecnologia e, 52-53, 86
Physical Therapy (periódico), 84
plasticidade cerebral, 181-189
Pollock, Jackson, 156
ponte inversora, 171
pontos fortes do cérebro autista, 129-
   145, 148
   capacidade de pensamento associativo
      e, 137-140
   capacidade de pensar criativamente
      e, 140-145
   capacidade de pensar de baixo para
      cima e, 132-137
   colaboração e, 203-207
   identificação dos, 187-189
   inteligência e, 130-131
   memória e, 139-140
   plasticidade cerebral e, 181-189
   "Strong Association of De Novo Copy
      Number Mutations with Autism"
      (artigo de 2007 na *Science*), 63
problemas de alternância da atenção, 99
problemas de input de linguagem, 98
problemas de output de linguagem, 98
problemas de processamento auditivo,
   98-102
   dicas para pessoas com, 106
   identificação de, 106
   TG e, 77-78
problemas de processamento visual, 96-
   98, 147
   dicas para pessoas com, 105
   identificação de, 105
   plasticidade cerebral e, 191-192
problemas sensoriais no autismo
   atitudes ante, 81, 116-117
   dicas para pessoas com, 105-108
   domínios sensoriais e, 84-85, 96-108

identificação de, 105-108
impactos de, 79-81
pesquisa sobre, 79-85, 116-117
relatos pessoais sobre, 85-92
sensibilidade e, 91-95
subtipos de, 82-84
TG e, 16, 38, 77-78, 85, 91
programação de computador, 153
Projeto Genoma do Autismo (AGP), 62-
   65
Projeto Genoma Humano, 58, 62
proteína neuroligina, 62, 65, 67
proteína neurexina, 62, 65, 67
proteína SHANK3, 63, 65, 67

QA (Quociente de Autismo), teste de,
   114-115, 215-225

Rajarshi Mukhopadhyay, Tito, 86-91,
   131-133
rastreamento de fibras em alta definição
   (HDFT), 48-53, 125
razão áurea, 160-161
"Recognition of Faces: An Approach
   to the Study of Autism" (estudo de
   1978), 133
rede cósmica, 162
Rede de Monitoramento do Autismo e
   Transtornos de Desenvolvimento
   (ADDM), 26
regra das 10 mil horas, 177-181
Relatos pessoais. *Ver também* Grandin,
   Temple
   foco nos sintomas e, 124-125
   problemas de eliciar e, 85-86
   problemas sensoriais e, 85-92
   tablets e, 86
   tipos de pensadores visuais e, 165
ressonância magnética nuclear (RMN),
   29-30, 36-39. *Ver também* ima-

gem de tensor de difusão (ITD); ressonância magnética funcional (RMNf); neuroimagem
ressonância magnética nuclear funcional (RMNf), 30, 53-55
  biomarcadores para autismo e, 44-46
  sensibilidade ao som e, 100-101
  TG e, 35
retardo mental e autismo, 23-24
Riscos de Autismo Infantil Genético e Ambiental (CHARGE), programa, 69
risperidona (Risperdal), 94
RMN estrutural. *Ver* ressonância magnética (RMN)
Robison, John Elder, 143-145
Rosehan, David, 20
rostos
  pensamento de cima para baixo e, 133-134
  resposta cortical a, 31, 35, 38-42

Schaefer, G. Bradley, 65, 73
Schneider, Walter, 41-53, 125-126, 138-139
Science, 57, 63-64, 126
sensibilidade ao som. *Ver* problemas de processamento auditivo; problemas sensoriais no autismo
sensibilidade ao toque, 102-103, 107
sensibilidade gustativa, 103-104, 108
sensibilidade motora, 83-84. *Ver também* movimento biológico
sensibilidade olfativa, 103-104, 108
sensibilidade tátil. *Ver* sensibilidade ao toque
sensibilidade, e problemas sensoriais, 91-95
"Sensory Processing Subtypes in Autism: Association with Adaptive Disorders" (Lane et al.), 83

sentimento e comportamento, 86-95. *Ver também* relatos pessoais em pesquisas
Šestan, Nenad, 126
Shermer, Michael, 159
síndrome de Asperger (categoria do *DSM*), 22, 119-122
  emprego e, 198-199, 207
  pensamento por padrões e, 154
síndrome de Down, 61
síndrome de Kanner (autismo infantil), 21
síndrome de Rett, 62
síndrome do X frágil, 62
Soulières, Isabelle, 131
Specialisterne (companhia), 207
Squidoo (site), 179-180
Stahl, Lesley, 52
State, Matthew W., 66, 126
sudoku, 153
suplementação vitamínica, 69

tablets (computador), vantagens do, 86
Tammet, Daniel, 93, 154, 163
Taylor, Richard, 156
TEA, *ver* transtorno do espectro autista (TEA)
tecnologia
  pacientes autistas não verbais e, 86
  pesquisa e, 52-53, 86
Temple Grandin (filme da HBO), 204
teorema pitagórico, 157, 161
teoria da alta conectividade, 42
teoria da baixa conectividade, 42
terminal aeroportuário da United Airlines em O'Hare, 137-138
teste da resolução de grão, 167-168
teste das figuras ocultas, 134
teste de relações espaciais, 168-170, 173-174

teste QVVI (Quociente de Vividez da Visualização de Imagens), 166
testes visuais-espaciais, 166-176
TG e, 18, 139, 166-176
TGD. *Ver* transtorno global do desenvolvimento
"The Emerging Biology of Autism Spectrum Disorders" (artigo de 2012 na *Science*), 64
"The Long-Range Interaction Landscape of Gene Promoters" (artigo da *Nature*), 59
The New York Times, 57-59, 211
Thinking in Pictures (Grandin), 8, 147, 150
transtorno de comunicação social (categoria do *DSM*), 120
transtorno do espectro autista (TEA)
  como diagnóstico, 23, 114, 117-127
  "comportamento autista", 17-18
  exposição à combustão de veículos, 69
  impacto das mudanças no *DSM* e, 122
  incidência do, 23-27, 39-40
  limitação dos rótulos e, 114-115
transtorno global do desenvolvimento (TGD), 21-23. *Ver também* síndrome de Asperger; transtornos do espectro autista (TEA)
transtornos da fala, 23-25, 44, 119-120
TG e, 11-12, 50-51
transtornos da linguagem. *Ver também* déficits de comunicação; pacientes autistas não verbais, transtornos da fala
  autismo e, 23-25, 118-119
  música e, 100-102
  tipos de, 98-99

transtornos disruptivos de conduta e de controle de impulsos (categoria do *DSM*), 120-121
transtornos do desenvolvimento intelectual (categoria do *DSM*), 121
transtornos globais do desenvolvimento sem outra especificação (TGD-SOE), 22-23, 25, 121-122
tratamento farmacológico. *Ver* antidepressivos; medicamentos
tratamento médico e rótulos, 116
treinamento para mapeamento auditivo-motor, 101-102
Triplett, Donald, 13, 196

Universidade de Amsterdã, 42
Universidade de Caen e Universidade René Descartes, França, 164
Universidade da Califórnia, San Diego, 34
Universidade da Carolina do Norte em Chapel Hill, estudo da criança, 47
Universidade de Louisville, 46
Universidade de Ohio, 83
Universidade de Pittsburgh, 35, 37, 48, 125, 138
Universidade de Utah, 36-38, 44
Universidade de Washington, 66
uso da internet, 196, *ver também* tablets (computador), vantagens do

vacinação e autismo, 72-73
Van Dalen, J. G. T., 93
Van Gogh, Vincent, 155-156
Venter, Craig, 58
videogames, 195
viés local, 134-135
visão, recuperação da, 182
visualização de objetos e espacial, 163-165, 173-176, 194-196

visualização espacial, 163. *Ver também* pensamento por padrões
visualizador de objetos, 163. *Ver também* pensamento visual (imagens)

Walgreens, 208
Wan, Catherine Y., 101-102
Williams, Donna, 93, 96, 98, 125, 134
Wiltshire, Stephen, 131
Wing, Lorna, 22
"World Changing Too Fast" (artigo de 2009), 93, 95, 98

xadrez e pensamento por padrões, 158-159

Zuckerberg, Mark, 211

Este livro foi composto na tipologia Sabon Lt Std, em corpo 11,5/16, e impresso em papel off-white no Sistema Cameron da Divisão Gráfica da Distribuidora Record.